Kriminalpolitik

Eine Einführung in die Grundlagen

VON

DR. HEINZ ZIPF

O. PROFESSOR AN DER UNIVERSITÄT MANNHEIM

VERLAG C. F. MÜLLER KARLSRUHE
1973

ISBN 3-7880-1237-4

© 1973 Verlag C. F. Müller

Best.Nr. 114 1237

Gesamtherstellung:
C. F. Müller, Großdruckerei und Verlag GmbH, Karlsruhe

VORWORT

Bisher wurde die Gesetzgebungslehre im Sinne einer wissenschaftlich fundierten Rechtspolitik vernachlässigt. Mit der vorliegenden Darstellung soll ein Abhilfeversuch für den Bereich der Strafrechtspflege in Form einer systematisch angelegten Darstellung der kriminalpolitischen Grundfragen unternommen werden. Damit sollen alle angesprochen werden, die in der kriminalpolitischen Auseinandersetzung über die brennenden Tagesfragen hinaus zu einer geschlossenen wissenschaftlichen Erfassung der Kriminalpolitik vorstoßen wollen. Kriminalpolitik wird dabei als ein gegenständlich begrenzter Ausschnitt aus der allgemeinen Rechtspolitik verstanden; es geht um eine systematische Gewinnung und Realisierung der Ordnungsvorstellungen im Bereich der Strafrechtspflege. Eine solche kriminalpolitische Wissenschaft bezieht sich hauptsächlich auf folgende Gegenstände: Bestimmung von Aufgabe und Funktion der Strafrechtspflege in unserer Verfassungsordnung, Erarbeitung und Entscheidung für ein bestimmtes Regelungsmodell (kriminalpolitische Grundentscheidung), seine praktische Gestaltung und Durchführung anhand der Aufgabenstellung und seine ständige Überprüfung auf Verbesserungsmöglichkeiten (Realisierung des kriminalpolitischen Konzepts im einzelnen).

Bei der Weite des Themas und angesichts des Fehlens kriminalpolitischer Gesamtdarstellungen wäre es vermessen, den bisher kaum bestellten Acker einer kriminalpolitischen Wissenschaft mit einem Schlag bearbeiten zu wollen; der notwendige Schritt ins Neuland kann nur einzelne Sektoren erschließen. Der Darstellung liegen folgende Auswahlgesichtspunkte zugrunde: zunächst geht es um die Erfassung der Kriminalpolitik als Wissenschaftsdisziplin im Rahmen der gesamten Strafrechtspflege, ihre Aufgabenumschreibung und ihre Leitlinien (§§ 1—3); danach wird das wünschenswerte kriminalpolitische Regelungsmodell herausgearbeitet (§ 4). Die anschließenden Paragraphen verfolgen die staatliche Strafverfolgungstätigkeit über die Festlegung der Strafzone (§ 5), die Verfolgung der begangenen Straftaten (§ 6), die Durchsetzung der staatlichen Strafberechtigung im Strafverfahren (§ 7) bis zu den Möglichkeiten der Verbrechensprophylaxe (§ 8) und der sozialen Bewältigung der Verbrechensfolgen (§ 9). Der abschließende § 10 gewinnt als Resümee der Darstellung ein konkretes kriminalpolitisches Arbeitsprogramm.

Für die juristische Ausbildung kommt der Kriminalpolitik besonders im Hinblick auf die Schaffung der strafrechtlichen Wahlfachgruppe ein neuer Stellenwert zu. Dem Studenten soll die Bedeutung kriminalpolitischer Fragestellungen und ihre Lösungsmöglichkeiten durch eine wissenschaftliche Aufbereitung nahegebracht werden. Eine solche Darstellung der Kriminalpolitik fehlt zur Zeit. In den Lehrbüchern des Allgemeinen Teils des Strafrechts wird die Kriminalpolitik in der Regel nur von der Strafrechtsdogmatik abgegrenzt, aber nicht im einzelnen in ihren Aufgaben und Möglichkeiten behandelt. Ähnlich verhält es sich bei den Darstellungen der Kriminologie, in denen nur das Verhältnis zwischen Kriminologie und Kriminalpolitik angesprochen wird. Versteht man die Kriminalpolitik als die Disziplin, die die Forderungen und Ergebnisse der Strafrechtsdogmatik und der Kriminologie in ein Gesamtkonzept der Strafrechtspflege umsetzen muß, so wird schon von dieser Ausgangsposition her die Notwendigkeit einer selbständigen Darstellung der Kriminalpolitik als einer der drei Säulen der gesamten Strafrechtswissenschaft deutlich. Die vorliegende Darstellung greift damit nicht in die traditionellen Bereiche der strafrechtlichen und kriminologischen Lehrbücher ein, sondern ergänzt beide durch die systematische Zusammenschau der Gesamtbelange der Strafrechtspflege einschließlich des Verfahrensrechts.

Es ist fast unmöglich, aus den zahlreichen, im strafrechtlichen und kriminologischen Schrifttum enthaltenen kriminalpolitischen Aussagen ein Gesamtbild der heutigen Kriminalpolitik zu gewinnen. Gerade die Erfahrung, wie schwer es heute — nicht nur für den Studenten — geworden ist, Kriminologie und Strafrecht als zusammenwirkende und zusammengehörende Teile der gesamten Strafrechtswissenschaft zu erfassen, hat einen unmittelbaren Anstoß zu dieser Darstellung gegeben. Meine eigene Beschäftigung mit kriminalpolitischen Einzelproblemen hat mir die Notwendigkeit eines umfassenden Einordnungsrahmens gezeigt; hier liegt auch die Hauptbedeutung der kriminalpolitischen Wissenschaft für die praktische Gesetzgebungsarbeit. Der Zusammenhang jedes einzelnen kriminalpolitischen Problems mit anderen Fragen und mit dem Gesamtsystem muß verdeutlicht werden. Die in dem kriminalpolitischen Gesamtkonzept angesprochenen Bereiche werden jeweils an aktuellen Beispielen illustriert; ihre Auswahl ergibt dann gleichzeitig ein mosaikartiges Bild aktueller kriminalpolitischer Probleme.

Bei der unübersehbaren Anzahl von Äußerungen sowohl zu kriminalpolitischen Grundfragen als auch zu Einzelproblemen war von vornherein eine vollständige Auswertung der vorhandenen Literatur unmöglich; unter diesem Vorbehalt steht auch die beigefügte Literaturübersicht. Ihre — notwendigerweise subjektive — Auswahl wie auch die verwendeten Zitate erfolgten unter dem Gesichtspunkt, dem Leser mit weiterführenden Hinweisen eine Hilfestellung für die Vertiefung der angeschnittenen Fragen zu geben. Die Literatur ist bis Ende 1972 (vereinzelt bis Frühjahr 1973) verwertet.

Bei meinen Mitarbeitern, Frau Heike Braunsteffer, Frau Ursula Müßig, Herrn Rainer Hertel und Herrn Horst Heubel habe ich tatkräftige Unterstützung gefunden, wofür ich ihnen auch an dieser Stelle herzlich danke.

Mannheim, im Mai 1973

Heinz Zipf

INHALTSVERZEICHNIS

LITERATUR

Zitierweise: Lehrbücher, Monographien und Beiträge in Sammelwerken mit dem Erscheinungsjahr und der Seitenzahl; Zeitschriftenaufsätze mit der jeweiligen Fundstelle.

Albert, Hans: Wissenschaft und Politik. Zum Problem der Anwendbarkeit einer wertfreien Sozialwissenschaft. In: Probleme der Wissenschaftstheorie. Festschrift für V. Kraft, 1960, 201.

Amelunxen, Clemens: Das Opfer der Straftat, 1970.

Ancel, Marc: Die geistigen Grundlagen der Lehren von der „Sozialen Verteidigung" (Défense Sociale), MSchrKrim 1956, 51. Die neue Sozialverteidigung, 1970.

Aschaffenburg, Gustav: Das Verbrechen und seine Bekämpfung, 3. Aufl. 1923.

Bader, Karl S.: Probleme des Strafvollzugs, JZ 1951, 6.

Badura, Peter: Generalprävention und Würde des Menschen, JZ 1964, 337.

Barnes, H. E. / Teeters, N. K.: New Horizons in Criminology, 5. Aufl. (1. Aufl. 1943) 1963.

Barschel, Uwe: Theoretische Möglichkeiten und Grenzen der Strafrechtspolitik einer politischen Partei, Diss. Kiel 1970.

Bauer, Fritz: Das Verbrechen und die Gesellschaft, 1957. Vom kommenden Strafrecht, 1969.

Baumann, Jürgen: Entwurf eines StGB, Allgemeiner Teil (Recht und Staat H. 274/275), 1963. Strafrecht, Allgemeiner Teil, 5. Aufl. 1968 mit Nachtrag 1970.

Baumann, J. / Brauneck, A. E. u. a.: Alternativ-Entwurf eines Strafgesetzbuches, Allgemeiner Teil, 2. Aufl. Tübingen 1969.

Beling, Ernst: Die Lehre vom Verbrechen, 1906. Die Vergeltungsidee und ihre Bedeutung für das Strafrecht, 1908. Methodik der Gesetzgebung, 1922.

Besson, Waldemar: Stichwort „Politik", in Evangelisches Staatslexikon, 1966, Sp. 1547 ff.

Bianchi, Herman: Ethik des Strafens, 1966.

Birkmeyer, Karl von: Schuld und Gefährlichkeit in ihrer Bedeutung für die Strafbemessung, 1914.

Blau, Günter: Sozialpädagogische Wirkungen der Strafrechtspflege, in Vorbeugende Verbrechensbekämpfung, 1964, 149. Bericht über die Verhandlungen des X. Internationalen Strafrechtskongresses in Rom über: Die Teilung des Strafverfahrens in zwei Abschnitte, ZStW 82, 571.

Bockelmann, Paul: Zur Reform des Strafensystems, JZ 1951, 494. Wie würde sich ein konsequentes Täterstrafrecht auf ein neues Strafgesetzbuch auswirken? MatStrRReform. Bd. 1, 29 (auch in Strafrechtliche Untersuchungen 1957, 3). Schuld und Sühne, Göttinger Universitätsreden, Heft 19, 1958. Öffentlichkeit und Strafrechtspflege, NJW 1960, 217. Vom Sinn der Strafe, Heidelberger Jahrbücher 1961, V, 25. Willensfreiheit und Zurechnungsfähigkeit, ZStW 75, 372. Bemerkungen über das Verhältnis des Strafrechts zur Moral und der Psychologie, in Gedächtnisschrift für Gustav Radbruch, hrsg. von Arth. Kaufmann, 1968, 252.

Bohne, Gotthold: Menschenwürde und Strafrecht. Neue Kölner Universitätsreden N. F. Heft 7, 1951.

Brauneck, Anne-Eva: Die Entwicklung jugendlicher Straftäter, 1961. Was läßt die Kriminologie vom Strafrecht übrig?, MSchrKrim 1963, 197.

Brunner, Emil: Gerechtigkeit, eine Lehre von den Grundgesetzen der Gesellschaftsordnung, 1943.

Bruns, Hans Jürgen: Strafzumessungsrecht, Allgemeiner Teil, 1967.

Brusten, Hans: Anzeigeerstattung als Selektionsinstrument im Kriminalisierungsprozeß, KrimJ 1971, 249.

Buchholz, E. / Hartmann, R. / Lekschas, R.: Sozialistische Kriminologie. Versuch einer theoretischen Grundlegung (Ost-)Berlin 1966.

Canaris, Claus-Wilhelm: Systemdenken und Systembegriff in der Jurisprudenz, 1969.

Cohen, A. K.: Abweichung und Kontrolle, 1968.

Coing, Helmut: Geschichte und Bedeutung des Systemgedankens in der Rechtswissenschaft, 1956.

Cramer, Peter: Ahndungsbedürfnis und staatlicher Sanktionsanspruch. Bemerkungen zu einer Reform der Verfahrenseinstellung aus Gründen der Opportunität, Festschr. für Maurach 1972, 487.

Dahs, Hans, sen.: Fortschrittliches Strafrecht im rückständigen Strafverfahren, NJW 1970, 1705. Handbuch des Strafverteidigers, 3. Aufl. 1971.

Dahs, Hans, jun.: Praktische Probleme des Schuldinterlokuts, GA 1971, 353.

Danner, Manfred: Gibt es einen freien Willen? 1967.

Daun, Willy: Staatsanwaltschaft in der Krise, Kriminalistik 1971, 607; 1972, 16.

Dilger, Konrad: Das Wesen der Sozialtherapie und ihre Bedeutung in der Strafrechtsreform. MSchrKrim 1969, 255.

Dimitrijević, Dragoljub: Kriminologie und Strafprozeß, ZStW 81, 441.

Dombois, Hans: Mensch und Strafe, 1957.

Draht, Martin: Über eine kohärente soziokulturelle Theorie des Staats und des Rechts, in Festschr. für Leibholz, 1966, Bd. 1, 35.

Dreher, Eduard: Über die gerechte Strafe, 1947. Strafgesetzbuch mit Nebengesetzen, Kurzkommentar, 33. Aufl. 1972. Bemühungen um das Recht, Gesammelte Aufsätze, 1972.

Drost, Heinrich: Das Ermessen des Strafrichters, 1930. Das Problem einer Individualisierung des Strafrechts, 1930.

Eisenberg, Ulrich: Die sozialtherapeutische Anstalt im zukünftigen deutschen Strafrecht — Vorbilder in Europa — Empfehlungen, Ein Beitrag zur Problematik stationärer Kriminaltherapie; in Göppinger, H., H. Witter (Hrsg.): KrimGegfr. 9, 1970, 92.

Engisch, Karl: Das Verbrechen in der heutigen Gesellschaft, in Schuld und Sühne, Vorträge über den Deutschen Strafprozeß, 1960, 1. Die Lehre von der Willensfreiheit in der strafrechtsphilosophischen Doktrin der Gegenwart, 1963. Die Idee der Konkretisierung in Recht und Rechtswissenschaft unserer Zeit, 2. Aufl. 1968.

Ennis, P.: Criminal Victimization in the United States, A Report of a National Survey (National Opinion Research Center), Washington D.C. 1967.

Eser, Albin: Gesellschaftsgerichte in der Strafrechtspflege, 1970.

Esser, Josef: Grundsatz und Norm in der richterlichen Fortbildung des Privatrechts, 1956. Vorverständnis und Methodenwahl in der Rechtsfindung, 1970.

Exner, Franz: Gerechtigkeit und Richteramt, zwei akademische Antrittsreden 1922 (1. Über Gerechtigkeit im Strafmaß, 2. Strafrechtsreform und Richteramt). Studien über die Strafzumessungspraxis der deutschen Gerichte, Kriminalistische Abhandlungen Heft 16, 1931. Kriminologie, 3. Aufl. 1949.

Faller, Hans: Verfassungsrechtliche Grenzen des Opportunitätsprinzips im Strafprozeß, Festgabe f. Th. Maunz, 1971, 69.

Ferber, Christian von: Bemerkungen zum Verhältnis der Gesellschaftswissenschaften zur Sozialpolitik, Festschr. f. Leibholz, 1966, Bd. 1, 323.

Ferri, Enrico: Das Verbrechen als soziale Erscheinung (deutsch von H. Kurella), 1896. Principii di diritto criminale, Turin 1928.

Feuerbach, Anselm von: Betrachtungen über die Öffentlichkeit und Mündlichkeit der Gerechtigkeitspflege, 1821.

Fincke, Martin: Die Entwicklung der sowjetischen Kriminalpolitik nach Chruschtschow, in „Sowjetstaat und Sowjetrecht nach Chruschtschow", hrsg. von R. Maurach und B. Meissner 1971, 64.

Forsthoff, Ernst: Rechtsstaat im Wandel, 1964. Der Staat der Industriegesellschaft, Beck'sche Schwarze Reihe, Bd. 77, 1971.

Frey, Erwin R.: Strafrecht oder soziale Verteidigung, SchwZStR 1953, 405. Kriminologie und Kriminalpolitik (unter besonderer Berücksichtigung der Frühkriminalität) in: E. Mezger, Th. Würtenberger (Hrsg.): KrimGegfr 3, 1958. Die kriminalpolitischen Aufgaben der Strafrechtsreform, Referat auf dem 43. DJT in München (Verh. Bd. II, E 25 ff.). Schuld — Verantwortung — Strafe als kriminalpolitisches Problem, in Frey E. (Hrsg.): Schuld, Verantwortung, Strafe, Zürich 1964, 297 ff.

Frisch, Wolfgang: Revisionsrechtliche Probleme der Strafzumessung, 1971.

Fuhrmann, Hans: Die Appellation als Rechtsmittel für eine beschränkte Tatsachennachprüfung in einem dreistufigen Gerichtsaufbau, ZStW 85, 45.

Gallas, Wilhelm: Kriminalpolitik und Strafrechtssystematik unter besonderer Berücksichtigung des sowjetrussischen Rechts, 1931. Beiträge zur Verbrechenslehre, 1968.

Gallwas, Hans-Ullrich: Strafnormen als Grundrechtsproblem, MDR 1969, 892.

Geerds, Friedrich: Probleme zur Angleichung der europäischen Strafrechtssysteme, in Internationale Verbrechensbekämpfung. hrsg. v. BKA Wiesbaden 1960, 273 ff. Die Kriminalität als soziale und als wissenschaftliche Problematik, Recht und Staat Heft 315/316, 1965. Kriminalphänomenologie. Ihre Aufgaben und Möglichkeiten, in Festschr. für H. Mayer, 1966, 605.

Georgakis, J. A.: Geistesgeschichtliche Studien zur Kriminalpolitik und Dogmatik Franz v. Liszts, 1940.

Gimbernat, Ordeig: Hat die Strafrechtsdogmatik eine Zukunft? ZStW 82, 379.

Girsberger, Marianne: Die Behandlung jugendlicher Rechtsbrecher in Schweden, SchwZStR 1973, 34.

Glueck, Shelden und Eleanor: Jugendliche Rechtsbrecher, Wege zur Vorbeugung, 1963.

Göppinger, Hans: Die gegenwärtige Situation der Kriminologie, Recht und Staat Heft 288/289, 1964. Strafe und Verbrechen, 1965. Probleme interdisziplinärer Forschung in der Kriminologie, in Tübinger Festschr. für Eduard Kern, 1968, 201. Kriminologie. Eine Einführung, 1971.

Grammatica, Filippo: Grundlagen der Défense sociale, 1. u. 2. Teil, 1965.

Graßberger, Roland: Die Strafzumessung. Kriminologische Abhandlungen Heft 7, 1932. Die Strafe, ÖJZ 1961, 169. Psychologie des Strafverfahrens, 2. Aufl. 1968.

Grünhut, Max: Moderne Arbeitsmethoden in der Kriminologie, ZStW 72, 267.

Grünwald, Gerald: Die Strafrechtsreform in der BRD und in der DDR, ZStW 82, 250.

Haag, Karl: Rationale Strafzumessung, 1970.

Habermas, Jürgen: Zur Logik der Sozialwissenschaften, 1970.

Hacker, Friedrich: Aggression, Molden-Verlag Wien, 1971.

Haddenbrock, Siegfried: Personale oder soziale Schuldfähigkeit (Verantwortungsfähigkeit) als Grundbegriff der Zurechnungsnorm? MSchrKrim 1968, 145.

Hall, Karl Alfred: Die Freiheitsstrafe als kriminalpolitisches Problem, ZStW 66, 77.

Hamann, Andreas: Grundgesetz und Strafgesetzgebung, 1963.

Harbordt, Steffen: Die Subkultur des Gefängnisses, 1967.

Hassemer, Winfried: Strafzumessung, Strafvollzug und die „Gesamte Strafrechtswissenschaft", in Arth. Kaufmann (Hrsg.): Die Strafvollzugsreform, RJZ Bd. 11, 1971, 53.

Hattenhauer, Hans: Zwischen Hierarchie und Demokratie, 1971.

Heinitz, Ernst: Der Entwurf des Allgemeinen Teils des Strafgesetzbuches vom kriminalpolitischen Standpunkt aus, ZStW 70, 1. Die Individualisierung der Strafen und Maßnahmen in der Reform des Strafrechts und des Strafprozesses, 1960. Zweiteilung der Hauptverhandlung? in Festgabe f. v. Lübtow 1970, 835.

Heinz, Wolfgang: Bestimmungsgründe der Anzeigebereitschaft des Opfers, Diss. Freiburg i. Br. 1972. Entwicklung, Aufgaben und Probleme der Kriminalstatistik, ZStW 84, 806.

Hellmer, Joachim: Erziehung und Strafe, 1957. Kriminalpädagogik. Eine Einführung in die Probleme, 1959. Kriminalpolitik und Sittenstrafrecht, ZStW 70, 376. Kriminalität und Kultur, MSchrKrim 1963, 97. Zum gegenwärtigen Stand der Lehre vom Verbrechen, JZ 1963, 193. Sozialisation, Personalisation und Kriminalität, in „Der Mensch als soziales und personales Wesen", hrsg. v. Wurzbacher, 1963, 2. unveränd. Aufl. 1968. Zur Kriminalität in beiden Teilen Deutschlands, in Festschr. für Maurach 1972, 641.

Henkel, Heinrich: Einführung in die Rechtsphilosophie, 1964. Strafverfahrensrecht, 2. Aufl. 1968. Die „richtige" Strafe, 1969.

Hentig, Hans v.: Die Strafe, I. Teil: Frühformen und kulturgeschichtliche Zusammenhänge, 1954, II. Teil: Die modernen Erscheinungsformen, 1955. Das Verbrechen, Bd. I, 1961, Band II, 1962, Band III, 1963. Dogmatik, Strafverfahren, Dunkelfeld, Festschr. für Engisch 1969, 663.

Hering, Karl Heinz: Der Weg der Kriminologie zur selbständigen Wissenschaft, 1966.

Herrmann, Joachim: Die Reform der deutschen Hauptverhandlung nach dem Vorbild des anglo-amerikanischen Strafrechts, 1971.

Herzog, Roman: Formen staatlicher Gesetzgebung in weltanschaulich umstrittenen Bereichen, in Festgabe für Maunz 1971, 145.

Hippel, Robert von: Deutsches Strafrecht I, 1925.

Hirsch, Ernst: Das Recht im sozialen Ordnungsgefüge, 1966.

Hirsch, Hans Joachim: Hauptprobleme einer Reform der Delikte gegen die körperliche Unversehrtheit, ZStW 83, 140.

Hoerster, Norbert: Zur Generalprävention als dem Zweck staatlichen Strafens, GA 1970, 272.

Horn, Eckhard: Tatschuld-Interlokut und Strafzumessung, ZStW 85, 7.

Husserl, Gerhard: Recht und Zeit, 1955.

Jäger, Herbert: Strafrechtspolitik und Wissenschaft, in Sexualität und Verbrechen, Fischer Bücher des Wissens Bd. 518/519, 273 ff.

Jescheck, Hans-Heinrich: Entwicklung, Aufgaben und Methoden der Strafrechtsvergleichung, 1955. Methoden der Strafrechtswissenschaft, Studium generale 1959, 107. Die Bedeutung der Öffentlichkeit für die moderne Kriminalpolitik, ZStW 71, 1. Moderne Kriminalpolitik in Deutschland und Frankreich, ZStW 79, 874. Strafrecht im Wandel, ÖJZ 1971, 1. Lehrbuch des Strafrechts, Allgemeiner Teil, 2. Aufl. 1972.

Kaiser, Günther: Zum Verhältnis Kriminologie und Kriminalpolitik in der sozialistischen Gesellschaft, Festschr. f. H. v. Hentig 1967, 211. Die Beziehung zwischen Kriminologie und Strafrecht, GA 1967, 289. Einige Vorbemerkungen zu Grundfragen heutiger Kriminalpolitik, MSchrKrim 1968, 1. Verkehrsdelinquenz und Generalprävention. Untersuchungen zur Kriminologie der Verkehrsdelikte und zum Verkehrsstrafrecht, 1970. Kriminologie. Eine Einführung in die Grundlagen, 1971. Strategien und Prozesse strafrechtlicher Sozialkontrolle, 1972. Entwicklungstendenzen des Strafrechts, Festschr. für Maurach, 1972, 391.

Kaufmann, Arthur: Das Schuldprinzip, 1961. Schuld und Strafe, Studien zur Strafrechtsdogmatik, 1966. Dogmatische und kriminalpolitische Aspekte des Schuldgedankens im Strafrecht, JZ 1967, 553.

Kaufmann, Hilde: Grammaticas System der Difesa Sociale und das deutsche Schuldstrafrecht, in Festschr. f. H. v. Weber, 1963, 418. Kriminologie I, Entstehungszusammenhänge des Verbrechens, 1971. Kriminologie zum Zwecke der Gesellschaftskritik, JZ 1972, 78.

Kerner, Hans-Jürgen: Verbrechenswirklichkeit und Strafverfolgung, 1973.

Kern-Roxin: Strafverfahrensrecht, Studienbuch, 11. Aufl. 1972.

Kielwein, Gerhard: Zum gegenwärtigen Stand einer internationalen Kriminalpolitik, Festschr. für Rittler 1957, 95.

Klug, Ulrich: Die zentrale Bedeutung des Schutzgedankens für den Zweck der Strafe, 1938.

Kleinknecht, Theodor: Strafprozeßordnung, Gerichtsverfassungsgesetz, Nebengesetze und ergänzende Bestimmungen, 30. Aufl. 1971 (mit Nachtrag 1973).

Krauß, Detlef: Der Grundsatz der Unschuldsvermutung im Strafverfahren, in Strafrechtsdogmatik und Kriminalpolitik, 1971, 153.

Krümpelmann, Justus: Die Bagatelldelikte, 1966.

Küper, Wilfried: Die Richteridee der Strafprozeßordnung und ihre geschichtlichen Grundlagen, 1967.

Lackner, Karl: Kriminologie und Strafrecht, KrimGegfr. 6, 1964, 6.

Lackner-Maassen: Strafgesetzbuch mit Erläuterungen, 7. Aufl. 1972.

Lampe, Ernst-Joachim: Eigentumsschutz im künftigen Strafrecht, in Strafrechtsdogmatik und Kriminalpolitik, 1971, 59. Der strafrechtliche Schutz der Arbeitskraft, Festschr. f. Maurach, 1972, 375. Der Straftäter als Person der Zeitgeschichte, NJW 1973, 217.

Lange, Richard: Der Rechtsstaat als Zentralbegriff der neuen Strafrechtsentwicklung, 1952. Der Strafgesetzgeber und die Schuldlehre, JZ 1956, 73. Wandlungen in den kriminologischen Grundlagen der Strafrechtsreform, in „Hundert Jahre Deutsches Rechtsleben", 1960, Bd. 1, 345. Der Strafanspruch des Staates und die Grenzen der Strafbarkeit, in Probleme der Strafrechtsreform 1963, 75. Die moderne Anthropologie und das Strafrecht; in Frey, E. (Hrsg.): Schuld, Verantwortung, Strafe, 1964, 277. Das Rätsel Kriminalität, 1970. Strafrechtsreform, Reform im Dilemma, 1972.

Lang-Hinrichsen, Dietrich: Die kriminalpolitischen Aufgaben der Strafrechtsreform, Gutachten zum 43. DJT 1960, Bd. I, 3. Teil B.

Lautmann, Rüdiger: Soziologie vor den Toren der Jurisprudenz, 1971.

Leferenz, Heinz: Probleme der kriminologischen Prognose, in Würtenberger (Hrsg.), KrimGegfr. 3, 1958. Aufgaben einer modernen Kriminologie (Vortrag vor der Juristischen Studiengesellschaft in Karlsruhe am 9. 11. 1966), 1967. Kriminologie und Kriminalpolitik, in KrimGegfr. Heft 8, 1968, 10.

Lerche, Peter: Übermaß und Verfassungsrecht, 1961.

Liszt, Franz von: Strafrechtliche Aufsätze und Vorträge, I. und II. Bd., 1905.

Lüderssen, Klaus: Strafrecht und Dunkelziffer, Recht und Staat H. 412, 1972.

Luhmann, Niklas: Legitimation durch Verfahren, 1969.

Maihofer, Werner: Recht und Sein, 1954. Vom Sinn menschlicher Ordnung, 1956. Menschenbild und Strafrechtsreform, Berl. Universitätstage 1964, 5. Rechtsstaat und menschliche Würde, 1968.

Maiwald, Manfred: Zum fragmentarischen Charakter des Strafrechts, in Festschr. für Maurach, 1972, 9.

Mannheim, Hermann: Über einige neuere Entwicklungstendenzen in der kriminologischen Forschung, MSchrKrim 1957, 1. Comparative Criminology, London 1965. Rückfall und Prognose, in HwbKrim, 2. Aufl., Bd. III, 1969, 38.

Marcic, René: Geschichte der Rechtsphilosophie, 1971.

Maurach, Reinhart: Schuld und Verantwortung im Strafrecht, 1948. Die politischen und soziologischen Grundlagen des sowjetischen Strafrechts, in Entwicklung des sowjetischen Strafrechts und sein Einfluß auf die Rechtsprechung in der Sowjetzone, 1956, 9. Zum Wesen und Zweck der Strafe, in Schuld und Sühne, 1960, 26. Die kriminalpolitischen Aufgaben der Strafrechtsreform, Gutachten zum 43. DJT München 1960, Bd. I, 3. Teil A. Das Unrechtsbewußtsein zwischen Kriminalpolitik und Strafrechtsdogmatik, in Festschr. für Eb. Schmidt, 1961, 301. Deutsches Strafrecht, Besonderer Teil, 5. Aufl. 1969 (mit Nachträgen 1970 und 1971). Deutsches Strafrecht, Allgemeiner Teil, 4. Aufl. 1971. Kriminologie und Kriminalpolitik in der Sowjetunion, Deutsche Sektion der internationalen Juristenkommission, Vortrag auf der Tagung vom 4./5. 12. 1971 in Mainz, 1972.

Mayer, Hellmuth: Kriminalpolitik als Geisteswissenschaft, ZStW 57, 1. Strafrechtsreform für heute und morgen, 1962. Strafrecht, Allgemeiner Teil, 1967.

Melzer, Michael: Die Neue Sozialverteidigung und die deutsche Strafrechtsreformdiskussion, 1970.

Mergen, Armand: Die soziale Zweckmäßigkeit in der modernen Kriminalpolitik, in Festschr. für Rittler, 1957, 21. Die Wissenschaft vom Verbrechen, 1961. Kriminologie, 1967.

Mezger, Edmund: Kriminalpolitik, in HwbKrim, Bd. 1, Berlin 1933, 861. Kriminalpolitik auf kriminologischer Grundlage, 1. Aufl. 1934, 2. Aufl. 1942, 3. Aufl, 1944 (Zit. wird im Text die 2. Aufl. 1942). Kriminologie, 1951.

Middendorff, Wolf: Die Prognose im Strafrecht und in der Kriminologie, ZStW 72, 108. Soziologie des Verbrechens, Erscheinungen und Wandlungen des asozialen Verhaltens, 1959. Die kriminologische Prognose in Theorie und Praxis, 1967.

Mitteis, Heinrich: Vom Lebenswert der Rechtsgeschichte, 1947.

Mittermaier, Wolfgang: Gefängniskunde, 1954.

Moser, Tilman: Jugendkriminalität und Gesellschaftsstruktur. Zum Verhältnis von soziologischen, psychologischen und psychoanalytischen Theorien des Verbrechens, 1970.

Mollenhauer, Klaus: Jugendhilfe. Soziologische Materialien, 1968.

Mollenhauer, W.: Sozialpädagogik in der Strafrechtspflege, in Kriminologie und Vollzug der Freiheitsstrafe, 1961, 49. Grundprobleme der (präventiven) Kriminalpädagogik, in Vorbeugende Verbrechensbekämpfung, 1964, 187.

Müller-Dietz, Heinz: Grenzen des Schuldgedankens im Strafrecht, 1967. Strafbegriff und Strafrechtspflege, 1968. Strafvollzugskunde als Lehrfach und wissenschaftliche Disziplin, 1969. Strafvollzugsgesetzgebung und Strafvollzugsreform. Annales Universitatis Saraviensis, Bd. 55, 1970. Sozialwissenschaften und Strafrechtsdogmatik, in Strafrechtsdogmatik und Kriminalpolitik, 1971, 105. Wege zur Strafvollzugsreform, 1972. Verfassung und Strafvollzugsgesetz, NJW 1972, 1161.

Nagler, Johannes: Verbrechensprophylaxe und Strafrecht, 1911.

Naucke, Wolfgang: Zur Lehre vom strafbaren Betrug, 1964. Der Begriff der „geringen Schuld" (§ 153 StPO) im Straftatsystem, in Festschr. für Maurach, 1972, 197. Über Generalklauseln und Rechtsanwendung im Strafrecht, Recht und Staat H. 417, 1973.

Niggemeyer, B.: Vorbeugung — das „Stiefkind" der Verbrechensbekämpfung, in Vorbeugende Verbrechensbekämpfung, 1964, 7.

Noll, Peter: Die ethische Begründung der Strafe, 1962. Schuld und Prävention unter dem Gesichtspunkt der Rationalisierung des Strafrechts, in Festschr. für H. Mayer, 1966, 219.

Nottbeck, Arvid von: Die Straffunktionen des Staates und der Gesellschaft, in Probleme der Strafrechtsreform, 1963, 48.

Nowakowski, Friedrich: Freiheit, Schuld, Vergeltung, in Festschr. für Rittler, 1957, 55.

Oehler, Dietrich: Wurzel, Wandel und Wert der strafrechtlichen Legalordnung, 1950.

Peters, Karl: Die kriminalpolitische Stellung des Strafrichters bei der Bestimmung der Strafrechtsfolgen, 1932. Grundprobleme der Kriminalpädagogik, 1960. Grundsätzliches über die Erziehung und Strafe, in Kriminologie und Vollzug der Freiheitsstrafe, 1961, 62. Die strafrechtsgestaltende Kraft des Strafprozesses, 1963. Strafprozeß, 2. Aufl., 1966. Dazu Nachtrag „Der Strafprozeß in der Fortentwicklung", 1970. Strafprozeßlehre im System des Strafprozeßrechts, in Festschr. für Maurach, 1972, 453.

Peters, Karl / Lang-Hinrichsen, Dietrich: Grundfragen der Strafrechtsreform, 1959.

Pinatel, Jean: Neue Wege der Kriminologie zur Verbrechensverhütung und zur Behandlung von Rechtsbrechern, in Vorbeugende Verbrechensbekämpfung 1964, 199.

Popitz, Heinrich: Über die Präventivwirkung des Nichtwissens, Dunkelziffer, Norm und Strafe. Recht und Staat Heft 350, 1968.

Quensel, Stephan: Kurzfristige Freiheitsstrafen, Möglichkeiten einer rationalen Kriminalpolitik, in Kriminologische Wegzeichen, Festschr. für Hans von Hentig, 1967, 287. Wie wird man kriminell? Verlaufsmodell einer fehlgeschlagenen Interaktion zwischen Delinquenten und Sanktionsinstanz, Krit. Justiz 1970, 375. Zusammenarbeit zwischen Soziologie und Rechtswissenschaft bei einem Alternativ-Entwurf zu einem Strafvollzugsgesetz für die BRD, SchwZStR 1973, 12.

Raab, Josef: Vorbeugende Verbrechensbekämpfung, in Kriminalistik 1964, 173.

Radbruch, Gustav: Die Psychologie der Gefangenschaft, ZStW 32, 339.

Rebhan, Axel: Franz v. Liszt und die moderne Défense sociale, 1963.

Reckless, Walter C.: Halttheorie, MSchrKrim 1961, 1.

Roxin, Claus: Verwerflichkeit und Sittenwidrigkeit als unrechtsbegründende Merkmale im Strafrecht, JuS 1964, 373. Sinn und Grenzen staatlicher Strafe, JuS 1966, 377. Franz von Liszt und die kriminalpolitische Konzeption des Alternativentwurfs, ZStW 81, 613. Täterschaft und Tatherrschaft, 2. Aufl. 1967. Kriminalpolitik und Strafrechtssystem, 1970. Strafrechtliche Grundlagenprobleme, 1973.

Runde, Peter: Resozialisierung als wissenschaftliches und sozialpolitisches Problem, in Die Strafvollzugsreform, RJZ Bd. 11, 1971, 113.

Sack, Fritz: Neue Perspektiven in der Kriminologie, in F. Sack, R. König (Hrsg.): Kriminalsoziologie, 1968, 431. Probleme der Kriminalsoziologie, in R. König (Hrsg.): Handbuch der empirischen Sozialforschung, Bd. 2, 1969. Selektion und Kriminalität, Krit. Justiz 1971, 384. Definition von Kriminalität als politisches Handeln: Der Labeling Approach, KrimJ 1972, 3.

Sangmeister, W.: Kriminalpolizeiliche Beratung zum Schutze gegen das Verbrechen, in Vorbeugende Verbrechensbekämpfung, 1964, 115.

Sauer, Wilhelm: Kriminalsoziologie, Bd. I, 1953. Allgemeine Strafrechtslehre, 1955. Über die Rechtsvergleichung bei der Strafrechtsreform, ZStW 67, 350.

Sax, Walter: Kriminalpolitik und Strafrechtsreform, JZ 1957, 1. Grundsätze der Strafrechtspflege, in Bettermann-Nipperdey-Scheuner: Die Grundrechte, Bd. III, 2. Halbbd. 1959, 909.

Schäfer, H. Wesen und Entwicklung des Vorbeugungsgedankens, in Vorbeugende Verbrechensbekämpfung, 1964, 27.

Schaffstein, Friedrich: Jugendstrafrecht, 4. Aufl. 1972.

Schelsky, Helmut: Wandlungen der deutschen Familie in der Gegenwart, 5. Aufl. 1967.

Schick, Peter: Die Bedeutung der Kriminologie für die Kriminalpolitik, MSchrKrim 1968, 97.

Simonsohn, B. (Hrsg.): Jugendkriminalität, Strafjustiz und Sozialpädagogik, 1969.

Schlosser, Peter: Der Grundsatz „Keine Strafe ohne Schuld" als Verfassungsnorm, Diss. Würzburg 1961.

Schmidhäuser, Eberhard: Strafrecht, Allgemeiner Teil, 1970. Vom Sinn der Strafe, 2. Aufl. 1971. Einführung in das Strafrecht, 1972.

Schmidt, Eberhard: Probleme des staatlichen Strafens in der Gegenwart, SJZ 1946, 204. Franz von Liszt und die heutige Problematik des Strafrechts, in Festschr. für Julius von Gierke, 1950, 201. Vergeltung, Sühne und Spezialprävention, ZStW 67, 177. Kriminalpolitische und strafrechtsdogmatische Probleme in der deutschen Strafrechtsreform, ZStW 69, 359. Lehrkomm. zur StPO, Teil I, Die rechtstheoretischen und rechtspolitischen Grundlagen des Strafverfahrensrechts, 2. Aufl. 1964. Justiz und Publizistik, 1968. Der Strafprozeß, Aktuelles und Zeitloses, NJW 1969, 1145.

Schneider, Hans-Joachim: Entwicklungstendenzen ausländischer und internationaler Kriminologie, JZ 1966, 370.

Schönke-Schröder: Schönke Adolf, Schröder Horst, Kommentar zum Strafgesetzbuch, 16. Aufl. 1972 (zit. nach Rdnr.).

Schoreit, Armin: Entschädigung der Verbrechensopfer als öffentliche Aufgabe, 1973.

Schreiber, Manfred: Öffentlichkeitsarbeit und Verbrechensverhütung, in Vorbeugende Verbrechensbekämpfung, 1964, 137.

Schroeder, Friedrich-Christian: Die Bestimmtheit von Strafgesetzen am Beispiel des groben Unfugs, JZ 1969, 775. Die neuere Entwicklung der Strafgesetzgebung in Deutschland, JZ 1970, 393. Versagen der gesellschaftlichen Rechtspflege in der Sowjetunion, ROW 1972, 265. Die Strafgesetzgebung in Deutschland, Eine synoptische Darstellung der Strafgesetzbücher der BRD und der DDR, 1972.

Schröder, Horst: Die kriminalpolitischen Aufgaben der Strafrechtsreform, Referat auf dem 43. DJT in München (Verh. Bd. II, E 3 ff.).

Schüler-Springorum, Horst: Strafvollzug im Übergang (Studien zum Stand der Vollzugslehre), 1969. Über Viktimologie, in Festschr. für R. Honig, 1970, 201.

Schultz, Hans: Kriminalpolitische Bemerkungen zum Entwurf eines Strafgesetzbuches, E 1962, JZ 1966, 113.

Schwalm, Georg: Die kriminalpolitische Bedeutung des Entwurfs eines StGB (E 1962), GA 1964, 257.

Seelig, Ernst: Lehrbuch der Kriminologie, 2. Aufl. 1951.

Sieverts, Rudolf: Kriminalpolitik, in HwbKrim, 2. Aufl., Bd. II, 1967/68, 1.

Simson, Gerhard: Grundzüge der schwedischen Kriminalrechtsreform, 1966. Franz von Liszt und die schwedische Kriminalpolitik, ZStW 63, 274.

Spendel, Günter: Zur Lehre vom Strafmaß, 1954. Grundfragen jeder Strafrechtsreform, in Festschr. für Rittler 1957, 39.

Stammler, Rudolf: Die Lehre vom richtigen Recht, 1926.

Sternberg, Theodor: Die Selektionsidee in Strafrecht und Ethik, 1911.

Stratenwerth, Günter: Leitprinzipien der Strafrechtsreform, in: Arbeitsgemeinschaft für Forschung des Landes Nordrhein-Westfalen, Geisteswissenschaften, H. 162, 1970. Strafrecht, Allgemeiner Teil I, Die Straftat, 1971. Tatschuld und Strafzumessung, 1972.

Stree, Walter: Deliktsfolgen und Grundgesetz, Zur Verfassungsmäßigkeit der Strafen und sonstigen strafrechtlichen Maßnahmen, 1960.

Sutherland, E. H.: Principles of Criminology, 4. Aufl., Philadelphia 1947.

Tiedemann, Klaus: Gleichheit und Sozialstaatlichkeit im Strafrecht, GA 1964, 353. Neue Methoden im Vollzug freiheitsbeschränkender Strafen, JZ 1967, 420. Tatbestandsfunktionen im Nebenstrafrecht, 1969.

Warda, Günter: Dogmatische Grundlage des richterlichen Ermessens im Strafrecht, 1962.

Weber, Hellmuth von: Die richterliche Strafzumessung, 1956. Die Bedeutung der Kriminologie für die Strafrechtspflege, in Kriminologie und Vollzug der Freiheitsstrafe, 1961, 14.

Wehner, Bernd: Die Latenz der Straftaten. Schriftenreihe des BKA 1957.

Welzel, Hans: Das neue Bild des Strafrechtssystems, 4. Aufl., 1961. Das Deutsche Strafrecht, 11. Aufl. 1969.

Wenzky, Oskar: Die Stellung der Kriminalpolizei im Rahmen der vorbeugenden Verbrechensbekämpfung, in Vorbeugende Verbrechensbekämpfung, 1964, 65.

Wertenbruch, Wilhelm: Grundgesetz und Menschenwürde, 1958.

Westphal, Manfred: Wo liegt der Ausgangspunkt einer modernen Kriminalpolitik?, MSchrKrim 1970, 97.

Wieacker, Franz: Zur praktischen Leistung der Rechtsdogmatik, Festschr. f. H. G. Gadamer, 1970, Bd. II, 311.

Wilhelm, Theodor: Sozialisation und soziale Erziehung, in Der Mensch als soziales und personales Wesen, hrsg. v. G. Wurzbacher, 1963, 2. unveränd. Aufl. 1968.

Wimmer, August: Gerechtigkeit und Humanität im Strafrecht, JR 1947, 97 und 136.

Woesner, Horst: Strafrechtlicher und sittlicher Schuldvorwurf, NJW 1964, 1.

Wolff, Jörg: Die Prognose in der Kriminologie, Kriminologische Studien Bd. 7, 1971.

Würtenberger, Thomas: Défense sociale — Ziele und Wege einer neuen kriminalpolitischen Bewegung, MSchrKrim 1956, 60. Vom Rechtsstaatsgedanken in der Lehre der strafrechtlichen Rechtswidrigkeit, Festschr. für Rittler 1957, 125. Die geistige Situation der deutschen Strafrechtswissenschaft, in Freiburger Rechts- und Staatswissenschaftliche Abhandlungen Bd. 7, 2. Aufl. 1959. Das Menschenbild unserer Zeit und die Kriminalität als sozial-kulturelles Phänomen, in Vorbeugende Verbrechensbekämpfung, 1964, 17. Kriminalpolitik im sozialen Rechtsstaat, 1970.

Zimmerl, Leopold: Aufbau des Strafrechtssystems, 1930.

Zipf, Heinz: Zur Ausgestaltung der Geldstrafe im kommenden Strafrecht, ZStW 77, 526. Die Geldstrafe in ihrer Funktion zur Eindämmung der kurzen Freiheitsstrafe, 1966. Die Strafmaßrevision. Eine strafrechtsdogmatische Untersuchung über den systematischen Aufbau der Strafzumessung und ihrer Revisibilität im Erwachsenen- und Jugendstrafrecht, 1969. Strafantrag, Privatklage und Staatlicher Strafanspruch, GA 1969, 234. Kriminologischer und strafrechtlicher Verbrechensbegriff, MDR 1969, 889. Einwilligung und Risikoübernahme im Strafrecht, zugleich ein Beitrag zum strafrechtlichen Risiko im Sport, 1970. Die Bedeutung der Viktimologie für die Strafrechtspflege, MSchrKrim 1970, 1. Rechtskonformes und sozialadäquates Verhalten im Strafrecht, ZStW 82, 633. Die Problematik des Meineids innerhalb der Aussagedelikte, in Festschr. für Maurach, hrsg. von Friedrich-Christian Schroeder u. Heinz Zipf. 1972, 415. Strafprozeßrecht, 1972.

ABKÜRZUNGSVERZEICHNIS

aaO	am angegebenen Ort
Abs.	Absatz
AE	Alternativentwurf
a.F.	alte Fassung
Anm.	Anmerkung
Art.	Artikel
BayObLG	Bayerisches Oberstes Landesgericht
BGBl	Bundesgesetzblatt
BGH	Bundesgerichtshof (Entscheidungen in Strafsachen)
BKA	Bundeskriminalamt (Wiesbaden)
BVerfG (E)	Bundesverfassungsgericht (Entscheidungen zit. nach der amtlichen Sammlung)
BVerwG (E)	Bundesverwaltungsgericht (Entscheidungen zit. nach der amtlichen Sammlung)
BZRG	Gesetz über das Zentralregister und das Erziehungsregister v. 18. 3. 1971 (BGBl. I 243)
DJT	Deutscher Juristentag
DRiG	Deutsches Richtergesetz v. 8. 9. 1961 (BGBl. I 1665)
DVO	Durchführungsverordnung
E (1962)	Entwurf (eines Strafgesetzbuches mit Begründung — Bundestagsvorlage — 1962)
Festschr.	Festschrift
GA	Archiv für Strafrecht, begründet von Goltdammer (ab 1953 zit. nach Jahr und Seite)
GG	Grundgesetz für die Bundesrepublik Deutschland v. 23. 5. 1949 (BGBl. S. 1)
GVG	Gerichtsverfassungsgesetz v. 27. 1. 1877 (RGBl. 41), i. d. F. vom 12. 9. 1950 (BGBl. 513)
hrsg.	herausgegeben
HwbKrim	Handwörterbuch der Kriminologie, 1. Aufl. 1933/1936, 2. Aufl. 1966 ff.
i. d. F.	in der Fassung
IKV	Internationale Kriminalistische Vereinigung
JGG	Jugendgerichtsgesetz vom 4. 8. 1953 (BGBl. I 751)
JR	Juristische Rundschau
JuS	Juristische Schulung
JWG	Jugendwohlfahrtsgesetz
JZ	Juristenzeitung

KMR	Kommentar zur Strafprozeßordnung und zum Gerichtsverfassungs- und Ordnungswidrigkeitengesetz. Begründet von Theodor Kleinknecht, Hermann Müller, Leonhard Reitberger, 6. Aufl. von Hermann Müller, Walter Sax, 1966 mit Nachträgen 1968 und 1971
KrimGegfr.	Kriminologische Gegenwartsfragen (vor 1968: kriminalbiologische Gegenwartsfragen)
KrimJ	Kriminologisches Journal
MatStrRReform	Materialien zur Strafrechtsreform
MDR	Monatsschrift für Deutsches Recht
MRK	Konvention zum Schutze der Menschenrechte und Grundfreiheiten v. 4. 11. 1950
MSchrKrim	Monatsschrift für Kriminologie und Strafrechtsreform
NJW	Neue Juristische Wochenschrift
ÖJZ	Österreichische Juristenzeitung
OWiG	Gesetz über Ordnungswidrigkeiten v. 24. 5. 1968 (BGBl. I 481)
RJZ	Recht — Justiz — Zeitgeschehen, Schriftenreihe des Verlages C. F. Müller, Karlsruhe
ROW	Recht in Ost und West
SchwZStR	Schweizerische Zeitschrift für Strafrecht
SJZ	Süddeutsche Juristenzeitung
StÄG	Strafrechtsänderungsgesetz
StGB	Strafgesetzbuch
StPO	Strafprozeßordnung
StrRG	Strafrechtsreformgesetz
StVG	Straßenverkehrsgesetz v. 19. 12. 1952 (BGBl. I 837)
SzB	Strafaussetzung zur Bewährung
Verf.	Verfasser
VRS	Verkehrsrechtssammlung
ZRP	Zeitschrift für Rechtspolitik
ZStW	Zeitschrift für die gesamte Strafrechtswissenschaft

Im übrigen werden die im juristischen Schrifttum allgemein üblichen Abkürzungen verwendet.

§ 1 Die Kriminalpolitik im Rahmen der gesamten Strafrechtswissenschaft

1. Der Begriff der Kriminalpolitik

In eine Anwaltskanzlei kommt ein Mandant und schildert, daß er in der vergangenen Nacht nach einem Faschingsball auf dem Nachhauseweg mit seinem Pkw infolge der Straßenglätte ins Schleudern kam und dabei einen Straßenpassanten leicht verletzte. Die Polizei habe bei ihm eine Blutalkoholuntersuchung vornehmen lassen, die einen Wert von 1,4 Promille ergeben habe. Den Führerschein habe die Polizei ihm gleich abgenommen. Er mache sich nun große Sorgen, was mit ihm wegen dieses Unfalls weiter passieren werde. Er sei als Vertreter auf seinen Pkw angewiesen. Von einem Geschäftskollegen wisse er, daß er 1967 wegen eines ähnlichen Vorfalls zu 4 Monaten Gefängnis ohne Bewährung und zu einem Führerscheinentzug auf die Dauer von 3 Jahren verurteilt worden sei. Wenn er eine Freiheitsstrafe absitzen müßte, wäre seine Familie während dieser Zeit praktisch ohne Einkünfte.

Die Reaktion der Rechtsgemeinschaft auf eine solche Trunkenheitsfahrt stellt eine wichtige kriminalpolitische Einzelfrage dar. In der Tat war es bis zum Inkrafttreten des 1. StrRG durchaus möglich, daß auch ein bisher nicht vorbestrafter Ersttäter bei einer solchen Trunkenheitsfahrt mit einer Freiheitsstrafe ohne Strafaussetzung zur Bewährung rechnen mußte. Die Versagung der SzB wurde dabei — allerdings mit erheblichen Unterschieden in der Praxis der einzelnen Gerichte — zumeist auf § 23 Abs. 3 Nr. 1 a.F. StGB gestützt, weil das öffentliche Interesse eine Verbüßung der Freiheitsstrafe erfordere. Das 1. StrRG von 1969 hat hier mit der Schaffung des § 14 und der Neufassung des § 23 StGB wichtige kriminalpolitische Neuerungen gebracht. Bei einem Ersttäter stellt heute eine fühlbare Geldstrafe das primäre Reaktionsmittel auch gegen eine folgenreiche Trunkenheitsfahrt nach § 315c StGB dar; bei schweren Fällen ist bei einer guten Sozialprognose (allerdings mit der Schranke der „Verteidigung der Rechtsordnung", vgl. u. § 7 2.11.) die SzB bei einer verhängten Freiheitsstrafe von über 6 Monaten die Regel. Diese geänderte Rechtslage beruht auf einer wohlüberlegten kriminalpolitischen Entscheidung. Es ist eine wichtige Frage sowohl für den einzelnen betroffenen Staatsbürger wie auch für die gesamte Rechtsgemeinschaft, ob der Staat bei einer Trunkenheitsfahrt mit einer fühlbaren Geldstrafe und einem Fahrverbot bzw. einem Führerscheinentzug oder mit Freiheitsstrafe (mit oder ohne Aussetzung zur Bewährung) und Führerscheinentzug reagieren soll. Bei dieser Entscheidung müssen Belange der Effektivität der Strafvorschrift und der Belastung des einzelnen wie der Rechtsgemeinschaft in Einklang gebracht werden. Läßt sich durch fühlbare Geldstrafen zusammen mit Fahrverbot oder Führerscheinentzug eine für die Funktionsfähigkeit der Rechtsordnung ausreichende Normgeltung aufrechterhalten, so stellt diese Reaktion sowohl die den Betroffenen gegenüber der Freiheitsstrafe weniger einschneidende Maßnahme dar als auch die für die Rechtsgemeinschaft insgesamt günstigere Reaktion, weil der einzelne nicht aus seinem normalen Berufs- und Familienleben gerissen wird und der Staat nicht den kostspieligen Apparat des Strafvollzuges belasten muß.

Dieses alltägliche Geschehnis der Trunkenheitsfahrt wirft also eine Fülle von kriminalpolitischen Fragen auf und führt uns mitten in Kernbereiche heutiger Kriminalpolitik von dem Zusammenwirken zwischen Gesetzgeber und Richter bei der Strafzumessung über Gestaltungsprobleme einzelner Rechtsinstitute des formellen und materiellen Rechts bis hin zum Verhältnis zwischen Geld- und Freiheitsstrafe bei Vergehen. So sehr es uns dabei geläufig ist, die aufgeworfenen Fragen als „kriminalpolitische" anzusprechen, so sehr fällt es uns schwer, den Bereich der Kriminalpolitik insgesamt exakt einzugrenzen. Die Definitionsversuche sind dementsprechend überaus zahlreich und weichen zum Teil nicht unerheblich voneinander ab. Im folgenden soll ein knapper Überblick über die Äußerungen einiger wichtiger Kriminalpolitiker über den Gegenstand der Kriminalpolitik gegeben werden.

Feuerbach (in Feuerbach-Mittermaier: Lehrbuch des gemeinen in Deutschland gültigen peinlichen Rechts, 14. Aufl. 1847, 40) versteht Kriminalpolitik als „gesetzgebende Staatsweisheit". Franz v. Liszt (1905, Bd. 1, 292) bestimmt die Kriminalpolitik als „den systematischen Inbegriff der, auf die wissenschaftliche Untersuchung der Ursachen des Verbrechens wie der Wirkungen der Strafe gestützten Grundsätze, nach welchen der Staat mittels der Strafe und der ihr verwandten Einrichtungen den Kampf gegen das Verbrechen zu führen hat". Robert v. Hippel (1925, 534) definiert die Kriminalpolitik als „die Betrachtung der Wirksamkeit des Strafrechts unter dem Gesichtspunkt der Zweckmäßigkeit". Für Peters (1932, 12 f.) ist die Kriminalpolitik in Anlehnung an die berühmte schlagwortartige Unterscheidung Sauers zwischen „K r i m i n a l politik und Kriminal p o l i t i k" (vgl. Peters aaO 5) der „Inbegriff der auf zweckmäßige Gestaltung gerichteten staatlichen oder kommunalen oder aber auf den Staat oder die Kommune bezogenen schöpferischen Tätigkeit mit dem Ziele der Verhütung und Verminderung der Verbrechen und ihre Wirkung". Mezger (1942, 234) sieht die Kriminalpolitik im weiteren Sinne als „die Gesamtheit aller staatlichen Maßnahmen zur Verbrechensverhütung und Verbrechensbekämpfung".

Die heute übliche Begriffsbestimmung sollen einige Äußerungen sowohl von Strafrechtsdogmatikern als auch von Kriminologen verdeutlichen. Sax (JZ 1957, 1) sieht die Kriminalpolitik als den „Inbegriff der auf zweckmäßige Strafrechtshandhabung gerichteten Tendenzen und Veranstaltungen". Schröder (in Verh. des 43. DJT 1960, E 3) versteht unter Kriminalpolitik „die Summe aller strafrichterlichen Reaktionsmittel, die Methoden und Prinzipien, mit denen der Staat dem Verbrechen entgegentritt". Nach Jescheck (1972, 13) befaßt sich die Kriminalpolitik mit der Frage, „wie das Strafrecht am zweckmäßigsten einzurichten ist, damit es seiner Aufgabe des Gesellschaftsschutzes gerecht werden kann". Die Kriminalpolitik habe sich „mit der Neugestaltung der Strafrechtsnormen (im weiteren Sinne) und der zweckmäßigen Organisation und Ausgestaltung des staatlichen Strafverfolgungs- und Strafvollstreckungsapparates zu beschäftigen" (Göppinger 1971, 16). Nach Kaiser (1972, 31) „strebt sie die systematisch geordnete Darstellung der gesellschaftlichen Strategien und Taktiken zur Erzielung optimaler Verbrechenskontrolle an".

Diese Umschreibungsversuche für die Kriminalpolitik mögen genügen, um die Vielschichtigkeit des Abgrenzungsproblems aufzuzeigen. Zwei Grenzen sind dabei besonders neuralgisch: diejenige zur Strafrechtsdogmatik und diejenige zur Kriminologie; beide sind daher näher zu untersuchen (u. 2. und 3.). Von diesen Grenzziehungen abgesehen stellt die Kriminalpolitik schon von ihrer Wortzusammensetzung her das generelle Problem, die Zuordnung zum Bereich des Rechts oder zum Bereich der Politik zu bestimmen. Hier ist nun der Akzent eindeutig auf den Wortteil

„Politik" zu legen, während der Wortteil „Kriminal" den gegenständlichen Bereich bezeichnet, auf den sich die Politik bezieht. Kriminalpolitik ist demnach ein gegenständlich begrenzter Ausschnitt aus der allgemeinen Rechtspolitik: Rechtspolitik auf dem Gebiet der Strafrechtspflege. Demnach bezieht sich die Kriminalpolitik auf folgendes Gebiet: Bestimmung von Aufgabe und Funktion der Strafrechtspflege, Erarbeitung und Entscheidung eines bestimmten Regelungsmodells in diesem Bereich (kriminalpolitische Grundentscheidung), seine praktische Gestaltung und Durchführung anhand der Aufgabenstellung und seine ständige Überprüfung auf Verbesserungsmöglichkeiten (Realisierung des kriminalpolitischen Konzepts im einzelnen). In diesem Rahmen ist der Kriminalpolitik besonders die Aufgabe gestellt, die Strafzone zu überprüfen und gegebenenfalls neu abzustecken sowie die Wirkungsweise der Sanktionen an der Aufgabenstellung der Strafrechtspflege zu messen.

Wenigstens kurz muß dabei noch der Begriff der **Politik** geklärt werden. Politik läßt sich erfassen als „Führung von Gemeinwesen auf der Basis von Machtbesitz" (vgl. Besson, Evangelisches Staatslexikon, 1966, Spalte 1548). Politik bezeichnet damit eine Form des Handelns (vgl. dazu Peters 1932, 8 bes. Fußn. 2); dieses Handeln ist auf den Staat bezogen (vgl. dazu näher Peters aaO 9 ff.). Dementsprechend läßt sich Politik begreifen „als Verfahren der Leitung und als Verwirklichung von Ordnungsvorstellungen" (Besson aaO 1549).

Kriminalpolitik läßt sich damit kurz definieren als **Gewinnung und Realisierung der Ordnungsvorstellungen im Bereich der Strafrechtspflege.**

2. Die Abgrenzung zur Strafrechtsdogmatik

Bei der Abgrenzung der Kriminalpolitik von der Strafrechtsdogmatik können wir unmittelbar an dem o. 1 schon angesprochenen Verhältnis zwischen Geld- und Freiheitsstrafe anknüpfen. Zunächst ist es eine kriminalpolitische Fragestellung, welche Sanktionen eine Strafrechtsordnung vorsieht und wie sie diese im einzelnen ausgestaltet und gegeneinander im Anwendungsbereich abgrenzt. Bei der Umsetzung der kriminalpolitischen Zielvorstellung in die Rechtsrealität stellt sich dann aber das dogmatische Problem der konkreten Gestaltung. Dies läßt sich gut an den Regelungen über das Anwendungsverhältnis von Geld- und Freiheitsstrafe im Strafgesetzbuch seit 1871 belegen.

Das Strafgesetzbuch von 1871 sah die Freiheitsstrafe in drei Abstufungen (Haft, Gefängnis und Zuchthaus, wozu ausnahmsweise noch Festungshaft bzw. Einschließung trat) als fast ausschließliches Abwehrmittel gegen strafbewehrte Normverletzungen vor. Der Geldstrafe war nur ein ganz bescheidener Anwendungsbereich eingeräumt. Dementsprechend konnte bei jeder einzelnen Strafnorm, bei der bei leichteren Fällen auch Geldstrafe als Deliktsfolge zulässig sein sollte, die Geldstrafe kumulativ oder alternativ zur Freiheitsstrafe vorgesehen werden. Eine allgemeine Vorschrift über das Anwendungsverhältnis zwischen Geld- und Freiheitsstrafe fehlte dementsprechend. Als sich die Freiheitsstrafe vor allem im Bereich der leichteren bis mittleren Kriminalität als immer unzweckmäßigeres Reaktionsmittel erwies, erweiterte man zunächst die Geldstrafenandrohungen bei einzelnen Tatbeständen. Als nach dem Ersten Weltkrieg das Bedürfnis nach einer starken Ausweitung der Geldstrafe unabweisbar wurde, wurde in der sog. Geldstrafengesetzgebung § 27b StGB a.F. geschaffen (vgl. dazu näher Verf. 1966, 97 f.). Da es gemessen an dieser kriminalpolitischen Zielsetzung höchst unpraktikabel gewesen wäre, alle in Betracht kommenden Strafnormen mit einer zusätzlichen Geldstrafenandrohung zu versehen, schuf man eine generelle Umwandlungsvorschrift, nach der Freiheitsstrafe bis zu 3 Monaten in Geldstrafe umgewandelt werden konnte, wenn auch dadurch der Strafzweck erreicht werden konnte. Diese Regelung brachte einen gewaltigen Umgestaltungsprozeß innerhalb der Strafen: das Anwendungsverhältnis zwischen Geld- und Freiheitsstrafe kehrte sich um, und in kurzer Zeit lauteten etwa zwei Drittel aller Verurteilungen auf Geldstrafe. Die Regelung des § 27 b a.F. erreichte damit zwar den kriminalpolitischen Effekt, wies aber im übrigen rechtsdogmatische Mängel auf, weil das Gesetz einen starken Unterschied zwischen primärer und Umwandlungsgeldstrafe machte, der in der Sache nicht gerechtfertigt war (vgl. dazu näher Verf. aaO 106 ff.). Dementsprechend brachte die Ablösung des § 27b durch § 14 im 1. StrRG nicht nur eine weitere Ausdehnung des Anwendungsbereichs der Geldstrafe, sondern auch eine neue dogmatische Konzeption, indem das Anwendungsverhältnis zwischen Geldstrafe und Freiheitsstrafe bei Vergehen grundsätzlich geregelt wurde (vgl. dazu den Gesetzgebungsvorschlag aaO 112 ff., dem die Fassung des § 14 im wesentlichen entspricht).

Aus der kriminalpolitischen und strafrechtsdogmatischen Behandlung dieses exemplarisch ausgewählten Einzelproblems lassen sich Schlußfolgerungen für das Verhältnis von Kriminalpolitik und Strafrechtsdogmatik ziehen. Kriminalpolitik und Strafrechtsdogmatik sind zwei selbständige Bereiche, die sich aber in vielerlei Hinsicht durchdringen. So ist es die Aufgabe der Dogmatik im Rahmen der Kriminalpolitik, **systemstimmige Lösungsmöglichkeiten für kriminalpolitische Zielsetzungen zu erarbeiten.** Die Kriminalpolitik ihrerseits ist gut beraten, ihre Entscheidungen im Einklang mit der Entwicklung der Dogmatik zu halten, wie umgekehrt die Dogmatik ihre Lösungen im Rahmen der kriminalpolitischen Gesamtkonzeption entwickeln muß, da ihre Leistungsfähigkeit nach ihrem Wert für die Realisierung der kriminalpolitischen Zielsetzungen mit bemessen wird (vgl. sehr pointiert Tröndle NJW 1973, 32: „Die Strafrechtsdogmatik wird künftig das sein, was sie in der Kriminalpolitik leistet").

Fallen kriminalpolitische Zielsetzung und strafrechtsdogmatische Realisierungsmöglichkeit auseinander, so hat das zumeist unerwünschte Folgen. Ein Beispiel dafür ist die Neufassung des § 113 Abs. 4 StGB, der anstelle der früheren objektiven Strafbarkeitsbedingung der „Rechtmäßigkeit der Amtsausübung" eine neuartige Irrtumsregelung über die Rechtmäßigkeit der Amtsausübung geschaffen hat, die nicht in die bisherigen dogmatisch erarbeiteten Kategorien des Tatbestands- bzw. Verbotsirrtums einzuordnen ist (vgl. Lackner-Maassen § 113 Anm. 8 und Maurach 1969 mit Nachtrag II 1971, 11 f.). Diese Feststellung beinhaltet freilich nicht nur einen Vorwurf an den Gesetzgeber, sondern auch an die Strafrechtswissenschaft selbst, die für die Gesetzgebung keine ausreichenden Vorschläge für die Umsetzung objektiver Strafbarkeitsbedingungen in Irrtumsregelungen bereitgestellt hatte, obwohl dieses Problem seit langem ansteht.

Ein Beispiel für den umgekehrten Fall, daß sich die Strafrechtsdogmatik nicht an die rechtspolitischen Gegebenheiten hält, stellt die Behandlung der Sportverletzungen im Strafrecht dar. Die h.A. löst die strafrechtliche Behandlung von Sportverletzungen (vgl. BayObLG NJW 1961, 2072) über das Rechtsinstitut der Einwilligung. Sie nimmt dabei an, daß ein Sportler nicht in vorsätzliche oder grob fahrlässige Regelverstöße eines Gegenspielers und dadurch verursachte Körperverletzungen einwillige. Diese rechtsdogmatische Konzeption ist in doppelter Weise unrealistisch: individualpsychologisch stellt die Einwilligung mit einer derartigen Begren-

zung eine reine Fiktion dar, die in aller Regel keine Entsprechung im Vorstellungs-
bild eines Sportlers findet. Davon abgesehen ist die Konstruktion aber schon deshalb verfehlt, weil eine Lösung über den Individualrechtsgutsverzicht der Bedeutung des Sports in unserer Gesellschaftssituation nicht gerecht wird (vgl. dazu näher
Verf. 1970, 84 ff.). Eine rechtliche Bewältigung der Sportkriminalität, die den kriminalpolitischen Realitäten Rechnung tragen will, müßte dagegen etwa folgendermaßen vorgehen: Zunächst wäre die Funktion des Sports in unserer sozialen Umwelt klarzustellen. Dabei würde sich besonders ergeben, daß unsere Rechtsordnung
weitestgehend von einer rechtlichen Normierung des Sportbetriebs bewußt Abstand
genommen hat und den Sport als einen Eigenraum ansieht, in dem außerrechtliche,
selbständige Ordnungsvorstellungen maßgebend sein sollen. Dementsprechend bietet sich als dogmatische Lösung das Rechtsinstitut der Sozialadäquanz an, das dazu
dienen soll, außerrechtliche Ordnungsvorstellungen in die Rechtsordnung einzufüh-
ren (vgl. dazu näher Verf. aaO 93 ff.).

Beide Beispiele zeigen, daß Kriminalpolitik und Strafrechtsdogmatik in
vieler Hinsicht aufeinander angewiesen sind und zusammenarbeiten müssen.
Bevor dieses Zusammenwirken näher untersucht werden kann, muß darauf
hingewiesen werden, daß sich die Dogmatik selbst in einem entscheidenden
Wandlungsprozeß befindet. Es ist (oder zumindest war) ein Charakteristi-
kum unserer nationalen Rechtsordnung, daß die Dogmatik im Verhältnis
zu anderen Ländern einen weit gewichtigeren Platz einnahm. Die ständig
weiter vorangetriebene Verfeinerung der Dogmatik stand in keinem vernünftigen Verhältnis mehr zu ihrer Funktion in der Gesamtkonzeption der
Rechtspflege; die Dogmatik erschien mindestens zum Teil als Selbstzweck.
Hier hat sich nun in den letzten Jahren ein entscheidender Wandel vollzogen. Die Dogmatik wird in ihrer Funktion als Mittel zur Verbürgung
einer transparenten, vorausberechenbaren und damit kontrollierbaren
Rechtsanwendung gesehen; sie dient einer sicheren und gleichmäßigen
Rechtsanwendung und ist damit ein Mittel zur Rationalität des Rechts und
eine Schranke gegen Willkür (vgl. zur Bedeutung der Dogmatik in jüngster
Zeit bes. Esser 1970, 87 ff. und Wieacker, Zur praktischen Leistung der Rechtsdogmatik, Festschr. für Gadamer, 1970, Band II, 311 ff.). Zwei Kriterien
sind dementsprechend für die Dogmatik entscheidend: die sachgerechte
Einzelproblemlösung und die intrasystematische Widerspruchsfreiheit. Ohne
die erstere würde die Gefahr bestehen, die materielle Gerechtigkeit und die
soziale Realität zu verfehlen, ohne die letztere wären Rechtseinheit und
Rechtsgewißheit nicht zu gewährleisten. Daß beide Prinzipien sich sowohl
in der theoretischen Begründung wie auch in der Einzelproblembewältigung
nicht nahtlos zusammenfügen, muß dabei klar gesehen werden. Aber beide
Gesichtspunkte müssen — in topischer Denkweise — zusammengefügt werden, um der gefährlichen, einseitigen Verfolgung nur eines der beiden Prinzipien entgegenzuwirken. Es handelt sich auch hier letztlich um einen Anwendungsfall der nicht voll aufhebbaren Grundantinomie zwischen Rechtssicherheit und materialer Gerechtigkeit innerhalb der Gerechtigkeitsidee.
Schlagwortartig läßt sich diese Sicht der Dogmatik als ein system**stimmiges**
(Esser aaO spricht von „systemverträglich") **Problemdenken** bezeichnen,
also als ein Versuch, die „sinnvolle Mitte zwischen Problemdenken und
Systemdenken zu finden" (Würtenberger 1959, 13).

Diese Sicht der Dogmatik wirkt als Stimulans, um das Verhältnis zur Kriminalpolitik neu zu überdenken. In dieser Sicht ist eine „Führungsrolle der Dogmatik" (Maurach 1961, 305) zu weitgehend; die von der Dogmatik geschaffenen Prämissen sind nicht in dem Sinne für die Kriminalpolitik verbindlich, daß eine davon abweichende gesetzgeberische Lösung rechtswidrig und unverbindlich wäre (zu weitgehend deshalb Zimmerl 1930, 1: „Vielmehr findet die Kriminalpolitik ihre Grenzen an den Erfordernissen der Strafrechtssystematik"), wohl aber in dem Sinne zu beachten, daß sich kriminalpolitische Zielvorstellungen nur in rechtsdogmatisch vertretbaren Gestaltungen entfalten sollten. Daraus wird deutlich, daß nichts verfehlter wäre als eine „Geringachtung der Zielsetzung und Methoden der Strafrechtsdogmatik" (Würtenberger 1970, 33). Kriminalpolitik und Strafrechtsdogmatik sind selbständige Wissenschaftsgebiete (Peters 1932, 13 Anm. 2) und müssen diese ihre Eigenständigkeit wahren, um optimal zusammenwirken zu können. Die Rechtswissenschaft ist die Wissenschaft von der bewußten Ordnung des sozialen Lebens (Ernst Hirsch 1966, 72); die Rechtspolitik stellt dementsprechend das systematische Bemühen um die bestmögliche Gestaltung dieser Ordnung dar. Die rechtspolitische Entscheidung muß in eine dogmatische Form gegossen werden, die in der Rechtsanwendung realisiert wird. Die Dogmatik dient der Transformation der rechtspolitischen Ziele in die Rechtspraxis. Demgemäß stellt das Strafrecht die Form dar, „in der kriminalpolitische Zielsetzungen in den Modus des rechtlichen Geltens überführt werden" (Roxin 1970, 40). Im Rahmen der gesamten Strafrechtspflege haben also Kriminalpolitik und Strafrechtsdogmatik selbständige Funktionen. Befaßt sich die Kriminalpolitik mit den Ordnungsvorstellungen in diesem Bereich, so systematisiert die Strafrechtsdogmatik die getroffenen Regelungen und bereitet sie zur Rechtsanwendung auf.

3. Das Verhältnis der Kriminalpolitik zur Kriminologie

Um uns die Abgrenzung zwischen Kriminologie und Kriminalpolitik zu verdeutlichen, können wir nochmals an unser Ausgangsproblem des Verhältnisses zwischen Freiheitsstrafe und Geldstrafe anknüpfen. Die kriminologische Forschung kann zu diesem Problemkreis zahlreiche Beiträge leisten: sie kann im Rahmen pönologischer Forschungsarbeiten die Auswirkungen kurzer Freiheitsstrafen untersuchen und den schädlichen Einfluß auf den Inhaftierten feststellen (kriminelle Infektion, keine positive Beeinflussungsmöglichkeit wegen der für Resozialisierungserfolge zu kurzen Haftzeit usw.), weiterhin auch die Gesamtbelastung für den Vollzugsapparat durch viele kurze Freiheitsstrafen belegen. Insoweit liegen auch zahlreiche Stellungnahmen vor. Die weitere kriminologische Forschungsarbeit, die in diesem Zusammenhang gebraucht würde, nämlich Untersuchungen über die Ansprechbarkeit einzelner Tätergruppen mit bestimmten Sanktionen (bei welchen Tätern wirken Geldstrafen, wo versagen sie? wo erscheint die kurze Freiheitsstrafe besser geeignet? usw.) fehlen heute noch weitgehend. Selbst wenn aber der Problemkreis als kriminologisch erforscht betrachtet werden kann, folgt aus diesem empirisch gewonnenen Material nicht unmittelbar, was in kriminalpolitischer Hinsicht zu tun ist. Aufgabe der Kriminalpolitik ist es jetzt vielmehr, anhand des kriminologischen Materials kriminalpolitische Entscheidungen zu treffen. Dazu werden dann aber Wertentscheidungen unabweisbar (z. B. die Entscheidung, auf kurze Freiheitsstrafen zu verzichten, auch wenn etwa ein Teil der Fälle durch Geldstrafe nicht befriedigend erfaßt werden kann). Aus dem empirischen Forschungsergebnis folgt die kriminalpolitische Entscheidung niemals unmittelbar, sondern es bedarf zur kriminalpolitischen Realisierung einer Entscheidung zwischen verschiedenen Gestaltungsmöglichkeiten. Schon aus diesem Beispiel wird deutlich, daß sich die kriminologische und die kriminalpolitische Arbeit nicht decken, wohl aber aufeinander bezogen sind.

Es kann hier weder eingehend die wissenschaftliche Einordnung der Kriminologie in das Wissenschaftssystem diskutiert (vgl. dazu Göppinger 1971, 6 ff.), noch die Abgrenzung zwischen Kriminologie und Kriminalpolitik in allen Verästelungen dargestellt werden (vgl. dazu bes. Kaiser 1971, 153 ff.). Beide Gesichtspunkte können hier nur insoweit angesprochen werden, als die Einordnung beider Komplexe in die gesamte Strafrechtswissenschaft und ihre grundsätzliche Abgrenzung gegeneinander hervorgehoben werden sollen.

Seit es die Kriminologie als wissenschaftliche Beschäftigung mit den realen Grundlagen und Abhängigkeiten des Verbrechens gibt, ist die wissenschaftliche Einordnung dieser neuen Disziplin ein Problem. Nicht nur die Tatsache, daß wir als Bahnbrecher und Festiger dieser Bemühungen in gleicher Weise Ärzte, Juristen, Psychologen und Soziologen finden, mehr noch das Zusammenfinden so unterschiedlicher Disziplinen wie Rechtswissenschaft, Soziologie, Medizin usw. unter dem einen Dach der „Kriminologie" macht es zweifelhaft, welche Bedeutung eine solche Zusammenfassung im Bereich der Wissenschaften hat. Das gemeinsame Merkmal der Kriminologie besteht nicht in spezifischen Forschungsmethoden und -zielen; diese entlehnt sie vielmehr den jeweiligen Primärdisziplinen. Die Kriminologie läßt sich als Wissenschaft nur von ihrem Forschungsgegenstand her begreifen. Ausschließlich das Forschungsobjekt — die Kriminalität als Massenphänomen im Leben der Gesellschaft und das Verbrechen als gesellschaftsrelevante Erscheinung im Leben des einzelnen — umschreibt den Bereich der Kriminologie und ist der Bezugspunkt, nach dem die Kriminologie aus den umfassenderen Primärwissenschaften (Psychologie, Soziologie usw.) ihren Anteil herausbricht. Damit ist das Verbrechen der Zentralbegriff der Kriminologie (vgl. dazu bes. Würtenberger 1959, 38 ff. und u. § 5, wo der Begriff des Verbrechens eingehend entwickelt werden soll). Damit stellt sich die Frage, wie sich die durch den Verbrechensbegriff gebildete Klammer auf die wissenschaftliche Einordnung der so verbundenen Einzelbereiche auswirkt.

Die eine Möglichkeit ist es, daß durch die Zusammenfassung aus den herausgelösten Teilen (aus Psychologie, Soziologie, Medizin usw.) eine neue eigenständige Wissenschaft, eben die Kriminologie entsteht (so bes. Göppinger 1971, 1 ff.). Die Bedenken, die sich hiergegen richten, bestehen darin, daß die Spannweite der Einzeldisziplinen (etwa zwischen Soziologie und Medizin) im Rahmen der wissenschaftlichen Erforschung der Verbrechensentstehung und -bekämpfung zu groß ist, als daß sie unter einem Wissenschaftsdach (dem der Kriminologie) vereinigt werden könnten. Die zweite Möglichkeit besteht darin, die „Kriminologie" als Bezeichnung für eine arbeitsteilige Forschungszusammenarbeit zu verstehen; sie umschreibt dann ein interdisziplinäres Forschungsgebiet. Die dabei beteiligten Einzeldisziplinen verbleiben aber in ihrem angestammten wissenschaftlichen Zusammenhang. Eine so verstandene „Kriminologie" bezeichnet dann lediglich den Umfang der Zusammenarbeit, sie schafft die Kooperationsbasis einschließlich der Forschungsziele und bestimmt die Art der gemeinsamen Auswertung der Ergebnisse. Ein Parallelbeispiel zu diesem Begriff der Kriminologie wäre etwa die sich allmählich herausbildende Arbeitswissenschaft, die z. B. Organisations- und Betriebssoziologie, Arbeitsmedizin und Arbeitsrecht als interdisziplinäres Forschungsprogramm umfaßt.

Versteht man die Kriminologie in dem zweitgenannten Sinne, so ist es von vornherein müßig, die Frage nach der Einordnung als Geistes- oder Naturwissenschaft zu stellen (vgl. dazu Göppinger 1971, 2). Ist diese Frage schon für einzelne der hier kooperierenden Wissenschaftsbereiche selbst lebhaft umstritten (das gilt besonders für die Soziologie), so läßt sich für den Gesamtbereich der Kriminologie diese Frage gar nicht sinnvollerweise aufwerfen.

Bei dieser skizzierten Sicht der Kriminologie ist es nicht leicht, ihr Verhältnis zur Kriminalpolitik zu bestimmen, da sie so heterogene Elemente in sich vereinigt. Faßt man die Kriminologie insgesamt als primär empirische Wissenschaft auf (so bes. entschieden Göppinger 1971, 1 ff.), so kann ihr eine wertende Kriminalpolitik gegenübergestellt werden. Faßt man dagegen die Kriminologie als Teil einer kritischen Gesellschaftstheorie auf (vgl. dazu ablehnend H. Kaufmann JZ 1972, 78), dann decken sich Kriminologie und Kriminalpolitik weitgehend. Das Verhältnis der Kriminalpolitik zur Kriminologie und die unterschiedlichen Möglichkeiten der Auffassung entsprechen dabei dem umfassenderen Verhältnis der Sozialpolitik zu den Gesellschaftswissenschaften (vgl. dazu bes. Ferber 1966, Bd. I, 323 ff.). Allerdings darf dabei nicht übersehen werden, daß die Kriminalpolitik kein bloßer — gegenständlich aussortierter — Teil der Sozialpolitik ist (vgl. dazu eingehend u. § 8 2.1.); entsprechendes gilt für die Kriminologie im Verhältnis zu den Gesellschaftswissenschaften, weil sie neben der Kriminalsoziologie auch die anthropologisch-biologische Komponente aufweist.

Von der grundsätzlichen Bestimmung der Kriminologie hängt es also weitgehend ab, ob die Kriminalpolitik als selbständige Disziplin ihr gegenübergestellt oder ob sie ein unselbständiger Teilbereich im Rahmen der Kriminologie ist (so Sieverts, HwbKrim 1967, Bd. II, S. 1 ff.; vgl. dazu bes. Christiansen, HwbKrim 1968, Bd. II, 187 ff.). Nicht ganz auf der gleichen Linie liegt es, wenn die Kriminalpolitik als angewandte Kriminologie bezeichnet wird (vgl. dazu Kaiser 1971, 155). Faßt man allerdings den Begriff der Kriminologie so weit, daß er sowohl die empirische Forschung wie auch das Entwickeln theoretischer kriminalpolitischer Konzepte umfaßt, so muß man innerhalb einer so weit gefaßten Kriminologie wieder zwischen einer empirisch betriebenen Kriminologie und einer theoretischen Kriminologie unterscheiden und kommt dann — allerdings innerhalb des Sammelbegriffs der Kriminologie — wieder auf den Unterschied zwischen einer im engeren — empirischen — Sinne verstandenen Kriminologie und der Kriminalpolitik zurück.

Auch für die sozialistische Kriminologie stellt sich dieses Einordnungsproblem in das Wissenschaftsgebäude (eingehend Kaiser 1971, 46 ff.) und besonders die Abgrenzung zu Kriminalpolitik und Strafrecht. Wurde die Kriminologie lange Zeit als Teil der materialistischen Gesellschaftstheorie mit dem Ziel der vollständigen Beseitigung der Kriminalität verstanden, so treten jetzt allmählich die empirische Ausrichtung und erste Ansätze zu interdisziplinärer Forschung in den Vordergrund (vgl. Kaiser aaO 57).

Im folgenden wird von der Kriminologie als empirischer Wissenschaft ausgegangen. Im Anschluß an Würtenberger (1959, 40) läßt sich die Kriminologie definieren als „die Wissenschaft vom Wesen der rechtsbrechenden Persönlichkeit sowie von den bestimmenden Faktoren und Erscheinungsformen des Verbrechens im Leben der Gesellschaft wie im Dasein des einzelnen". Ihr steht die Kriminalpolitik gegenüber als Wissenschaft, die im Bereich der Strafrechtspflege die maßgeblichen Ordnungsvorstellungen entwickeln und realisieren muß. Auch wenn man von „Kriminalpolitik auf kriminologischer Grundlage" (so der Titel der Darstellung der Kriminalpolitik von Mezger, 3. Aufl. 1944) spricht, so kommt gerade dadurch nicht die Identität zwischen Kriminalpolitik und Kriminologie zum Ausdruck, sondern ihr Unterschied. Der Begriff einer Kriminalpolitik auf kriminologischer Grundlage ist nicht so zu verstehen, als würde aus der Auswertung bestimmter kriminologischer Befunde automatisch eine bestimmte kriminalpolitische Zielsetzung und ein genaues kriminalpolitisches Realisierungsprogramm folgen.

Ein gutes Beispiel dafür ist die Dunkelfeldproblematik (vgl. dazu bes. Lüderssen 1972, 3 ff.). Es ist ein rein empirisches Problem, die Differenz zwischen tatsächlich begangenen und bekannt gewordenen Straftaten (Dunkelfeld) festzustellen, zu dessen Lösung man bisher freilich über erste Forschungsansätze kaum hinausgekommen ist (vgl. dazu näher u. § 6 2.). Aus dem empirischen Befund eines bestimmten Dunkelfeldes bei einer bestimmten Deliktsgruppe folgt aber noch in keiner Weise, wie kriminalpolitisch darauf zu reagieren ist. So wird auch bezeichnenderweise etwa das hohe Dunkelfeld bei Abtreibungen als Argument für die Abschaffung der Strafnorm gebraucht, während bei der Wirtschaftskriminalität es als Argument für eine verschärfte und verbesserte Bekämpfung verwendet wird (worauf zu Recht Lüderssen aaO hinweist).

Allgemein gesprochen bedeutet das, daß ein bestimmter kriminologischer Befund nur eine Ausgangsgröße innerhalb der anzustellenden kriminalpolitischen Überlegungen darstellt. Sobald es um das Abstecken und Verwirklichen kriminalpolitischer Ziele geht, sind notwendigerweise Wertentscheidungen zu treffen. Diese Wertentscheidungen ergeben sich nicht aus einem empirischen Befund (d. h. aus dem Sein), sondern müssen nach normativen Maßstäben gewonnen werden. Was sein soll, ergibt sich nicht aus dem, was ist, sondern aus der Entscheidung für eine bestimmte Gestaltungsmöglichkeit. Die Kriminalpolitik ist deshalb „ihrem Wesen nach von vornherein keine ontologische Seinswissenschaft, sondern eine axiologische Wertwissenschaft. In ihr herrscht (dominiert) die Wertung. Ihre Seins-Bestandteile kriminologischer Art ordnen sich als Seinsbeziehungen dieser kriminalpolitischen Zielsetzung unter" (Mezger 1942, 234). Die Kriminalpolitik ist also immer wertbezogen; sie versucht, Werte zu ordnen und zu realisieren. Sie ist dabei eingeordnet in den Rahmen der gesamten Gesellschaftspolitik. Sie muß auf kriminologisch erforschten Befunden aufbauen und die gewonnenen Zielsetzungen in einer der Strafrechtsdogmatik adäquaten Weise realisieren.

Aus der Abgrenzung der Kriminalpolitik zur Strafrechtsdogmatik einerseits und zur Kriminologie andererseits ergibt sich das Gesamtbild der Strafrechtspflege als eines Gebäudes, das auf drei Pfeilern ruht: „der Kriminologie, welche das Kriminalphänomen unter allen seinen Gesichtspunkten erforscht, dem Strafrecht, welches die positiven Vorschriften erklärt und anwendet, mit denen die Gesellschaft diesem Kriminalphänomen entgegentritt, und schließlich der Kriminalpolitik, Kunst und Wissenschaft zugleich, deren praktische Aufgabe es letzten Endes ist, die beste Fassung dieser positiven Gesetzesregeln zu ermöglichen, und sowohl dem Gesetzgeber, der das Gesetz erlassen muß, als auch dem Richter, der es anwenden muß, oder der Vollzugsverwaltung, die den Richterspruch in die Wirklichkeit umsetzen muß, entsprechende Richtlinien zu geben" (Ancel 1970, 5). Kriminologie, Strafrechtsdogmatik und Kriminalpolitik haben also jeweils selbständige, eigenverantwortliche Aufgaben im Bereich der Strafrechtspflege zu erfüllen und stellen durch ihr Zusammenwirken eine Funktionseinheit dar. Die Kriminalpolitik hat dabei die Aufgabe, die Ergebnisse aus dem Bereich der empirischen Forschung und der normativen Strafrechtsdogmatik in einem umfassenden Aktionsprogramm zusammenzufassen und zu realisieren. „Als bewegende und gestaltende Kraft speist sie sich sowohl aus der Kriminologie als auch aus der Strafrechtswissenschaft und den jeweils benachbarten Disziplinen. In der Kriminalpolitik müssen die rechtspolitischen Argumente der Strafjuristen mit den Erkenntnissen und Thesen der Kriminologen verbunden werden, weshalb von einem absoluten Vorrang kriminalpolitischer Argumente dieser oder jener Art vernünftigerweise nicht mehr die Rede sein sollte" (Geerds 1965, 29).

Unabhängig davon, ob man die Kriminalpolitik wissenschaftstheoretisch in die Kriminologie eingliedert oder — wie hier geschehen — als selbständige Disziplin ansieht, wird sie von der strafrechtlichen Wahlfachgruppe notwendigerweise miterfaßt, die von dem weiteren Begriff der Kriminologie ausgeht. Dies ergibt sich schon daraus, daß zu einer — rein empirisch verstandenen — Kriminologie die Auswertung der empirischen Forschungsergebnisse für die Gestaltung des Strafrechts hinzutreten muß, um Verständnis für die Aufgaben und Möglichkeiten der Strafrechtspflege vermitteln zu können, was ja primäres Ziel der Wahlfachgruppe ist. Die von der Wahlfachgruppe geforderte Einführung in die Kriminologie (besonders in ihre Methoden und Forschungsmöglichkeiten) wird ja nicht durch die bloße Vermittlung des bisherigen empirisch gesicherten Wissens vom Verbrechen erreicht, sondern durch das Aufzeigen ihrer Rolle im Gesamtsystem der Verbrechensbekämpfung; damit ist der kriminalpolitische Aspekt notwendigerweise miteinbezogen. Kriminologie ohne kriminalpolitische Auswertung könnte das Ausbildungsziel der strafrechtlichen Wahlfachgruppe nicht erreichen.

4. Die Bedeutung der Rechtsgeschichte und der Rechtsvergleichung für die Kriminalpolitik

Die Kriminalpolitik steht — wie jede Rechtspolitik, ja wie jede Politik überhaupt — eigentlich nie an einer Stunde Null und kann keinen voraussetzungslosen Anfangspunkt annehmen. Sie ist immer eingeordnet in einen bestimmten kulturellen und sozialen Rahmen (vgl. dazu näher u. § 2 1.) und steht in einer Tradition, der sie sich mehr oder weniger verpflichtet fühlen mag, die sie aber als sozial relevanten Faktor nicht negieren kann. Der Mensch steht in der Geschichtlichkeit, auf der er jeweils weitergestaltend aufbauen muß und von der er sich nicht lösen kann. Damit wird die Rechtsgeschichte zum ersten Prüfstein und zum Anschauungsmaterial für den Kriminalpolitiker. In diesem Kontext stellt Würtenberger 1959, 32 zu Recht fest, daß es „ohne Strafrechtsgeschichte keine vollwertige Strafrechtswissenschaft geben kann".

So konnte z. B. das kriminalpolitische Problem des Ersatzes kurzzeitiger Freiheitsstrafen durch andere Sanktionen erst auftauchen, als dafür bestimmte gesellschaftliche Bedingungen gegeben waren: ein Strafensystem, das seinen Schwerpunkt bei der Freiheitsstrafe hatte, häufige Notwendigkeit des Einsatzes kurzer Freiheitsstrafen wegen Zunahme der leichten bis mittleren Kriminalität bei den Zusammenballungen in Großsiedlungsräumen, Vollzugsformen, die sich als nachteilig für kurzen Strafvollzug erwiesen, Betonung der Individualprävention usw. Innerhalb der mittelalterlichen Rechtspflege wäre ein derartiges Problem nicht vorstellbar, und es ist durchaus denkbar, daß es in Zukunft sich völlig auflöst, weil andere Sanktionen an die Stelle der heutigen Strafen und Maßregeln treten könnten, von denen wir heute noch gar keine Vorstellung haben.

Vermittelt also die Rechtsgeschichte zunächst einen Einblick in die Zeitbedingtheit jeder Kriminalpolitik, so ist wohl noch wichtiger, daß sie die Bewährung und das Scheitern einzelner Lösungsversuche aufweist und damit der Kriminalpolitik zwar kein Experimentierfeld, wohl aber reiches Anschauungsmaterial für „die praktischen Möglichkeiten ihrer Verwirklichung" (Frey SchwZStR 1953, 440) bietet. „Sie hilft uns bei künftigen Reformen Wege vermeiden, die sich in der Entwicklungsgeschichte des Strafrechts als Irrwege erwiesen haben. Sie lehrt uns das für die Realisierung kriminalpolitischer Postulate richtige Zeitmaß erkennen" (Frey aaO). Um aus Fehlern der Vergangenheit lernen zu können, muß man freilich immer die Änderung der sozialen und kulturellen Verhältnisse sowie ein gewandeltes Menschenbild einkalkulieren. Auch hier gilt, was Golo Mann (in dem Essay „Wie man nicht aus der Geschichte lernen soll", 1952) allgemein formuliert hat: „Eben wer etwas Geschichte kennt, wird sich nicht mit raschen Vergleichen begnügen. Geschichte, die uns das Bleibende, das sich ähnlich Wiederholende lehrt, lehrt uns den Unterschied und das Einzigartige. Sie lehrt uns das Überraschende, Unvorhersagbare: Bescheidenheit und Resignation".

In diesem Zusammenhang ist auch auf die Bedeutung einer **historischen Kriminologie** hinzuweisen, welche die Erscheinungsformen und Wandlungen des Verbrechens im Laufe der Jahrhunderte und die jeweilige Verflechtung der Kriminalität mit der gesamten Gesellschaftsordnung einer Zeitepoche deutlich macht (vgl. Würtenberger 1959, 34 f.; erste Ansätze einer solchen Forschung bei Radbruch-Gwinner, Geschichte des Verbrechens, Versuch einer historischen Kriminologie, 1951); besonders aufschlußreich wäre es, den jeweils geltenden Verbrechensbegriff und den Umfang des Rechtsgüterschutzes in seiner Abhängigkeit von der jeweiligen Sozialordnung nachzuzeichnen.

Was für die Kriminologie gilt, trifft in gleicher Weise auch auf die Strafrechtsdogmatik zu. Auch ihre Bedeutung im Rechtssystem ist keine absolute, sondern eine zeitabhängige Größe (vgl. Würtenberger aaO 36). So ordnet sich z. B. die große Bedeutung der Begriffsjurisprudenz im Anschluß an das Inkrafttreten der großen Gesetzgebungswerke des ausgehenden 19. Jahrhunderts in den allgemeineren Zusammenhang der „Textgläubigkeit, die jeder Kodifikationswelle folgt" (vgl. Esser, Rittler-Festschr. 1957, 16) ein. Die heute überwiegende Sicht der Dogmatik als fallorientiertes, systemstimmiges Problemdenken beruht ebenso auf ganz bestimmten Merkmalen des heutigen Standes unserer Rechtsordnung, u. a. auf einer bestimmten Sicht des Zusammenwirkens zwischen Gesetzgeber und Richter, der Stellung des Richters in unserem Rechtssystem und einer zeitbedingten Antwort auf die unauflösliche Spannung zwischen Einzelfallgerechtigkeit und Rechtssicherheit.

Dient die Rechtsgeschichte dem Rückblick auf Vergangenes, so vermittelt die Rechtsvergleichung den Einblick in das geltende Recht benachbarter Rechtsordnungen, in deren erkennbare Vorzüge und Nachteile der für vergleichbare Problemlagen getroffenen Regelungen. Die Rechtsvergleichung liefert einen „Lösungsfundus für Rechtsfortbildung und Rechtspolitik" (Rheinstein JuS 1972, 66; vgl. auch Duden, Festschr. für Ed. Wahl 1973, 57 ff., bes. 60).

Ein geschichtlicher Überblick über die Bedeutung der Rechtsvergleichung für die Gesetzgebung von Lykurg in Sparta und Solon in Athen bis zur neoklassischen Strafrechtsperiode und zur Sozialverteidigung findet sich bei Ancel (1970, 123 ff.).

Dabei darf der Vergleich nicht bei der bloßen Zusammenschau der verschiedenen Regelungen stehenbleiben, sondern muß sich darum bemühen, die sozialen und kulturellen Faktoren sichtbar zu machen, die jeweils für eine bestimmte nationale Regelung entscheidend waren und sind und die die Unterschiede zwischen den Rechtsordnungen — wenigstens zum Teil — erklären (vgl. Jäger, Strafrechtspolitik und Wissenschaft, in Sexualität und Verbrechen, Fischer-Bücherei, Bücher des Wissens Bd. 518/519, 285). Aber auch damit sind die Möglichkeiten einer „vergleichenden Kriminalpolitik" (Ancel 1970, 122) noch nicht ausgeschöpft. Als weiteres Ziel muß erstrebt werden, „größeren Wertungsverschiedenheiten unter den Staaten ähnlicher kultureller und sozialer Struktur entgegenzuwirken" (Jäger aaO 285). Dieses Ziel stellt gerade in Europa die Zukunftsaufgabe der Rechtsentwicklung dar (vgl. dazu auch u. § 10 2.).

Schon für den 16. DJT 1882 erstattete v. Liszt ein Gutachten zu der Frage: „Sind gleiche Grundsätze des internationalen Strafrechts für die europäischen Staaten anzustreben und eventuell welche?" (1905, Bd. 1, 90 ff.; vgl. ferner Geerds 1960, 273 ff. und Kielwein 1957, 95 ff.). Heute macht die große Anzahl der Gastarbeiter, von Ferienreisen, von Firmengründungen und Altersruhesitzen im Ausland, kurz die grenzüberschreitende Mobilität unserer westlichen Gesellschaften, deutlich, daß Regelungen über die Strafaussetzung zur Bewährung (vgl. dazu Kielwein aaO 102), die Bewährungsaufsicht, die Vollstreckung von Strafurteilen, Probleme der Doppelbestrafung und der Registrierung und Verwertung von Vorstrafen usw. nicht mehr im nur nationalen Rahmen befriedigend getroffen werden können, sondern daß dafür eine möglichst einheitliche Handhabung in größeren Räumen, die wirtschaftlich und gesellschaftlich einer Einheit zustreben, wünschenswert und notwendig ist.

Die Kriminalpolitik befindet sich hier — wie jede Innenpolitik — in einer Übergangsphase: sie ist (noch) nationale Binnenpolitik mit möglichster Integrierung international bewährter Regelungsmodelle und dem Wunsch zur Angleichung auf dem Weg zu einer international möglichst einheitlichen Gestaltung; sie ist (noch) keine überstaatliche Regelung durch einen überstaatlichen Normgeber (ob dabei eine solche auf dem strafrechtlichen Sektor wünschenswert und möglich wäre, muß hier im einzelnen unerörtert bleiben). Sicher ist damit aber, daß gerade im heutigen Entwicklungsstand der Rechtsvergleichung auch für die Kriminalpolitik eine überragende Bedeutung zukommt.

So ist es kein Zufall, daß einer der bedeutendsten deutschen Kriminalpolitiker, v. Liszt, selbst zahlreiche rechtsvergleichende Arbeiten im Bereich der Strafrechtspflege durchgeführt und an der Herausgabe großer rechtsvergleichender Sammelwerke im strafrechtlichen Bereich mitgewirkt hat: Die Strafgesetzgebung der Gegenwart, Bd. I 1894, hrsg. von v. Liszt, Bd. II 1898, hrsg. von v. Liszt und Crusen; Vergleichende Darstellung des deutschen und ausländischen Strafrechts, 1904—1909, 16 Bände (in Zusammenarbeit der Mitglieder der IKV). Für die Gegenwart sind hier in erster Linie zu nennen die Rechtsvergleichenden Untersuchungen zur gesamten Strafrechtswissenschaft, hrsg. vom Max-Planck-Institut für ausländisches und internationales Strafrecht in Freiburg i. Br. durch Jescheck.

Die große Bedeutung von Rechtsvergleichung und Rechtsgeschichte wird gerade dann deutlich sichtbar, wenn man sich vergegenwärtigt, in welchem Umfange das weitverbreitete Modelldenken (bes. in der Soziologie) die totale Machbarkeit der sozialen Umwelt vorspiegelt. Demgegenüber machen Rechtsgeschichte und Rechtsvergleichung die kulturelle Eingebundenheit aller sozialgestalterischen Bemühungen — und damit auch der Kriminalpolitik — sichtbar.

5. Das Konzept einer kriminalpolitischen Wissenschaft

Die Kriminalpolitik unterscheidet sich wesentlich von der Strafrechtsdogmatik dadurch, daß sie über das geltende Recht und seine Anwendung hinausgreift, und von der Kriminologie dadurch, daß sie wertet und Prioritäten setzt, die sich aus der Auswertung empirischer Befunde allein noch nicht ergeben. Daraus ergibt sich das Profil der Kriminalpolitik als eigenständiger Wissenschaft im Bereich der Strafrechtspflege; im folgenden sollen noch weitere Konturen gezeichnet werden, um das Gesamtkonzept einer kriminalpolitischen Wissenschaft hervortreten zu lassen.

Man unterscheidet in der Regel zwischen kriminalpolitischer Wissenschaft und angewandter Kriminalpolitik (vgl. bes. Leferenz 1968, 10 und Kaiser 1971, 153 f.). In diesem Sinne soll hier das Konzept einer kriminalpolitischen Wissenschaft entwickelt werden. Es geht in der anschließenden Darstellung der kriminalpolitischen Einzelkomplexe nicht primär um ein Eingreifen in die aktuelle Tagespolitik (aus diesem Bereich werden aber bevorzugt die Anschauungsbeispiele gewählt), sondern um die Entwicklung eines systematisch angelegten kriminalpolitischen Konzepts: eine Systematisierung der Gewinnung und Realisierung der Ordnungsvorstellungen im Bereich der Strafrechtspflege.

Die Notwendigkeit und Bedeutung dieses Anliegens macht Würtenberger 1970, 54 deutlich: „Wessen wir jedoch dringend bedürfen, wären nicht nur streng wissenschaftliche, sorgfältige Einzeluntersuchungen über die Hauptprobleme einer modernen Kriminalpolitik, sondern auch ernste Bemühungen um eine systematische Durchdringung der weit ausgedehnten Materie staatlicher Verbrechensbekämpfung. Bevor man die großen Ziele der Strafrechtspflege programmatisch festlegt und die Wege zu ihrer Verwirklichung sucht, ist ein sorgsamer Überblick über die Fakten und Zusammenhänge notwendig, die den Gegenstand einer modernen Kriminalpolitik ausmachen. Es ist ein alter Leitgedanke aller Politik, und gerade der Rechtspolitik im weitesten Sinne, daß Sein und Werden der realen Lebenswirklichkeit weitgehend aufgeklärt werden, bevor man an das Problem des rechtlichen Sollens im Sinne der normativen Regelung einer Strafrechtsordnung herangeht."

Aus diesen Ausführungen wird deutlich, daß es sich bei einer so verstandenen kriminalpolitischen Wissenschaft um einen Teil der politischen Wissenschaft handelt, deren Aufgaben in der Bestandsaufnahme der geltenden Grundsätze der Verbrechensbekämpfung und in der Gestaltung des Wandels im Bereich der Strafrechtspflege (vgl. zu diesem Gesichtspunkt allgemein Drath 1966, 74) liegen. Die Schwierigkeit jedes Ansatzes in diesem Bereich ist darin begründet, daß die Rechtspolitik als wissenschaftliche Disziplin von seiten der Jurisprudenz seit jeher vernachlässigt wurde und auch die politische Wissenschaft weit davon entfernt ist, eine klar abgegrenzte Wissenschaft mit festen Konturen (etwa in Abgrenzung zur Makrosoziologie, zur Staats- und Gesellschaftsphilosophie) zu sein. „Wenn Rechtswissenschaft mehr sein soll als die Auslegung vorgegebener Rechtsnormen und ihre Anwendung auf den konkreten Fall, und wenn Politikwissenschaft mehr sein soll als politische Literaturgeschichte und Kommentierung des Tagesgeschehens, so wird es an beiden sein, diesen Problemen in einer Lehre von der Gesetzgebungspolitik Augenmerk zu schenken" (Herzog 1971, 156).

In dieser Sicht stellt die kriminalpolitische Wissenschaft den Teil einer Gesetzgebungslehre dar. Der Jurist erlebt heute in seinem Ausbildungsgang und in seiner beruflichen Tätigkeit das Recht zu einseitig als geltendes, gesetztes Recht, das er anzuwenden hat. Traditionell zu kurz kommt die Mitverantwortung seiner Wissenschaft für das Zustandekommen des positiven Rechts. Die Verfassungsgebundenheit der Gesetzgebung (vgl. dazu eingehend u. § 5 2.) hat den Blick erst für einen Teil der Gesetzgebungsproblematik geschärft; hinzukommen muß die wissenschaftliche Erarbeitung der rechtspolitischen Leitlinien, in die der Gesetzgeber die Behandlung eines konkreten Regelungsproblemes einordnet, um alle Auswirkungen einer zu treffenden Entscheidung vorausplanen zu können. „Letztlich geht es bei der Kriminalpolitik um das an wissenschaftlichen Kategorien orientierte Vorbereiten und Vorausdenken der Entscheidung des Gesetzgebers über die künftige Gestalt des Strafgesetzes" (Würtenberger 1970, 53). Gerade in der Demokratie ist eine — wissenschaftlichen Planungskriterien standhaltende — Bewältigung sozialer Regelungssachverhalte mehr als das Herumgestoßenwerden zwischen Interessengruppen und das kurzfristige Ausbalancieren von Interessengegensätzen. Zwar sind Zielvorstellungen und ihre Prioritäten nicht wertfrei — und damit letztlich nur dezisionistisch — zu gewinnen, aber wenigstens die Auswirkungen der zu ihrer Realisierung möglichen Regelungsmodelle lassen sich wissenschaftlich weitgehend erfassen. Die Kriminalpolitik muß dabei ihre eigenen Zielvorstellungen klar herausstellen, aber auch dazu bereit sein, ihre Belange mit dem Gesamtkonzept aller Staatsaufgaben zu koordinieren.

Die Sicht der Kriminalpolitik als Teil der Gesetzgebungslehre führt vor allem auf das arbeitsteilige Zusammenwirken zwischen Gesetzgebung und Rechtsanwendung bei der Realisierung kriminalpolitischer Vorstellungen (vgl. dazu allgemein Lang-Hinrichsen 1960, 5 ff.). Mit dem Grundsatz der richterlichen Bindung an das Gesetz wird nur der eine Weg vom Gesetzgeber zum Richter im Rechtskonkretisierungsvorgang gesehen. Die optimale Zusammenarbeit im Hinblick auf die gemeinsame Verantwortlichkeit für das

Recht braucht aber auch einen Weg, der vom Rechtsanwender zum Gesetzgeber zurückführt; nur dann ist der Kreis des dynamischen Prozesses der Rechtsverwirklichung geschlossen. Gemeinsame Verantwortung aller am Rechtssetzungs- und Rechtsanwendungsprozeß Beteiligten für die Rechtsgestaltung ist die Aufgabe der Rechtspolitik für die Zukunft.

Ein Beispiel mag die fehlende „Rückkoppelung" vom Rechtsanwender zum Gesetzgeber verdeutlichen: Aus dem Zwang der Rechtspraxis, Beweiszeichen nur als Urkunden im Sinne des § 267 StGB unter strafrechtlichen Schutz stellen zu können, hat sich ein völlig lebensfremder, gekünstelter, höchst unpraktikabler Urkundenbegriff gebildet. Eine Entscheidung des Gesetzgebers, zusätzlich zu § 267 eine Vorschrift für Beweiszeichen zu schaffen, hätte die ganze mißliche Entwicklung des Urkundenstrafrechts verhindert, in die erhebliche Arbeitskraft mehrerer Juristengenerationen investiert wurde. Dies ist nur ein Beispiel von vielen für die fehlerhafte Kooperation zwischen Rechtsschaffungs- und Rechtsanwendungsinstanzen. Die Dogmatik mochte mit gewissem Stolz davon ausgehen, auch mit schlechten Gesetzen bei der Rechtsanwendung fertig zu werden. Dagegen ist auch gar nichts einzuwenden, und wer unsere heutige legislative Technik kennt, wird das sogar als unabdingbar für ein funktionierendes Rechtssystem bezeichnen. Aber was hier gemeint ist, zielt auf die Effizienz des Gesamtsystems ab: Denn wo ein Wort des Gesetzgebers die gewünschte klare Regelung schaffen kann, ist es nicht sinnvoll, der Rechtsanwendung das zeitraubende, arbeitskraftaufwendige und unsichere Herumquälen mit einem allzu unvollkommenen Gesetz zuzumuten.

Der kriminalpolitischen Wissenschaft stellt sich damit die Aufgabe, das gesamte Strafrecht — als Teil der umfassenden Sozialkontrolle — als funktionale Einheit von der Rechtsschaffung bis zur Rechtsanwendung sichtbar zu machen und ein geschlossenes Konzept der Verbrechensbekämpfung für unsere Gesellschaft im Spannungsfeld zwischen normativer Strafrechtswissenschaft und empirischer kriminologischer Forschung (vgl. dazu Müller-Dietz 1971, 151) zu entwickeln.

§ 2 Die Aufgabe der Strafrechtspflege

1. Einordnung in den Bezugsrahmen des sozialen Rechtsstaats

1.1. Der Rangwert der Rechtsstaatlichkeit für das Strafrecht

Das BVerfG hat in seinem vielbeachteten Beschluß vom 14. 3. 1972 (NJW 1972, 811; vgl. dazu bes. Müller-Dietz NJW 1972, 1161) die grundsätzliche Problematik der Grundrechtsgeltung im Strafvollzug behandelt und dabei ausgeführt, daß Eingriffe in die Grundrechte von Strafgefangenen einer gesetzlichen Grundlage bedürfen. Eine Einschränkung der Grundrechte im Strafvollzug ist dabei nur insoweit zulässig, als sie zur Erreichung eines von der Wertordnung des Grundgesetzes gedeckten gemeinschaftsbezogenen Zweckes unerläßlich ist. Diese auf eine Verfassungsbeschwerde wegen Briefzensur ergangene Entscheidung des BVerfG hat die Aufmerksamkeit auf die rechtsstaatliche Ordnung des Strafvollzuges, und damit eines besonders wichtigen Teilbereiches der Kriminalpolitik, gelenkt. Der Strafvollzug wurde von der überkommenen Lehre als ein „besonderes Gewaltverhältnis" bezeichnet; Einschränkungen der Grundrechte wurden dementsprechend im Rahmen des Anstaltszweckes für zulässig angesehen. Unter diese Auffassung hat das Bundesverfassungsgericht einen endgültigen Schlußstrich gezogen und eine klare rechtsstaatliche Umgrenzung der Eingriffsbefugnisse im Strafvollzug gefordert. Dieser seit langem fällige Abschied (vgl. dazu Müller-Dietz aaO 1161 f.) vom „besonderen Gewaltverhältnis" für den Bereich des Strafvollzugs ist eine Trennung von letztlich obrigkeitsstaatlichen Gedanken und Gestaltungsformen und ein weiteres Vordringen rechtsstaatlicher Formen in letzte bisher ausgesparte Teile unserer Verfassungswirklichkeit (vgl. Würtenberger 1970, 7).

Dieses Beispiel aus einem heute besonders wichtigen Teilbereich der Kriminalpolitik mag die Bedeutung des Rechtsstaatsprinzips für die gesamte Strafrechtspflege verdeutlichen. Gleichzeitig macht es klar, daß es eine gewissermaßen voraussetzungslose Kriminalpolitik nicht gibt. Jedes kriminalpolitische Konzept ist immer in den Bezugsrahmen einer bestimmten staatlichen Situation eingebettet, bei uns in den rechtlichen Ordnungsrahmen unseres Grundgesetzes. Wer nun die entscheidenden Grundprinzipien unserer Verfassungsordnung bestimmen will, wird sofort auf den in sich höchst spannungsreichen Begriff des „sozialen Rechtsstaats" stoßen (Würtenberger hat deshalb seine 1970 veröffentlichte Sammlung kriminalpolitischer Aufsätze und Vorträge zu Recht „Kriminalpolitik im sozialen Rechtsstaat" genannt).

Es würde den hier zur Verfügung stehenden Rahmen bei weitem sprengen, die Grundproblematik und das Spannungsverhältnis zwischen Rechtsstaatlichkeit und Sozialstaatlichkeit im Verfassungssystem nachzuzeichnen. Eine gute Einführung in die verfassungsrechtliche Problematik gibt die 1968 von Forsthoff herausgegebene Aufsatzsammlung „Rechtsstaatlichkeit und Sozialstaatlichkeit". Lassen sich Sozialstaat und Rechtsstaat schon auf der Verfassungsebene nicht verschmelzen (so mit Recht Forsthoff aaO 200), so setzt sich ihr Spannungsverhältnis in der gesamten, sich unterhalb der Verfassung entfaltenden Rechtsordnung fort; das gilt in besonderer Weise für den gesamten Bereich des Strafrechts, in dem rechtsstaatliche und sozialstaatliche Belange besonders häufig auszugleichen sind.

Dabei geht es bezüglich des Rechtsstaats in unserer Situation darum, die rechtsstaatliche Tradition des 19. Jahrhunderts zu bewahren und anzugleichen. Die Idee der rechtsstaatlichen Absicherung der Strafrechtspflege wurde im 19. Jahrhundert im wesentlichen vollendet (aufbauend auf den Fundamenten der Philosophie und Strafrechtslehre der Aufklärungszeit; vgl. zur Bedeutung Kants in diesem Zusammenhang besonders Maihofer 1968, 62 ff. und allgemein Lange 1952, 8 f.). Von den Gesetzgebungswerken des 19. Jahrhunderts ist hier besonders das Bayerische Strafgesetzbuch von Feuerbach aus dem Jahre 1813 zu nennen, das weitgehend die Anliegen des Rechtsstaates für das Strafrecht verwirklicht hat (vgl. Lange 1952, 4). Der Rechtsstaatsgedanke in dieser liberalen Ausprägung wurzelt dabei im Spannungsverhältnis Individuum — Gemeinschaft (Staat); „sein Kern ist stets die Freiheitsidee, die Sicherung einer Individualsphäre gegenüber der Allmacht des Staates" (Lange aaO 4).

Auch in unserer heutigen Sicht liegt die Hauptfunktion des Rechtsstaatsprinzips darin, die Freiheitssphäre und die Rechtssicherheit des einzelnen Staatsbürgers gegenüber der Staatsmacht zu wahren (vgl. Lange aaO 8 und Würtenberger 1957, 125). Jedoch hat sich der Schwerpunkt des Rechtsstaatsprinzips von der formalen Gestaltung zunehmend zu einer materialen Sinnerfüllung gewandelt (vgl. bes. Jescheck 1972, 16 f. und Lange aaO 13). Der Übergang vom formalen zum materialen Rechtsstaatsbegriff ist dadurch gekennzeichnet, daß die individuelle Freiheit und Sicherheit des Staatsbürgers nicht nur durch Abstinenz des Staates (sein Fernbleiben von der Individualrechtssphäre), sondern durch positive Gewährleistung eines menschenwürdigen Daseins durch den Staat erstrebt wird (vgl. bes. Maihofer 1968, 60 ff.). Daraus ergibt sich als Ziel: Wahrung der Menschenwürde und Gewährleistung der allgemeinen Handlungsfreiheit (Jescheck 1972, 16). Damit wird oberste Richtschnur und Grundverpflichtung aller Kriminalpolitik, das Rechtsstaatsprinzip für den Bereich der Strafrechtspflege zu verwirklichen.

Das Rechtsstaatsprinzip gilt für alle Ausformungen der Staatsgewalt im gewaltenteilenden Staat; es stellt aber jeweils unterschiedliche Anforderungen an die einzelnen Formen der Staatsmacht. An die Legislative, und damit in unserem Bereich an die Strafgesetzgebung, stellt es hauptsächlich die Forderung nach klar umschriebenen Strafnormen (vgl. dazu bes. u. § 4 3.32.). Nur in dieser Garantiefunktion der Straftatbestände läßt sich die rechtsstaatliche Absicherung der Strafgewalt verankern. Für die Gesetzesanwendung, und das bedeutet in unserem Bereich für das Einschreiten der Strafverfolgungsorgane, besteht die wesentlichste Konsequenz des Rechtsstaatsprinzips in der Bindung an die vom Gesetz vorgeschriebenen und zugelassenen Formen des Tätigwerdens. In dieser Sicht stellen sich vor allem die verfahrensrechtlichen Bindungen des Strafprozeßrechtes als eine rechtsstaatliche Freiheitsgarantie für den betroffenen Staatsbürger dar. Fortgeführt wird die rechtsstaatliche Anwendung des Strafrechts im Strafverfahren und insbesondere im gerichtlichen Verfahren, in dem die richterliche Unabhängigkeit und die Gewährleistung des gesetzlichen Richters wesentliche rechtsstaatliche Garantien zum Schutz des betroffenen Staatsbürgers sind.

Diese grundlegende Bedeutung des Rechtsstaatsprinzips wird auch von den Forschungsergebnissen der empirischen Sozialforschung voll bestätigt. „In einer Gesellschaft, die durch vielschichtige und unpersönliche Sozialbeziehungen gekennzeichnet ist, besteht ein wachsender Bedarf an formalen Kontrollen des Rechts und der sie schützenden Sozialverwaltung einschließlich der Justiz" (Kaiser 1972, 66). Dabei bleibt es ständige Aufgabe der empirischen Sozialforschung, die faktische Wirkungsweise der normativen rechtsstaatlichen Forderungen zu überprüfen, Schwächen der rechtsstaatlichen Garantien rechtzeitig aufzuzeigen und Abhilfevorschläge aus empirischer Sicht vorzubereiten.

1.2. Die sozialstaatlichen Forderungen an die Strafrechtspflege

Hat sich die rechtsstaatliche Ausgestaltung des Strafvollzugs als eine unabdingbare Forderung erwiesen, so besagt doch der in diesem Sinne beste Rahmen des Vollzugssystems für sich noch nichts dafür, wie der Vollzug inhaltlich gestaltet wird. Die rechtsstaatliche Absicherung des Vollzugs ist nur die eine Komponente, erschöpft aber die Vollzugsproblematik nicht. Hinzukommen muß die inhaltliche Sinnerfüllung des Vollzuges; der Strafvollzug ist im Sinne individueller und sozialer Nutzenoptimierung auszugestalten. Das bedeutet: Versuch der Resozialisierung, die den Täter dazu instand setzt, wieder vollwertiges Mitglied der Gemeinschaft zu sein (vgl. näher u. § 7 2.2.) und die dieser damit aber auch die Pflicht auferlegt, den straffällig gewordenen Mitbürger nach Strafverbüßung wieder als Mitglied der Gemeinschaft zu akzeptieren. Daß auf diese Weise der Kampf gegen das Verbrechen als präventive Gemeinschaftsaufgabe am erfolgreichsten geführt werden kann, liegt auf der Hand.

Ist der Begriff des Rechtsstaats trotz seines unverkennbaren Wandels im wesentlichen klar konturiert, so gilt es, den Begriff des Sozialstaats inhaltlich erst auszufüllen. Haben wir beim Rechtsstaat eine reiche und klare Tradition aufzuarbeiten und für unsere heutigen Bedürfnisse allenfalls zu modifizieren, so befinden wir uns beim Sozialstaatsbegriff derzeit in einem viel früheren, unausgereifteren Entwicklungsstadium. Hier muß weitgehend erst der Schritt vom Programmsatz zum griffigen Rechtsprinzip gegangen werden. Auch für den Bereich der Strafrechtspflege sind deshalb erst vorläufige Ansätze sichtbar, die im einzelnen noch der konkreten Ausgestaltung harren. Deshalb läßt sich hier auch kein Katalog sozialstaatlicher Ansprüche an die Strafrechtspflege aufstellen, sondern es können nur Tendenzen aufgezeigt und an Beispielen erläutert werden. Die Prävalenz des Rechtsstaatsdenkens und das Nachhinken des Sozialstaatsprinzips sind dabei geistesgeschichtlich bedingt.

Die historisch gesehen frühere Bewegung war der aus der Aufklärung erwachsene Liberalismus. Schon bald wird aber das Fehlen des sozialen Aspekts sichtbar. Marcic (1971, 148) bemerkt dazu: „Das Recht kreist wie besessen um das subjektive Interesse des einzelnen und um dessen Schutz..... Das System subjektiver Rechte bildet den Kern des großartig gebauten liberalen Rechtsstaates mit dem Grundrechteschutz. Allein, dem Bau fehlt ein Pfeiler: der soziale Aspekt, das Interesse des Ganzen." Wir finden zu Beginn des 19. Jahrhunderts die eindeutige und einseitige Ausrichtung des Strafrechts nur am Rechtsstaatsprinzip bei Feuerbach und erleben das baldige Scheitern dieser Konzeption. Den ersten durchschlagenden Versuch einer

Synthese zwischen liberalem und sozialem Gedankengut finden wir in der Kriminalpolitik erstmals ausgeprägt bei v. Liszt. Das gesamte kriminalpolitische Programm v. Liszts und seine dogmatische Arbeit zeigen das ständige Ringen um einen Ausgleich zwischen liberalen und sozialen Forderungen an die Strafrechtspflege (vgl. dazu näher Rebhan 1963, 21 ff.). Nach dieser kriminalpolitischen Wendemarke ist die Entwicklung (vorangetragen vor allem von den Schülern v. Liszts, besonders von Radbruch und Eb. Schmidt) bis heute zu keinem endgültigen Abschluß gekommen. Nach dem Zweiten Weltkrieg hat vor allem Würtenberger (Die geistige Situation der deutschen Strafrechtswissenschaft, 7 ff., 71 ff., 99 ff.) den sozialen Gedanken für die Strafrechtspflege betont; dabei kommt er zu dem Ergebnis, „daß der deutschen Strafrechtswissenschaft der volle Durchbruch zu einer s o z i a l e n S t r a f r e c h t s o r d n u n g bislang mißglückt ist" (aaO 8). Inzwischen ist zwar sicher weiter an diesem Durchbruch gearbeitet worden, vollendet ist er aber auch heute noch nicht (vgl. Redeker NJW 1973, 1153).

Die Gegenwartsproblematik des Sozialstaatsprinzips äußert sich überall dort, wo dem einzelnen die bloße Einräumung von Abwehrrechten gegen den Staat zur Daseinssicherung nicht genügt, sondern wo die aktive Förderung durch den Staat vonnöten ist (vgl. dazu bes. Würtenberger aaO 72). Daraus ergeben sich wichtige Konsequenzen für die Gestaltung der Strafrechtspflege. Gerade da der Staat hier dem einzelnen wohl mit seiner größten Machtfülle gegenübertritt, genügt nicht die bloße rechtsstaatliche Absicherung dieser Macht, hinzukommen muß vielmehr die Gewährung einer sozialen Hilfestellung, wo der einzelne einer solchen bedarf. In der praktischen Kriminalpolitik steht dabei der Bereich der Strafverfolgung (vgl. zur öffentlichen Aufgabe der Entschädigung von Verbrechensopfern als Ausprägung des Sozialstaatsprinzips u. § 9 2.2.) und der Strafrealisierung im Vollzug im Vordergrund.

Für den Strafvollzug wurde dies bereits eingangs erörtert; die Problematik innerhalb der Strafverfolgung, insbesondere innerhalb des gerichtlichen Verfahrens, soll ein ebenso aktuelles wie dogmatisch noch wenig erschlossenes Beispiel aufzeigen: die sog. **Fürsorgepflicht** im Strafprozeß. Die Fürsorgepflicht wurzelt im Spannungsverhältnis zwischen Rechtsstaat und Sozialstaat. Sie ist der sozialstaatliche Gegenpol zu einer einseitig rechtsstaatlichen Betrachtungsweise der Position der Verfahrensbeteiligten im Strafverfahren. Ihr verfassungsrechtlicher, übergeordneter Bezugspunkt ist die Effektuierung des Rechtsschutzes im Rahmen des Art. 19 Abs. 4 GG. So gesehen stellt sich die Fürsorgepflicht als Ausgleichsversuch zwischen rechtsstaatlichen Formen und sozialstaatlichen Belangen dar, der die Spannung zwar nicht aufheben, aber erträglich machen kann. Gerade im Hinblick auf den Beschuldigten genügt es heute vielfach nicht, nur im Rechtsstaatsprinzip wurzelnde verfahrensrechtliche Positionen einzuräumen; hinzukommen muß das — im Sozialstaatsprinzip anzusiedelnde — Bemühen des Staates, den Betroffenen effektiv in die Lage zu versetzen, seine Rechte auch faktisch wahrnehmen zu können. Aus dieser Grundüberlegung entspringen Rechtspflichten der Strafverfolgungsorgane zur Aufklärung, zur Verhinderung unüberlegter und nachteiliger Prozeßhandlungen, Hinweise auf prozessuale Gestaltungsmöglichkeiten usw. (vgl. dazu näher Verf. 1972, 82 f.).

Zu einfach gesehen ist das Problem eines Ausgleiches zwischen Rechtsstaat und Sozialstaat bei Goldschmidt (vgl. Lange 1952, 6), wenn er eine Scheidung vornimmt in: soziales Strafrecht, liberaler Prozeß. Diese Gegenüberstellung ist höchstens als Skizzierung der jeweiligen Prävalenz eines Prinzips akzeptabel; im übrigen ist aber zu betonen, daß sowohl das materielle Strafrecht wie auch das Strafverfahrensrecht jeweils in dem Spannungsverhältnis zwischen liberalem und sozialem Gedankengut, zwischen Rechts- und Sozialstaat stehen.

Die Betrachtung der Bedeutung des Rechtsstaatsprinzips und des Sozialstaatsprinzips für die Strafrechtspflege hat deutlich gemacht, daß der Ausgleich des Spannungsverhältnisses zwischen beiden die Daueraufgabe der Strafrechtspflege ist. Denn letztlich geht das Spannungsverhältnis auf den unauflöslichen Widerspruch des Menschen als Individual- und Sozialperson zurück (vgl. Würtenberger 1959, 22 ff.). Das Strafrecht der Zukunft muß sich gleichermaßen der liberalen Schutzfunktion, wie auch der sozialen Aufgabe bewußt sein (vgl. Roxin 1970, 7 f.). Vor allem muß darauf geachtet werden, daß die soziale Idee den rechtsstaatlichen Rahmen nicht sprengt und aufhebt, sondern ihn inhaltlich ausfüllt.

Gerade auch für die Strafrechtspflege gilt damit, was Forsthoff in seinem Vorwort zu dem 1968 erschienenen Sammelband „Rechtsstaatlichkeit und Sozialstaatlichkeit" geschrieben hat: „Die rechtsstaatliche Verfassung ist vor der großen Weltveränderung durch Technik und Industrialisierung entstanden und auf die Gegebenheiten ihrer Entstehungszeit ausgerichtet. Sie steht deshalb in einem Spannungsverhältnis zur modernen Wirklichkeit. Ihre Chance, sich in der heutigen Welt zu behaupten, in der neben die — für den Rechtsstaat allein wesentliche — Freiheit mit gleichem, wenn nicht gar stärkerem Gewicht die Forderungen nach sozialer Sicherheit und sozialem Aufstieg getreten sind, wird davon abhängen, ob es gelingt, diese aus unterschiedlichen Wirklichkeitsbereichen hervorgegangenen Anforderungen an eine angemessene Gestaltung des sozialen Ganzen sinnvoll miteinander zu verbinden."

2. Die Aufgabe des Strafrechts in unserer Verfassungsordnung

2.1. Die Bedeutung des Staatsbegriffs

Es kann im Rahmen der vorliegenden Darstellung nicht die Aufgabe sein, die heutigen Auffassungen über den Staatsbegriff oder gar die historischen Entwicklungen, die zu ihnen geführt haben, zu erörtern; hier muß auf die Darstellungen der allgemeinen Staatslehre und des Staatsrechts verwiesen werden. Vielmehr kommt es im vorliegenden Zusammenhang nur darauf an, die eigene Stellungnahme zu skizzieren und insbesondere aufzuzeigen, welchen Einfluß die Fassung des Staatsbegriffes auf die Aufgabe des Strafrechts hat. Denn auch die Aufgabe des Strafrechts läßt sich nicht isoliert von der jeweiligen rechtlichen und sozio-kulturellen Situation des konkreten Staatswesens bestimmen. Die dienende Funktion des Staates in unserer Verfassungsordnung wird bereits dadurch hinreichend symbolisiert, daß — im Gegensatz zur Weimarer Verfassung — nicht der organisationsrechtliche Teil der Verfassungsbestimmungen, sondern die Grundrechte an die Spitze des Grundgesetzes gerückt wurden.

„Versteht man mit Art. 1 des Grundgesetzes unserer Bundesrepublik Deutschland den Staat nicht als Zweck, sondern als ein Mittel: als den G a r a n t e n d e r W ü r d e d e s M e n s c h e n , dann muß die gesamte Staatsverfassung und Staatstätigkeit von diesem seinem letzten Sinn und obersten Zweck her gestaltet und gehandhabt werden. Dem Staat ist damit im Verhältnis zum Menschen keine herrschende, sondern eine dienende Aufgabe zugewiesen; auch alle Herrschaft des Staates über den Menschen muß darum in einem Dienste am Menschen begründet und gerechtfertigt sein" (Maihofer 1968, 44).

Daraus ergibt sich ein funktionaler bzw. instrumentaler Staatsbegriff. Der Staat stellt sich nicht mehr als „Träger eines transzendenten Auftrages, sondern als Organisationsform der Gesellschaft" (Grünwald ZStW 82, 280) dar; auch kann der Staat damit nicht als ein in sich ruhender Selbstzweck, sondern nur als Mittel zur Ermöglichung des Zusammenlebens der Menschen in der räumlich-zeitlichen Dimension begriffen werden. Da die Gesellschaft „kein selbstregulierendes System des Zusammenlebens" (Drath 1966, 76) darstellt, bedarf es eines „Koordinationszentrums" (Drath aaO); dieses stellt der Staat dar (vgl. näher Herzog, Allgemeine Staatslehre 1971, 107 ff.).

Dabei muß man die sozialwissenschaftliche und die rechtswissenschaftliche Betrachtung des Staates auseinanderhalten. Der Staat stellt als gesellschaftliches Gebilde einen Seinsbefund dar und ist insoweit Forschungsobjekt besonders der Makrosoziologie und der Politologie. Auf der juristischen Ebene stellt er eine rechtliche Institution dar, die der normativen Betrachtung insbesondere durch Staatsphilosophie und Staatsrecht unterliegt. Diese Unterscheidung erlangt gerade für die Kriminalpolitik Bedeutung, da sich der Kriminalpolitiker bei allen Gestaltungsvorschlägen immer auf beiden Ebenen bewegen muß. Seine Vorschläge müssen sowohl einer normativen Betrachtung wie auch einer empirischen Nachprüfung standhalten.

2.2. Überblick über die Straftheorien

Die kriminalpolitische Relevanz der Straftheorien ist groß. Hier erhält der Kriminalpolitiker aus normativer, besonders aus rechtsphilosophischer Sicht sein Leitbild für die Bestimmung der Aufgabe des Strafrechts. Jedoch verbietet es der Rahmen dieses Buches, in eine umfassende Diskussion der Straftheorien einzutreten. Dies ist aber schon deshalb entbehrlich, weil die Lehrbücher des Allgemeinen Teils des Strafrechts traditionell diesem Komplex zu Recht einen breiten Raum einräumen (vgl. Maurach 1971, 55 ff.; Jescheck 1972, 42 ff.; Schmidhäuser 1970, 31 ff.; Stratenwerth 1971, 13 ff.; Baumann 1968, 8 ff.; Welzel 1969, 239 ff.). Hier wird dementsprechend nur ein knapper Überblick über die grundlegende Einteilung der möglichen Betrachtungsweisen der Strafe gegeben; daran anschließend soll der Bezug zwischen Straftheorien und Staatsbegriff hergestellt werden, der zumeist vernachlässigt wird. Anschließend wird die eigene Straftheorie für unsere konkrete staatliche und gesellschaftliche Situation entwickelt (u. 2.3.).

Für unsere abendländische Tradition geht die wissenschaftliche Diskussion über die richtige Straftheorie auf die griechische Philosophie zurück (vgl. Schmidhäuser 1971, 18 und Marcic 1971, 169). Ausgehend von der Gegenüberstellung des „quia peccatum est" und „ne peccetur" unterteilt man heute üblicherweise die Straftheorien in absolute und relative Theorien (vgl. dazu bes. Schmidhäuser 1971, 18 ff.).

Die absoluten Straftheorien sehen die Strafe als in sich ruhenden Selbstzweck und damit als frei von anderen mit ihr zu verfolgenden Zwecken (bes. deutlich bei Kant, vgl. dazu Schmidhäuser aaO 19 ff.). Die große Idee jeder absoluten Straftheorie ist es, daß die Strafe dem Staat als Zweckinstrument entzogen ist. Damit dient sie optimal der individuellen Freiheit; sie betrachtet das Phänomen der Strafe primär vom individuellen Gesichtspunkt des Betroffenen aus. Damit vernachlässigt sie aber zwangsläufig die gesellschaftliche und staatliche Seite der Strafe. Darin liegt ihre Schwäche: sie wird der

Realität der Verbrechensbekämpfung nicht gerecht. In unserer heutigen Situation ist sie insbesondere drei Einwänden ausgesetzt. Eine absolute Straftheorie würde einen absoluten Staatsbegriff voraussetzen. Einen Staat, dem selbst nur eine relative Zweckfunktion zuerkannt wird (funktionaler Staatsbegriff), kann man nicht als Träger einer absoluten Straftheorie einsetzen; denn damit würde der Staat ja seine Zweckbestimmung überschreiten. Weiterhin würde eine absolute Straftheorie einen absoluten Verbrechensbegriff voraussetzen (darauf weist mit Recht Mergen 1961, 63 hin); die Entwicklung des Verbrechensbegriffes erfolgt u. § 5 1. und wird im Ergebnis zu einem relativen, von der jeweiligen Kultur- und Sozialordnung abhängigen Verbrechensbegriff führen. Der dritte Einwand bezieht sich unmittelbar auf den Bereich der Kriminalpolitik; er zielt darauf, daß eine absolute Straftheorie zur kriminalpolitischen Immobilität führen muß (vgl. Mergen 1961, 271). Da die absolute Straftheorie keine Zweckverfolgung mit dem Mittel der Strafe zuläßt (sondern sie allerhöchstens als Nebenwirkung toleriert), kann die Strafe keinen kriminalpolitischen Zwecksetzungen dienstbar gemacht werden. Damit entspricht insgesamt eine absolute Straftheorie nicht unserem Bilde der gegenwärtigen Situation von Staat und Gesellschaft und der Stellung des Individuums.

Die relativen Straftheorien sehen die Strafe primär von der Rechtsgemeinschaft her und betonen dementsprechend das staatliche Interesse an der Strafe. Da staatliches Handeln kaum zweckfrei vorstellbar ist, rücken konkrete Zwecke auch bei der Strafe in den Vordergrund. Die Strafe wird in Bezug zu einer konkreten Staatsaufgabe gesetzt, nämlich der Verbrechensbekämpfung. Danach bestimmt sich ihr Einsatz im Rahmen der Strafrechtspflege. Damit wird die Strafe freilich zum Machtinstrument des Staates, und es gilt, die damit verbundenen Gefahren zu erkennen und auszuschalten. Dies ist die Aufgabe der rechtsstaatlichen Beschränkung der Strafeingriffe. Diese Begrenzungsfunktion übernehmen im konkreten Strafzumessungsvorgang das Schuldprinzip und bei der Maßregelverhängung das Übermaßverbot (vgl. näher u. § 4 1.2.).

Man sollte aber die Gefahr des staatlichen Machtmißbrauches bei Strafeingriffen nicht zu einseitig nur als Problem einer relativen Straftheorie sehen. Ob ein Staat seine Strafhoheit maßvoll und nach rechtsstaatlichen Grundsätzen ausübt, hängt nicht so sehr vom Bekenntnis zu irgendeiner Straftheorie ab, sondern von der rechtsstaatlichen Intaktheit des gesamten Staatswesens. Fehlt diese, dann ist auch eine absolute Straftheorie kein wirksames Bollwerk gegen Machtmißbrauch im Bereich der Strafrechtspflege.

Zwischen den absoluten und relativen Straftheorien hat es zahlreiche Vermittlungsversuche gegeben (insbesondere nachdem man des fruchtlosen Kampfes im sog. Schulenstreit müde war), die herkömmlicherweise unter dem Begriff **Vereinigungstheorien** zusammengefaßt werden. All diesen Theorien ist gemeinsam, daß sie eine Kombination zwischen Elementen einer absoluten und relativen Straftheorie anstreben. Soweit es freilich um die grundsätzliche Rechtfertigung der Strafe geht, ist eigentlich kein Kompromiß denkbar. Hier muß man allemal Farbe bekennen und damit entweder ein absolutes oder ein relatives Fundament für den Aufbau der Strafrechtspflege legen (insoweit stellt die u. 2.3. eingenommene Position eine relative Straftheorie dar). Erst beim weiteren Aufbau des Strafvorgangs ist eine Kombination zwischen absoluten und relativen Zielsetzungen möglich (vgl. dazu bes. u. § 7 2.11.).

2.3. Die Ordnungsfunktion des Strafrechts

Sowohl die absoluten wie auch die relativen Straftheorien können leicht ein mißverständliches Bild über die Realität der Strafverfolgung entstehen lassen (vgl. zur Kritik der Straftheorien eingehend Schmidhäuser 1971, 43 ff.). Die absoluten Straftheorien lassen die Strafe als zwangsläufige und in ihrem Ausmaß festgelegte Folge der Tatbegehung erscheinen. Verengen sie so die Möglichkeiten der staatlichen Reaktion zu sehr, so sind die relativen Straftheorien auf der anderen Seite leicht dazu geeignet, die Möglichkeiten der Zweckverfolgung durch die staatliche Strafe zu überdehnen. In der Realität ist der staatliche Reaktionsrahmen eng. Der Staat kann der Notwendigkeit der Reaktion auf die Verletzung strafbewehrter Normen gar nicht ausweichen. Die Strafe ist eine „soziale Notwendigkeit" (Noll 1962, 21; Arth. Kaufmann JZ 1967, 554; Sax 1959, 956; Schmidhäuser 1971, 83). „Strafe zu verhängen ist kein metaphysischer Vorgang, sondern eine bittere Notwendigkeit in einer Gemeinschaft unvollkommener Wesen, wie sie die Menschen nun einmal sind" (Begründung zu § 2 AE, Allgemeiner Teil 1966, 29; vgl. auch Schultz JZ 1966, 114). Die Strafe erweist sich in dieser Sicht als Bestandteil der „Ordnungsaufgabe des Rechts im sozialen Lebensraum" (Würtenberger 1959, 66). Die Strafrechtspflege ist für das Zusammenleben in der Rechtsgemeinschaft unerläßlich, weil es selbst bei den elementarsten Verhaltensvorschriften in der Gemeinschaft keine Totalbefolgung der Normen gibt (Kaiser 1972, 15). Deshalb muß die Rechtsgemeinschaft dafür Vorsorge treffen, welche Verhaltensverbote sie für unerläßlich ansieht, um die Gemeinschaft funktions- und bestandsfähig zu erhalten (das ist im einzelnen Aufgabe des materiellen Verbrechensbegriffs, vgl. u. § 5 3.), und wie sie auf die dennoch erfolgte Verletzung dieser Verhaltensnormen reagiert (darin wurzelt die Ordnungsfunktion des Strafrechts; vgl. dazu näher Verf. 1969, 106). Die Aufgabe des Strafrechts ergibt sich damit folgerichtig als Teilfunktion aus der allgemeinen Staatsaufgabe. Hat der Staat insgesamt die Aufgabe, das Zusammenleben der Menschen auf engem Raum und bei beschränkten Mitteln zu gewährleisten, so ergibt sich daraus für den Teilbereich der Strafrechtspflege: der Staat sanktioniert die Verletzung strafbewehrter Normen, um die Ordnung aufrechtzuerhalten. Letztlich ist damit Strafen „Ausdruck eines sozialen Utilitarismus" (Schmidhäuser 1971, 85). Die staatliche Sanktionierung bei der Verletzung strafbewehrter Normen ist die unausweichliche Folge des Zusammenlebens in einer Rechtsgemeinschaft, die anderenfalls keinen Bestand haben könnte.

Das allgemeine Sanktionierungsziel der Eindämmung des Verbrechens (die Abschaffung wäre unrealistisch, vgl. Niggemeyer 1964, 7) wird dabei auf zwei Wegen angesteuert: Individual- und Generalprävention. Die letztere erstrebt eine Einwirkung über den einzelnen Sanktionierungsvorgang auf die Gesamtheit der Rechtsgemeinschaft, der durch das Einschreiten gegen jede Straftat nachdrücklich vor Augen geführt werden soll, daß die staatliche Gemeinschaft die Verletzung von Strafnormen nicht sanktionslos hinnehmen kann. Dabei kann als Anknüpfungspunkt einer solchen generalpräventiven Wirkung sowohl die Existenz der strafbewehrten Norm selbst wie auch der richterliche Urteilsspruch oder erst der daraufhin erfolgende Strafvollzug gesehen werden (vgl. dazu Maurach 1971, 62 f.). Die Individualprävention spaltet sich je nach der Ansprechbarkeit des Betroffenen in drei Wege: Abschreckung, Resozialisierung und Sicherung (vgl. zu diesen Strafzwecken und ihrer Rangfolge näher Verf. 1969, 114 ff.). Individual- und Generalprävention stellen dabei in ihrer rechtstheoretischen Begründung Gegenpole dar und streben zumeist auch im konkreten Anwendungsfall auseinander. Diese Antinomie läßt sich nicht aufheben; sie wurzelt letztlich in dem Spannungsverhältnis des Menschen selbst als Individual- und Sozialperson. Neu aktualisiert ist die Problematik durch § 14 Abs. 1 und § 23 Abs. 1 und Abs. 3 StGB, wo die — individualpräventive — Einwirkung auf den Täter und die — in der Generalprävention wurzelnde — Verteidigung der Rechtsordnung einander gegenübergestellt sind (vgl. dazu näher u. § 7 2.11).

Im sozialen Gesamtgefüge ist die staatliche Strafrechtspflege nur ein Teilbereich der umfassenderen Sozialkontrolle, allerdings der stärkste und einschneidendste Teil (vgl. Jescheck ÖJZ 1971, 2). Zu Recht stellt Kaiser (1972, 30) fest, „daß die Justiz nur ein Träger sozialer Kontrolle ist, das Recht nur ein Mittel unter den sozialen Normensystemen stellt, der Rechtsbruch nur einen Teil allen abweichenden Verhaltens ausmacht und schließlich die Strafe nur eine von mehreren Sanktionsmöglichkeiten bildet." Erschöpft damit die Strafrechtspflege keineswegs das Gesamtsystem der Sozialkontrolle, so stellt es doch letztlich für die Funktionsfähigkeit der Sozialkontrolle den entscheidenden Faktor dar. „Nur durch legitimierte Strafandrohung und Bestrafung ist die kollektive Beachtung von Regeln und Vorschriften durchzusetzen" (Hacker 1971, 192). Ebensowenig wie man das Strafrecht von den übrigen Formen der Sozialkontrolle isolieren darf, wenn man keine Einbuße an Wirksamkeit hinnehmen will, darf man sich andererseits der Illusion hingeben, daß es eine wirksame Sozialkontrolle ohne funktionierende Strafrechtspflege geben könnte. Aufgabe der kriminalpolitischen Wissenschaft und damit der folgenden Darstellung ist es, die Ordnungsfunktion des Strafrechts im Rahmen der gesamten Sozialkontrolle im einzelnen aufzuzeigen.

§ 3 Leitlinien der Kriminalpolitik

In den letzten Jahren wurde sowohl im Inland wie auch im Ausland wiederholt und eingehend die Frage diskutiert, ob die künstliche Insemination unter Strafe gestellt werden sollte und wie gegebenenfalls ein solcher Straftatbestand im einzelnen ausgestaltet sein könnte. Dabei tauchen naturgemäß eine ganze Reihe von spezifisch einzelproblembezogenen Gesichtspunkten auf, wie die menschliche Entschlußfreiheit über Anzahl der Kinder und Art der Zeugung, Fragen der familiären Partnerschaft unter Ehegatten (Zustimmungserfordernis des anderen Ehegatten?), künstliche Insemination auch außerhalb einer bestehenden Ehe, künstliche Insemination durch einen fremden (bekannten oder unbekannten) Samenspender usw. Sehr rasch zeigt sich aber in der Regel bei der Behandlung eines kriminalpolitischen Einzelproblems, daß sich eine solche Frage nicht aus sich heraus, sondern nur bei der Einordnung in einen größeren kriminalpolitischen Gesamtzusammenhang beantworten läßt. So taucht z. B. die Frage der personalen Entscheidungsfreiheit über den eigenen Körper und seine Funktionen nicht nur hier, sondern bei zahlreichen anderen kriminalpolitischen Problemen auf (z. B. beim Problem der Sterbehilfe, der Tötung auf Verlangen, der Abtreibung, der Sittenwidrigkeit von einverständlichen Körperverletzungen usw.). Eine nur einzelproblembezogene Entscheidung könnte nun kaum je zu einer klaren kriminalpolitischen Linie führen.

In diesem Sinne soll hier zunächst ein Katalog kriminalpolitischer Richtpunkte und Leitlinien aufgestellt werden. Dabei darf aber keine systematische Rangfolge und Gewichtung erwartet werden. Es kann sich vielmehr nur um „topoi" handeln, die für die Lösung von Einzelproblemen als Richtpunkte dienen und insgesamt einen kriminalpolitischen Argumentationsrahmen bieten können. Über die dabei im folgenden aufzuzeigenden Richtpunkte herrscht heute in der kriminalpolitischen Diskussion ein hohes Maß von Übereinstimmung. Das ändert freilich nichts daran, daß bei fast jedem Einzelproblem umstritten ist, welche Gesichtspunkte heranzuziehen und welchen unter ihnen jeweils der Vorrang einzuräumen ist.

1. Das zugrundeliegende Menschenbild

Alles staatliche Handeln im Bereich der Strafrechtspflege ist unmittelbar oder mittelbar stets auf den Mitmenschen bezogen. Daher steht am Anfang jedes kriminalpolitischen Konzepts zwangsläufig ein bestimmtes Menschenbild. Dabei stehen zwei Aspekte im Vordergrund des Interesses:

Das Bild, das die Wissenschaft vom Menschen, von seinen Eigenschaften und Verhaltensweisen zeichnet, unabhängig sowohl von seiner individuellen physischen und psychischen Situation wie auch unabhängig von seiner soziokulturellen Umweltsituation. Dies ist der Aspekt der philosophischen Anthropologie, die in sich zahlreiche Einzelwissenschaften vereinigt: Humanbiologie, Psychologie einschließlich Tiefenpsychologie, Psychosomatik, Soziologie, Verhaltensforschung, Sprachwissenschaft usw. In der Kriminalpolitik wird die Bedeutung dieses Menschenbildes vor allem betont von Würtenberger (1959, 26 ff.; 1964, 17 ff.; 1970, 9 ff.) und von Lange (1970, 25 ff., 284 ff.).

Das Bild vom Menschen, das sich aus dem Verhältnis des Individuums zur Gesellschaft ergibt: der Mensch als Individual- und Sozialperson. Auch hierzu ist nur eine interdisziplinäre Aussage unter der Beteiligung aller forschungsrelevanten Einzelwissenschaften möglich.

Bei der philosophischen Anthropologie handelt es sich letztlich um einen Integrationsversuch, aus den zahlreichen empirischen Einzeldisziplinen ein Gesamtbild vom Menschen entstehen zu lassen, insbesondere das Verhältnis zwischen der Abhängigkeit von Anlage- und Umweltfaktoren und der personalen Freiheit aufzuhellen (vgl. Niggemeyer 1964, 7 f.). Sicher befinden wir uns hier erst am Anfang, und es ist nicht einmal eine sichere Aussage darüber möglich, ob dieser Weg je zum Ziele führen wird. Derzeit befinden wir uns jedenfalls hier auf einem wissenschaftlichen Stand, der uns zur Bescheidenheit zwingt. „Mit anderen Worten bleibt trotz eines hochentwickelten Kriminalrechts und einer reich differenzierten Strafvollzugstechnik unser gesamtes Tun einer im Kerne philosophischen Aussage vom Wesen des Menschen unterstellt — und diese besagt, daß der Mensch unserer Einflußnahme weitgehend entzogen ist" (Jescheck ZStW 71, 2). Die folgenden Aussagen verstehen sich daher nur als ein Versuch, bruchstückhaftes empirisches Wissen und philosophisches Konzept zu einem höchst vorläufigen Menschenbild zusammenzufassen. Selbst ein solches unzulängliches Bild ist aber notwendig, um sich Rechenschaft über die grundsätzliche Richtung des kriminalpolitischen Tätigwerdens ablegen zu können.

Fragen wir zunächst, welches Bild sich die Rechtsprechung vom Straftäter zurechtgelegt hat. Repräsentativ dafür ist auch heute noch die grundlegende Entscheidung des Bundesgerichtshofs (BGHSt 2, 194 vom 18. 3. 1952) zu der Frage der Berechtigung und des Wesens des Schuldvorwurfs gegen den Straftäter. Der BGH zeichnet dabei ein stark individualbetontes Bild vom Menschen und führt aus: „Der innere Grund des Schuldvorwurfs liegt darin, daß der Mensch auf freie, verantwortliche, sittliche Selbstbestimmung angelegt und deshalb befähigt ist, sich für das Recht und gegen das Unrecht zu entscheiden, sein Verhalten nach den Normen des rechtlichen Sollens einzurichten und das rechtlich Verbotene zu vermeiden" (aaO 200). Ob dieses Bild vom Menschen Wunschvorstellung oder Realität ist, läßt sich bis heute mit wissenschaftlichen Methoden weder verifizieren noch falsifizieren. Hellmer (MSchrKrim 1963, 102 ff.) stellte diesem optimistischen Menschenbild alsbald ein deutlich pessimistischeres Bild in Orientierung an Ortega y Gasset und Jaspers (Die geistige Situation der Zeit, 1931) entgegen, indem er vor allem das Fehlen von Verantwortungsbewußtsein (aaO 104 f.) und das Vorherrschen von Rücksichtslosigkeit (aaO 109) beklagt. Die von ihm (aaO 112) gezogene Schlußfolgerung läßt aber einen helleren Grundton durchschimmern: „Integration heißt soviel wie Versetzung des einzelnen Menschen in den Stand einer selbstverantwortlichen und an der Verantwortung für das Ganze mittragenden Bürgers. Der einzelne muß aus seiner Gleichgültigkeit der Gemeinschaft und ihren Werten gegenüber gelöst, und es muß das Gefühl der Verantwortung in ihm geweckt werden."

So ist das Bild vom Menschen für unsere derzeitige Situation gekennzeichnet durch die Bestimmung seiner individuellen Verantwortung in der sozialen Umwelt. Das Ringen um das auch für die Kriminalpolitik maßgebende Menschenbild sucht nach einem Mittelweg zwischen Individualismus und völligem Aufgehen des einzelnen in der Gesellschaft.

„Der Individualismus, der das Bild des in sich ruhenden Menschen entwarf und seine Abhängigkeit von Umwelt und Gesellschaft ignorierte, ist überwunden. Es mochte zunächst so scheinen, als bedeute die Abkehr vom Individualismus notwendig die Hinwendung zu einer Ideologie der Unterordnung des einzelnen unter die Gemeinschaft. Doch beginnt sich nunmehr eine Gesellschaftstheorie durchzusetzen, welche die Einsicht, daß sich die Entfaltung des einzelnen in der Gesellschaft und in Wechselwirkung mit ihr vollzieht, mit der Überzeugung verbindet, daß die Gesellschaft keinen von den einzelnen losgelösten und ihnen übergeordneten Eigenwert hat" (Grünwald ZStW 82, 280 f.).

Daraus ergibt sich folgendes, für die Kriminalpolitik maßgebliches und auch im folgenden zugrunde gelegtes **Menschenbild**: der für sein soziales Handeln verantwortliche, aber notwendigerweise in ein bestimmtes Kultur- und Sozialgefüge eingeordnete, zur Verwirklichung seiner Individualität in einer weitgehend vorgegebenen sozialen Umwelt aufgerufene Mensch, der in der sozialen Verflechtung sein Leben in Verantwortung gegenüber den Mitmenschen zu gestalten hat.

2. Die Wahrung der Menschenwürde als Grundverpflichtung

Die Betrachtungen zum Menschenbild haben ergeben, daß dem einzelnen ein eigenverantwortlicher, nur ihm selbst zugeordneter Bereich im Verhältnis zur Gesellschaft zukommt. Diesen Bereich in seinem elementaren Kern abzusichern, ist Bestreben des Grundsatzes von der Unantastbarkeit der Menschenwürde als Fundamentalnorm unserer Rechtsordnung. Zwar hat dieser Begriff bis heute keine scharfen Konturen erhalten, dennoch dürfen einzelne Aspekte der menschlichen Existenz als gesicherte Bestandteile angesehen werden, nämlich „bestimmte dem Menschen heute unverzichtbare Erhaltungs- und Entfaltungsbedingungen des Menschlichen zu gewährleisten: die individuale Freiheit und Sicherheit des Menschen im Rechtsstaat, die soziale Wohlfahrt und Gerechtigkeit unter den Menschen im Sozialstaat, die politische Gesetzgebung und Mitbestimmung des Menschen in der Demokratie" (Maihofer 1968, 56). Ob hier Maihofer selbst einen Progammsatz oder aktuell geltendes Recht formuliert, ist angesichts der Weite der gebrauchten Begriffe nicht leicht auszumachen. Sicher gehört zur Wahrung der Menschenwürde das Verbot erniedrigender und grausamer Behandlung, insbesondere unmenschlicher oder erniedrigender Strafen (vgl. Art. 3 MRK), das Verbot, den Menschen als bloßes Objekt oder Mittel zu gebrauchen (vgl. dazu Verf. 1969, 110 f.) und das Recht auf Leben (vgl. Art. 1 MRK) und auf körperliche Unversehrtheit. Bereits diese wenigen Hinweise zeigen, daß der Schwerpunkt des Schutzes der Menschenwürde im Bereich der Strafrechtspflege liegt, und für diese deshalb eine Grundverpflichtung darstellt.

Das Schuldprinzip wird zwar auch als Ausfluß des Art. 1 GG gesehen (Maurach 1960, 12), aber überwiegend dem Rechtsstaatsprinzip zugeordnet (BVerfGE 20, 323).

Im einzelnen muß für die rechtspolitische und rechtsdogmatische Aufhellung des Begriffes der Menschenwürde auf das Spezialschrifttum (vgl. Wertenbruch 1958; Maihofer 1968) und die verfassungsrechtlichen Lehrbücher und Kommentare verwiesen werden.

3. Die Humanität des strafrechtlichen Einschreitens

Daß der Grundsatz der Humanität Grundlage der Kriminalpolitik sein muß, darf man als allseits akzeptierte Forderung ansehen (Jescheck 1972, 17; Würtenberger 1959, 87 und bes. 1970, 1 ff.; Ancel MSchrKrim 1956, 57; Grünwald ZStW 82, 276). Keine kriminalpolitische Richtung kann heute mit Recht das Etikett „human" e x k l u s i v für sich beanspruchen; wenn es als Leitmotiv gewählt wird, wie es bei Ancel geschieht (dessen Buch „Die neue Sozialverteidigung" den Untertitel trägt „Eine Bewegung humanistischer Kriminalpolitik"), so ist das selbstverständlich begrüßenswert. Es handelt sich aber heute beim Leitgedanken der Humanität um einen kriminalpolitischen Allgemeinbesitz, der freilich noch nicht leichtfertig als schon endgültig gesichert betrachtet werden darf, sondern durchaus eine ernste Gegenwarts- und Zukunftsaufgabe bezeichnet.

Würde durch ein weiteres rapides Ansteigen der Kriminalität, besonders der Gewaltkriminalität, das Sicherheitsgefühl der Bürger elementar untergraben, so könnte sich die Humanität in der Verbrechensbekämpfung nur allzu rasch als brüchige Fassade entlarven. Wenn die Zeichen nicht sehr trügen, dann stehen die USA jedenfalls in zahlreichen städtischen Bereichen kurz vor einer solchen „Stunde der Wahrheit", und auch wir sind sicher gerade im Interesse der Humanitätswahrung gut beraten, der Gewaltkriminalität selbst um den Preis der Nichtverfolgung leichterer Straftaten nachhaltig Einhalt zu gebieten (siehe auch u. § 6 3.3. und § 10 2.).

Die Humanisierung der Strafrechtspflege wird vor allem deutlich in dem kontinuierlichen Entwicklungsprozeß zu ständig milderen Sanktionsmitteln seit Einsetzen kriminalpolitischer Reformbewegungen mit Beccarias Buch „Dei delitti e delle pene" 1764. Die Humanitätsforderungen können auch nur in einem solchen langsamen Entwicklungsprozeß zum Durchbruch gelangen; denn hier ist die Kriminalpolitik ganz von der Mitwirkungsbereitschaft der Rechtsgemeinschaft abhängig. So kann auch der Prozeß der ständigen Milderung der Sanktionsmittel so lange ohne Wirksamkeitsverlust andauern, als ihm eine ständig steigende Strafempfänglichkeit korrespondiert. Denn dann halten sich trotz Abmilderung die Sanktionsmittel auf demselben Wirkungsgrad. Hier wird eine wichtige sozialpädagogische Aufgabe sichtbar (vgl. dazu auch u. § 8 3.). Gelingt es, die Strafempfänglichkeit zu steigern, dann ist in der Kriminalpolitik ein ständiges Zurücknehmen der Strafsanktionen möglich. Am deutlichsten ist diese Entwicklung beim Ersatz kurzer Freiheitsstrafen durch Geldstrafen in Erscheinung getreten (vgl. dazu Verf. 1966).

Wenn auch der Gedanke der Humanität einmütig in der Kriminalpolitik anerkannt ist, so darf doch nicht übersehen werden, daß auch er in Konflikt mit anderen kriminalpolitischen Anliegen geraten kann. So hat Würtenberger bereits 1948 in seinem Beitrag „Humanität als Strafrechtswert" (erschienen im Sammelband 1970, 1 ff.) die Frage angesprochen, ob es „mit dem Humanitätsgedanken noch vereinbar ist, wenn im heutigen Bestreben nach einer allseitigen Erforschung der Persönlichkeit im Strafverfahren der Täter einer differenzierten kriminologischen Behandlung unterworfen wird" (aaO 7). Würtenberger beruft sich auf das Wort Heraklits: „Der Seele Grenzen kannst Du nicht ausfinden, und wenn Du jegliche Straße abschrittest, so tiefen Grund hat sie!" Seither hat sowohl die Strafzumessungslehre wie auch die Behandlungslehre eine Richtung eingeschlagen, die wegen der stark betonten Individualisierung der Strafen und Maßregeln zu einer immer eingehenderen Erforschung der Täterpersönlichkeit zwingt. Stellt auf der einen Seite die Forderung nach Resozialisierung einen stark humanitätsbezogenen Anspruch, so ist auf der anderen Seite nicht zu verkennen, daß in Verfolgung dieses Zieles weitgehende Eingriffe in die Täterpersönlichkeit im Laufe des Strafverfahrens unabweisbar sind. Das an sich verständliche Bestreben, bis in die innersten Bereiche des Seelenlebens eines Menschen vorzudringen, um zu erkennen, wo eine wirksame Hilfe ansetzen muß, kann nur allzu leicht dazu führen, den Angeklagten seelisch zu entkleiden. So geraten hier zwei aus der Humanität entspringende Forderungen miteinander in einen Konflikt, der die Gefahr der Inhumanität bei der einseitigen Verfolgung eines Zieles deutlich erkennen läßt.

4. Die Akzessorietät des Strafrechts

Das Strafrecht (gleiches gilt für die Form der „Sozialverteidigung") ist ein Schutzrecht, das die zu schützende Ordnung voraussetzt, auf die es bezogen ist. Es schafft diese Ordnung nicht, sondern findet sie vor. Das darf man aber nicht entwicklungsgeschichtlich verstehen (vgl. Jescheck 1972, 35), sondern funktional. Es ist eine klare Unterscheidung in zwei getrennte politische Gestaltungsfragen geboten: Welche Rechts- und Sozialordnung will man und wie soll sie im einzelnen gestaltet sein? Wie kann diese Ordnung am besten geschützt werden? Nur der zweite Komplex ist Aufgabe des Strafrechts.

Darüber wäre an sich kein weiteres Wort zu verlieren, wenn nicht in allerjüngster Zeit Bewegungen besonders auf kriminologischem Gebiet zu verzeichnen wären, die der Kriminologie (in die dabei die Kriminalpolitik eingeschlossen wird) die Aufgabe einer umfassenden Gesellschaftstheorie zuweisen (s. dazu bes. Kaufmann JZ 1972, 78 ff.). Die Kriminalpolitik schließt aber nur die „Wissenschaft von den notwendigen Änderungen der Strafrechtspflege" (H. Kaufmann aaO 79) ein; sie ist im übrigen der denkbar ungeeignetste Hebel zur Gesellschaftsveränderung. Wer von der Strafrechtspflege her die Gesellschaft verändern will, gleicht demjenigen, der von der (Schul-)Strafe her ein pädagogisches Programm aufbauen will, oder demjenigen, der von der gebührenpflichtigen Verwarnung und der Geldbuße des Verkehrsordnungswidrigkeitenrechts her ein verkehrspolitisches Gesamtkonzept entwickeln will. Die Kriminalpolitik ist auch nicht der geeignete Schrittmacher der gesamten Gesellschaftspolitik. Wohl muß sie aber mit der allgemeinen gesellschaftlichen Entwicklung Schritt halten. Das schließt selbstverständlich nicht aus, daß die Kriminalpolitik gesellschaftskritisch betrieben wird und daß der Kriminologe und der Strafrechtswissenschaftler sich zu gesamtgesellschaftlichen Fragen äußern; nur spricht er dann nicht mehr ausschließlich als Kriminalpolitiker, sondern als Gesellschaftspolitiker (vgl. u. § 8 2.1.).

Die strafrechtliche Schutzordnung ist notwendigerweise lückenhaft und unvollkommen; sie trägt „fragmentarischen Charakter" (vgl. dazu näher Maiwald 1972, 9 ff.). Jescheck (1972, 35) sieht darin „einen Vorzug und ein Kennzeichen des freiheitlichen Rechtsstaates". Der sicher mindestens ebenso tangierte Aspekt ist die staatliche Straftheorie. Für eine absolute Straftheorie — vgl. o. § 2 2.2. — könnte der fragmentarische Charakter des Strafrechts nicht akzeptabel sein; daher ist es völlig konsequent, daß Binding darin einen „großen Mangel des Strafrechts" sah (vgl. dazu Jescheck aaO). Wer es als Aufgabe des Strafrechts dagegen nur ansieht, Bestands- und Funktionsfähigkeit der Rechtsgemeinschaft zu gewährleisten, der kann die Lückenhaftigkeit des Strafrechts solange akzeptieren, als diese Grundfunktion des Strafrechts bestehen bleibt. Im übrigen muß man aber im fragmentarischen Charakter des Strafrechts einen — notwendigen — Preis für die Garantiefunktion des Strafgesetzes (vgl. u. § 4 3.32.) sehen. Schließlich erweist gerade „der fragmentarische und exemplikative Charakter des Strafrechts den Irrtum derer, die glauben, mit dem Strafrecht unmittelbar eine in Unordnung geratene Gesellschaftsordnung in Ordnung bringen zu können" (Peters 1963, 17).

5. Die Rationalität, Praktikabilität und Effektivität der Strafverfolgung

Die Strafverfolgung ist staatliche Tätigkeit, und zwar die mit den einschneidendsten Mitteln versehene; daher gelten für sie die Grundsätze, die für jedes staatliche Handeln als Ausführungsmaxime gelten: Rationalität, Praktikabilität und Effektivität. Daß dies heute betont werden muß, liegt gleichermaßen an der lange Zeit vorherrschenden dogmatischen Selbstgenügsamkeit des Strafrechts (vgl. Grünwald ZStW 82, 280) wie auch an der durch den Schulenstreit verstellten bzw. tabuisierten Einsicht in die kriminalpolitischen Gestaltungsmöglichkeiten und die Belange der Zweckmäßigkeit. Den seitherigen Wandel belegen zahlreiche Äußerungen (Mergen 1961, 273; Peters 1963, 22; Simson 1966, 4; Roxin ZStW 81, 613 ff.; Lange 1970, 9; Grünwald ZStW 82, 280; Krauß 1971, 21). Damit wurde einer alten Forderung v. Liszts, der immer rechtsstaatliche Absicherung der Strafrechtspflege und zweckmäßige Verbrechensbekämpfung als die zwei miteinander auszugleichenden Grundanliegen der Kriminalpolitik sah, Rechnung getragen und die — offen oder latent lange bestehende — Anrüchigkeit des Zweckmäßigkeitsdenkens im Bereich der Strafrechtspflege beseitigt. Diese neugewonnene Unbefangenheit, die etwa in Skandinavien immer bestand (vgl. Simson aaO), gilt es zu nutzen; jedes Ausspielen von Zweckmäßigkeitsgesichtspunkten gegenüber Fragen der rechtsstaatlichen Absicherung der Strafrechtspflege oder umgekehrt muß vermieden werden. Es geht um die Erfüllung beider Zielsetzungen und ihren optimalen Ausgleich. Wie wenig das bisher gelungen ist, macht exemplarisch der Bereich der Strafzumessung deutlich (vgl. dazu Verf. 1969, 15 f.).

Unter **Rationalität** ist dabei die nüchterne Ausrichtung des kriminalpolitischen Grundkonzepts und seiner einzelnen Gestaltungsfragen an der Aufgabe der Verbrechensbekämpfung zu verstehen. Das bedeutet z. B., daß sich die Strafrechtsdogmatik nicht als Selbstzweck begreifen läßt, sondern daß alle ihre Aussagen am gesamtkriminalpolitischen Konzept gemessen werden müssen. Rationalität bedeutet weiter die Eleminierung transzendentaler oder nur individualethisch nachvollziehbarer Forderungen aus dem Bereich der Kriminalpolitik; der Sozialethik muß sich dagegen eine rationale Kriminalpolitik im Rahmen des pluralistischen Staats- und Gesellschaftsbildes durchaus verpflichtet wissen. **Praktikabilität** als Forderung an die Strafrechtspflege meint, daß bei jeder Gestaltungsfrage der Strafrechtspflege die praktische Anwendbarkeit ein entscheidendes Kriterium darstellt. So müssen etwa materielles Strafrecht und Strafverfahrensrecht als eine Wirkungseinheit gesehen werden (vgl. Verf. 1972, 19 f.). Jede dogmatische Sachproblematik muß zugleich auch unter dem prozessualen Durchsetzungsaspekt mit bedacht werden; eine dogmatische Lösung, die prozessual nicht zu verwirklichen ist, ist kriminalpolitisch unbrauchbar und steht zudem immer in der Gefahr der Manipulation im Prozeß. Der Grundsatz der **Effektivität** strebt an, daß jede vorgeschlagene Regelung das angesteuerte Ziel auf einem einfachen und gangbaren Weg erreicht (vgl. dazu allgemein Leisner, Effizienz als Rechtsprinzip, Recht und Staat H. 402/403). Unter diesem Gesichtspunkt der Wirksamkeit bietet etwa das Strafverfahrensrecht besonders im Bereich des Vorverfahrens mehrfachen Anlaß zur Sorge, vor allem, wenn man das Beschleunigungsgebot (vgl. dazu Verf. 1972, 81 f.) mit in die Wirksamkeitsbetrachtung einbezieht.

Kehren wir nach Betrachtung dieser Leitlinien der Kriminalpolitik nochmals kurz zu unserem Ausgangsbeispiel, der kriminalpolitischen Problematik eines Straftatbestands der künstlichen Insemination, zurück. Die Auswertung des o. 1. skizzierten Menschenbildes ergibt dafür, daß dem Menschen die eigenverantwortliche Gestaltung seines persönlichen Lebensraumes zukommt, solange dadurch nicht überragende gesellschaftliche Interessen verletzt werden. Dies ist bei der Zulassung der künstlichen Insemination nicht zu befürchten, jedenfalls solange nicht, als sie von verantwortungsbewußten Ärzten praktiziert wird. Vielmehr erscheint es als Ausfluß der Menschenwürde, die Anzahl und den Zeitpunkt von Nachkommenschaft eigenverantwortlich zu bestimmen. Ist eine Zeugung in natürlicher Weise aus irgendeinem Grunde ausgeschlossen — und nur dann wird ja Interesse an einer künstlichen Insemination bestehen —, dann wird die künstliche Überbrückung vom Grundsatz der Menschenwürde nicht nur zugelassen, sondern sogar gefordert. Jedenfalls bei einer bestehenden Ehe, die aus durch eine künstliche Insemination behebbaren Gründen unfruchtbar geblieben ist, müßte das Versagen einer solchen medizinischen Hilfestellung als inhuman angesehen werden. Unter dem Gesichtspunkt der Effektivität der Strafverfolgung schließlich dürfte sich ein Straftatbestand der künstlichen Insemination von vornherein weitgehend als wirkungslos herausstellen, weil sich ein strafrichterliches Eingreifen in diesem Bereich letztlich fast immer als Irrweg erweist. Auch eine für erforderlich gehaltene Zustimmung des Ehegatten bedarf letztlich keines strafrechtlichen Schutzes; hier ist das persönliche Vertrauensverhältnis der Ehepartner bestimmend, und das Äußerste, was die Rechtsordnung als sanktionierenden Eingriff vorsehen sollte, wäre die Zubilligung eines Scheidungsgrundes bei unterbliebener Zustimmung. Für den Kriminalpolitiker erweist sich damit der Komplex der künstlichen Insemination als eine keiner strafrechtlichen Regelung bedürftige Materie.

§ 4 Grundmodelle der Strafrechtspflege

Wir finden im internationalen Vergleich eine Fülle von Strafrechtsordnungen vor, die zum Teil erheblich voneinander abweichen. Ebenso bietet uns das kriminalpolitische Schrifttum eine Fülle von Gestaltungsmodellen für die Strafrechtspflege dar, die von der Extremform der Sozialverteidigung bei Grammatica bis zu einem reinen Tatvergeltungsstrafrecht Kantscher Prägung reichen. Alle diese Gestaltungsformen durchzugehen und in ihren Abweichungen miteinander zu vergleichen, wäre ein ebenso umfangreiches wie ermüdendes Unterfangen. Es ist schon deshalb entbehrlich, weil sich die bunte Vielfalt auf zwei Grundmodelle zurückführen läßt: ein an der Schuld orientiertes persönliches Verantwortlichmachen für eine vorwerfbare Tat (Schuldstrafrecht) und eine an der Sozialgefährlichkeit des Täters ausgerichtete Behandlung zur Erzielung späteren sozialkonformen Verhaltens (Sozialverteidigung). Wie allgemein extreme Belastungssituationen am augenfälligsten die Leistungsfähigkeit und ihre Grenzen zeigen, so sollen die beiden Modelle an einem extrem ausgewählten Beispiel in ihrem unterschiedlichen Ansatz und ihren differierenden Auswirkungen verdeutlicht werden.

Ein Fassadenkletterer, der über längere Zeit in gleichartiger Tatausführung Serieneinbrüche verübt hatte und der sich infolge seiner Geschicklichkeit immer dem Zugriff der Strafverfolgungsorgane entziehen konnte, wird gefaßt, weil er bei einem besonders waghalsigen Unternehmen vom 3. Stockwerk eines Gebäudes abstürzte und mit schweren Verletzungen auf der Straße liegenblieb. Die ärztliche Behandlung ergibt dabei, daß die zugezogenen Beinverletzungen so schwer sind, daß beide Beine für dauernd gelähmt bleiben werden. Der angerichtete Gesamtschaden liegt bei ca. 100 000,— DM. Die Beurteilung des Täters ergibt, daß er nur in der Richtung seiner bisherigen Straftaten kriminell anfällig ist.

Wie müßten nun das Schuldstrafrecht und die Sozialverteidigung von ihrem Ausgangspunkt her an diesen Fall herangehen? Das Schuldstrafrecht würde davon ausgehen, daß der Täter voll strafrechtlich für seine Taten verantwortlich ist. Diese Verantwortlichkeit bleibt auch davon unberührt, daß der Täter in Zukunft aufgrund seiner Folgeschäden keine Möglichkeit mehr hat, seine kriminelle Karriere fortzusetzen. Allerdings könnte man die aus der Tat für den Täter selbst entstandenen schweren Folgen, nämlich der Verlust der Gebrauchsfähigkeit seiner Beine, als schuldmildernd berücksichtigen (was aus dem Rechtsgedanken des § 16 StGB ableitbar ist). Von dieser Milderungsmöglichkeit abgesehen, würde der Täter voll für seine Taten zur Verantwortung gezogen werden müssen.

Die Lehre der Sozialverteidigung müßte von der Gefährlichkeit des Täters ausgehen. Da der Täter nur in einer Richtung kriminell anfällig ist und ihm infolge seiner Verletzungen ein kriminelles Tätigwerden in dieser Richtung für die Zukunft unmöglich ist, wäre von dem Täter in Zukunft keine soziale Gefahr zu erwarten. Da hier die zu verhängende Sanktion an der zukünftigen Sozialgefährlichkeit des Täters ausgerichtet wird, müßte man konsequenterweise auf die Verhängung einer Sanktion verzichten. Ähnliches würde etwa gelten, wenn eine Tat für den Täter selbst ein solcher Schock war, daß er für alle Zukunft gegen die Versuchung weiterer Straftaten als immun betrachtet werden kann. In den vergangenen Jahren besonders aktuell waren in dieser Hinsicht die Straftaten von NS-Verbrechern. Denn hier lag es zumeist so, daß die Täter inzwischen längst voll in die Gesellschaft integriert waren, in keiner Weise mehr kriminell auffällig wurden und auch eine durchaus günstige Sozialprognose für die Zukunft erwarten ließen. Unter dem Präventionsgesichtspunkt wäre hier jeweils eine Sanktion entbehrlich, da keine Sozialschädlichkeit mehr zu bannen ist; unter Schuldgesichtspunkten wäre dagegen eine der Verfehlung adäquate Sanktion zu verhängen.

Aber nicht nur bezüglich des Ob der Sanktion, sondern auch bezüglich des Wie gehen Schuldstrafrecht und Sozialverteidigung erheblich auseinander. Liegt etwa nur eine leichte Straftat vor, handelt es sich aber bei dem Täter erkennbar um einen kriminell schwer anfälligen Hangtäter, der nur durch einen länger dauernden Resozialisierungsvollzug wieder auf den rechten Weg zurückgebracht werden könnte, so wäre unter Schuldgesichtspunkten nur eine leichte Sanktion möglich, die der Tatschuld adäquat ist. Unter Präventionsgesichtspunkten dagegen wäre ein lang dauernder Freiheitsentzug angebracht, der bezüglich seiner Dauer an dem Gesichtspunkt „Erreichung sozialkonformen Verhaltens" ausgerichtet sein müßte. Welches Spannungsverhältnis hierin liegt, macht gerade das Jugendstrafrecht deutlich, das wegen seiner Ausrichtung am Erziehungszweck die Möglichkeit einer schuldüberschreitenden Sanktion zuläßt (vgl. LG Hamburg MDR 1959, 511, wo wegen eines Mundraubs bei einem Jugendlichen, der starke schädliche Neigungen erkennen ließ, eine Jugendstrafe von 9 Monaten verhängt wurde).

1. Das Schuldstrafrecht

1.1. Die Bestimmung des Schuldbegriffes

Jede Auseinandersetzung mit dem Schuldbegriff wird dadurch erschwert, daß es keinen einheitlichen Schuldbegriff, sondern eine Vielzahl unterschiedlicher Auffassungen gibt. So resultieren gerade viele Vorwürfe gegen das Schuldstrafrecht aus der Vielzahl der vertretenen Auffassungen, die sich zwar alle zum Schuldprinzip bekennen, aber daraus stark differierende Straftheorien ableiten. Hinzu kommt, daß sich das Phänomen der Schuld aus ganz verschiedenen wissenschaftlichen Perspektiven her betrachten läßt: sie ist ebenso eine religiöse und sittliche Grunderfahrung des Menschen wie ein psychologischer oder soziologischer Befund, ebenso individuelles Erleben und Bekenntnis wie Teil der sozialen Wirklichkeit, ebenso ein dynamischer Prozeß (schuldig werden und sich schuldig fühlen) wie eine Bewertungsgröße (Schuldurteil über einen anderen). Im folgenden kann es daher nur darum gehen, den für die Rechtsordnung, und hier insbesondere für die Strafrechtspflege, richtigen Ansatzpunkt herauszugreifen.

1.11. Sittlicher und rechtlicher Schuldvorwurf

Schuld ist zunächst sicher ein sittliches Phänomen, das sich sowohl vom einzelnen her individualethisch wie auch von der Gemeinschaft her sozialethisch betrachten läßt. Eine in der Rechtsphilosophie und der Rechtstheorie bis heute umstrittene Frage ist es, inwieweit dieser sittliche Schuldvorwurf auch auf die Rechtsordnung durchschlägt und für diese maßgebend ist. Es handelt sich dabei um einen Teilaspekt der allgemeineren Frage, wie die Normensysteme der Ethik (insbesondere der Sozialethik) und des Rechts gegeneinander abzugrenzen sind. Dazu kann hier nicht im einzelnen Stellung genommen werden (vgl. näher Engisch, Auf der Suche nach der Gerechtigkeit, 1971, 82 ff.). Völlig unangebracht wäre es allerdings, den Einfluß und die Rückwirkungen beider Normensysteme aufeinander in Abrede stellen zu wollen. Andererseits ist aber die Notwendigkeit einer klaren Grenzziehung heute letztlich eine Konsequenz aus unserer pluralistischen Staats- und Gesellschaftssituation (vgl. dazu u. § 5 1.3.). In der Ordnung unseres Zusammenlebens sind unterschiedliche sozialethische Anschauungen nebeneinander möglich, aber nur einheitliche Rechtsnormen für alle Staatsbürger denkbar. Das führt zwangsläufig dazu, daß sich die Rechtsordnung mit keiner bestimmten Sozialethik mehr identifizieren kann. Rechtliche Bewertung und sozialethische Beurteilung können damit auseinanderfallen.

Diese Situation ist dem Strafrecht seit jeher in der Person des sog. Überzeugungstäters geläufig. So ist zwar durchaus eine ethische Maxime dahingehend denkbar, auch den Ersatzdienst zu verweigern, wie es etwa die Zeugen Jehovas tun (vgl. dazu BVerfGE 19, 135; 23, 127, 191), während die Rechtsordnung eine derartige Haltung nicht akzeptieren kann, solange sie an dem Institut der Wehrpflicht festhält, das sonst aus den Angeln gehoben würde. Vgl. im übrigen näher zu der Frage des sittlichen und strafrechtlichen Schuldvorwurfs Peters 1963, 38 f., Arth. Kaufmann JZ 1967, 553 ff., Woesner NJW 1964, 1 ff. und Stratenwerth 1971, 23, der die Schuld auf die sich die Strafe bezieht, „zur sittlichen Schuld nur im Verhältnis der Analogie, nicht der Identität" sieht.

Die Klassifizierung der strafrechtlich relevanten Schuld als reine „Rechtsschuld" (vgl. bes. Maurach 1971, 358 ff.) bedeutet, daß dem Täter sein Versagen vor der Rechtsordnung vorgeworfen wird, soweit er dafür verantwortlich ist.

1.12. Tatschuld und Lebensführungsschuld

Das Versagen des Täters vor der Rechtsordnung läßt sich auf den einzelnen konkreten Verstoß beziehen oder kann als Ausdruck einer verfehlten Lebensführung bzw. Charakterhaltung angesehen werden. Je nach dem gewählten Bezugspunkt spricht man dann von Tatschuld, Lebensführungsschuld und Charakterschuld (vgl. dazu Verf. 1969, 40). Die Entscheidung für den einen oder anderen Bezugspunkt hängt aufs engste damit zusammen, welche Funktion man der Schuld im Strafzumessungsvorgang zuweist (vgl. dazu u. 1.22.). Nur ein Tatschuldbegriff kann die rechtsstaatliche Begrenzungsfunktion ausüben, die heute dem Schuldprinzip allgemein im Strafzumessungsvorgang zugewiesen wird. Denn ein Begriff der Lebensführungsschuld oder Charakterschuld ließe sich nicht scharf umgrenzen und vor allem nicht frei von Gefährlichkeitselementen gestalten. Daß nur ein Tatschuldprinzip in rechtsstaatlicher Hinsicht tauglich ist, entspricht der heute bei weitem überwiegenden Meinung (vgl. näher Jescheck 1972, 14 ff. mit zahlreichen Nachweisen). Tatschuld bedeutet dabei, daß dem Täter nur die einzelne rechtswidrige Verfehlung als konkretes, exakt umgrenzbares Geschehnis zur Last gelegt werden darf (vgl. umfassend gerade unter verfassungsrechtlichen Gesichtspunkten zum Einzeltatschuldprinzip Sax 1959, 938 ff.).

1.13. Psychologischer und normativer Schuldbegriff

Die Entwicklung im Strafrecht ist vom psychologischen zum normativen Schuldbegriff verlaufen (vgl. dazu Maurach 1971, 362 ff.), der heute eindeutig die herrschende Auffassung darstellt (näher Maurach aaO 368 f.). Nach dem normativen Schuldbegriff wird die Schuld als Unwerturteil der Rechtsordnung über die Beziehung des Täters zu seinem Rechtsverstoß verstanden (vgl. Verf. 1969, 38 f.). Die Schuld stellt in dieser Sicht eine Wertungsgröße dar, dessen Maßstab das Urteil der Rechtsgemeinschaft über die Sozialschädlichkeit des konkreten Täterverhaltens ist. Damit ist die Schuld eine relative Größe, die abhängig ist von der konkreten Kultursituation des betreffenden Rechtskreises (vgl. in diesem Zusammenhang Drath 1966, 67: „Gerecht ist, was von diesen Zusammenhängen her gerechtfertigt oder geboten erscheint, letztlich als Realisierung der Prinzipien der konkreten sozialen Kultur"). Die Schuldwertung anläßlich der konkreten Tat ist ein „stellvertretendes" Werturteil des Richters für die von ihm repräsentierte Rechtsgemeinschaft (konsequenterweise vom Standpunkt seines sittlichen Schuldbegriffes aus spricht Arth. Kaufmann JZ 1967, 559 von einem „stellvertretenden Gewissensurteil des Richters"). In der gesamten richterlichen Tradition haben sich daraus richterliche Strafrahmen gebildet, die sich zwar in den gesetzlichen Strafrahmen bewegen müssen, aber diese in ihrem praktischen Anwendungsbereich erheblich verändern können (vgl. dazu bes. Exner 1931, 105).

Da der normative Schuldbegriff einen relativen Begriff darstellt, kann er auch nur einen relativen Schutz gewährleisten: er ist machtlos dagegen, daß die relevante Mehrheit der Rechtsgemeinschaft in ihrem Urteil irrt. Die Schuldwertung ist eine beeinflußbare Größe. Daraus ergibt sich die Gefahr einer gezielten manipulierenden Einwirkung in positiver wie in negativer Hinsicht. Schon die bloße Aussage, daß Umweltverschmutzung schweres kriminelles Unrecht darstellt, ist ja in dieser Sicht der Versuch, die soziale Bewertungsskala zu verschieben und damit derartige Verstöße schwerer zu bewerten, d. h. die Schuldbewertung in diesem Bereich heraufzusetzen. Die Schuld ist eben keine konstante, zeitunabhängige Größe, sondern ein dynamischer, sozio-kultureller Wertungsprozeß in der Gemeinschaft. Läuft dieser Prozeß selbst unbeeinflußt ab, so spiegelt die Schuldwertung die in der Rechtsgemeinschaft entwickelte Auffassung über die Sozialschädlichkeit objektiv wider. Wird aber gezielt in den Vorgang eingegriffen, haben wir ein unbrauchbares manipuliertes Urteil vor uns. Hier wird gerade angesichts der großen Möglichkeiten gezielter Massenbeeinflussung eine Gefahr für die Strafrechtspflege sichtbar (vgl. auch u. § 7 2.11.).

Die Hauptschwierigkeit liegt dabei in der Abgrenzung der erlaubten und notwendigen Information und wissenschaftlichen Argumentation gegenüber der Manipulation. Ein manipuliertes Rechtsbewußtsein würde seine Bedeutung als Maßprinzip der Strafe verlieren; denn es wäre dann gerade kein Bollwerk des einzelnen gegenüber der staatlichen Strafgewalt mehr. Freilich bedeutet Schuldstrafen nicht die bloße Widerspiegelung der jeweiligen — oft kurzlebigen — öffentlichen Meinung, sondern bedeutet Einklang mit den herrschenden Wertvorstellungen über die geschützten Rechtsgüter und die sie angreifenden Verhaltensweisen. Das Rechtsbewußtsein ist konstanter als die öffentliche Meinung. Diese ist aber eine Entwicklungsstufe zum Rechtsbewußtsein hin. Nach Abschluß des Meinungsbildungsprozesses, der

Austragung des Für und Wider, festigt sich ein faßbares Bewußtsein über das Unrecht bestimmter Verhaltensweisen. Entscheidende Forderung zur Bewahrung des Schuldprinzips ist daher heute, eine freie, unmanipulierte Entwicklung des Rechtsbewußtseins über die soziale Verantwortung des einzelnen zu gewährleisten.

1.14. Schuld als mitmenschliche Verantwortung im sozialen Zusammenleben

Das Bekenntnis zum Schuldstrafrecht bedeutet nicht, sich zum Richter über den Vorgang des Schuldigwerdens im einzelnen Menschen aufzuwerfen, sondern dem Täter die Verletzung der sozialen Ordnung zur Last zu legen, soweit er dafür verantwortlich gemacht werden kann. Diese Frage der sozialen Verantwortung ist dabei kein isoliertes strafrechtliches Problem (als welches die Frage der menschlichen Entscheidungsfreiheit oft zu Unrecht eingeordnet wird), sondern ein Problem jeder menschlichen Entscheidung und Handlung im sozialen Zusammenleben. Diese soziale Verantwortung ist ein notwendiger Baustein jeder sozialen Ordnung; ohne sie ist kein soziales Ordnungsgefüge denkbar.

Diese soziale Verantwortung, die der Anknüpfungspunkt des Schuldvorwurfs im rechtlichen Sinne ist, hat nicht die Willensfreiheit im philosophischen Sinne zur Voraussetzung. Die philosophische Frage der Willensfreiheit ist ein bis heute (und vermutlich in alle Zukunft) unlösbares Problem. Die Rechtsordnung muß deshalb ihr Normensystem aufbauen, ohne diese Frage vorher beantworten zu können (vgl. Jescheck 1972, 303 ff.). Der Schuldvorwurf braucht aber auch nicht den Anknüpfungspunkt der Willensfreiheit, sondern nur den „der Fähigkeit des Menschen zu normgemäßem Verhalten" (Grünwald ZStW 82, 281). Der Mensch ist tauglicher Normadressat, d. h. er läßt sich durch Normen (seien sie religiöser, individual- oder sozialethischer oder rechtlicher Herkunft) motivieren. Das menschliche Verhalten ist nicht durch ein Instinktschema automatisch festgelegt, sondern wächst über die Vorgänge der Enkulturation, Sozialisation und Personalisation (vgl. dazu näher u. § 8 3.11.) in ein soziales und kulturelles Normengefüge hinein. Durch dieses Normengefüge wird das menschliche Verhalten geleitet. Der strafrechtliche Schuldvorwurf bedeutet, daß der ausreichend durch Normen motivierbare Staatsbürger für eine bewußte und vermeidbare Normabweichung einem Vorwurf ausgesetzt wird (vgl. dazu auch Verf. 1969, 39 f. und bes. Henkel, Festschr. für Larenz 1973, 3 ff.).

Dabei kommt den einzelnen Normen eine höchst unterschiedliche Motivationswirkung zu, die sich durch einfache Beispiele des täglichen Lebens veranschaulichen läßt. So wird der Verhaltensbefehl, bei Rotlicht vor der Ampel anzuhalten, nahezu hundertprozentig erfüllt, während von Parkverbots- oder Halteverbotsschildern in der Regel eine recht schwache Motivationswirkung auf Kraftfahrer ausgeht. Das Inkrafttreten der neuen Straßenverkehrsordnung hat dabei reiches Anschauungsmaterial geliefert, welche Normen für den Verkehr akzeptiert wurden und welche nicht. Es läßt sich also auch empirisch belegen, daß gegenüber den einzelnen Normbefehlen ein recht unterschiedlicher Entscheidungsraum des einzelnen verbleibt.

In der Motivierbarkeit des einzelnen durch Normen wird der menschliche Entscheidungsraum im sozialen Zusammenleben aufgezeigt, an den der strafrechtliche Schuldvorwurf anknüpft. Dabei ist die Motivierbarkeit durch Normen die Normalsituation, die im Einzelfall entweder wegen fehlender Ansprechbarkeit des Täters (z. B. § 51 StGB) oder wegen der Besonderheiten der Handlungssituation (z. B. § 52 StGB) ausnahmsweise ausgeschlossen sein kann. Die Motivationswirkung der Normen beruht dabei auf keinem einfachen Kausalschema, sondern geht über eine Umsetzungsstation im Menschen selbst (Gewissen, Verantwortungsbewußtsein) vor sich, in der der Normbefehl akzeptiert oder zurückgewiesen wird.

Die Beeinflussung des menschlichen Verhaltens durch Normen ist deshalb weit weniger sicher vorauskalkulierbar als eine solche durch unmittelbare zwangsweise Einwirkung (vgl. Jescheck 1972, 320). Auch dies läßt sich am Straßenverkehr leicht aufzeigen. Wenn die Fahrbahn für den Straßenverkehr gegenüber einer in der Mitte der Straße verlegten Straßenbahnschiene durch ausreichend hohe Bordsteine abgesichert ist, dann ist es dem Kraftfahrer nicht möglich, auf die Straßenbahnschiene zu gelangen. Läuft dagegen neben der Fahrbahn nur eine durchgezogene weiße Linie, so bedeutet das zwar einen Verhaltensbefehl an den Kraftfahrer, diese Linie nicht zu überfahren, jedoch kann er diesen Normbefehl erfüllen oder übertreten.

In diesem Konzept der sozialen Verantwortung des mündigen Staatsbürgers (vgl. Kaiser 1972, 3) liegt die Aussage eingeschlossen, daß der Mensch nicht nur durch Kausalfaktoren in seinem Handeln determiniert ist, sondern daß an die Seite der Kausalfaktoren zusätzlich die Motivationswirkung der Normen tritt, die eine gegenüber dem Kausalprinzip selbständige Wirkungsweise haben. Aus diesen Feststellungen ergibt sich weiter, daß der strafrechtliche Schuldvorwurf grundsätzlich die Normkenntnis voraussetzt (Problem des abstrakten Verbotsirrtums) und der Täter sich auch nicht ausnahmsweise auf eine Gegenbefugnis (Rechtfertigungsgrund) gegen die generelle Motivationswirkung der Norm berufen kann (Problem des konkreten Verbotsirrtums).

Nach diesen Aussagen zum Schuldbegriff läßt sich der strafrechtliche Schuldvorwurf dahin konkretisieren: „Vorwerfbarkeit des Versagens vor der Rechtsordnung, der persönlich zurechenbare Fehlgebrauch der sozialen Handlungsfreiheit gegenüber strafbewehrten Verhaltensvorschriften der Rechtsgemeinschaft" (Verf. 1969, 40).

1.2. Schuldprinzip und Übermaßverbot

1.21. Die verfassungsrechtliche Ableitung

Das Schuldprinzip und das Übermaßverbot haben die gleiche verfassungsrechtliche Wurzel, nämlich das Rechtsstaatsprinzip. Das Schuldprinzip gliedert sich in zwei Bestandteile: keine Strafe ohne Schuld und keine Strafe über das Maß der Schuld hinaus (Schuldproportionalität). In diesen beiden Bestandteilen ist es verfassungsrechtlich verankert (vgl. BVerfGE 20, 323; dazu näher Verf. 1969, 47 ff.). Auch das Übermaßverbot wurzelt im Rechtsstaatsprinzip (vgl. dazu bes. Lerche 1961). Gemeinsam ist auch beiden die gleiche rechtsstaatliche Abwehrfunktion gegenüber unberechtigten staatlichen Eingriffen in die Individualrechtssphäre.

Aus der verfassungsrechtlichen Ableitung des Schuldprinzips hat man geschlossen, daß nur ein dem Prinzip des Schuldstrafrechts folgendes Strafrechtssystem mit unserer Verfassung vereinbar ist (vgl. dazu bes. Hamann 1963, 17 ff.). Eine solche Aussage ist in dieser Form nicht zutreffend. Das BVerfG hebt hervor, daß dem Täter mit der Strafe „ein Rechtsverstoß vorgehalten und zum Vorwurf gemacht wird. Ein solcher strafrechtlicher Vorwurf aber setzt Vorwerfbarkeit, also strafrechtliche Schuld voraus. Andernfalls wäre die Strafe eine mit dem Rechtsstaatsprinzip unvereinbare Vergeltung für einen Vorgang, den der Betroffene nicht zu verantworten hat" (aaO 331). Aus diesen Ausführungen ergibt sich eindeutig, daß das Schuldprinzip mit dem Strafbegriff verbunden ist. Das BVerfG leitet zu Recht aus dem Rechtsstaatsprinzip ab, daß eine solche mit einem Unwerturteil über den Täter verbundene Sanktion nur dann eingesetzt werden kann, wenn dem Täter ein entsprechender Vorwurf zu machen ist. Nicht ist aber damit ausgesagt, daß sich unsere Rechtsordnung insgesamt ein auf dem Schuldprinzip aufbauendes Strafrecht zulegen müsse. Die Verfassung fordert kein bestimmtes Modell der Strafrechtspflege; entscheidet sich die Rechtsordnung jedoch für Strafen, also mit einem Unwerturteil verbundene Sanktionen, dann tritt aufgrund des Rechtsstaatsprinzips damit auch das Schuldprinzip in Funktion (vgl. näher Verf. 1969, 49 f.). Diese Feststellung ist deshalb wichtig, weil damit klargestellt wird, daß unsere Verfassungsordnung von sich aus keine Entscheidung für ein bestimmtes Strafrechtsmodell getroffen hat.

1.22. Die Funktion im Strafzumessungsvorgang

Das Übermaßverbot ist ein Begrenzungsprinzip, das das eingesetzte Mittel in Bezug zum angestrebten Zweck setzt; es enthält die Gebote der Verhältnismäßigkeit und Erforderlichkeit. Aus ihm folgt, daß grundsätzlich der den betroffenen Staatsbürger am geringsten belastende staatliche Eingriff zu wählen ist, der noch aussichtsreich für die Zweckverfolgung ist. Das Schuldprinzip ist demgegenüber zweckgelöst. Es stellt auf die Angemessenheit zwischen der Tat als Strafanlaß und der Strafe ab. Es verlangt damit, „daß Tatbestand und Rechtsfolge in einem sachgerechten Verhältnis zueinander stehen" (BVerfGE 20, 331). Schuldprinzip und Übermaßverbot schließen sich daher in der Strafzumessung nicht aus, sondern ergänzen sich, während für die Maßregelbestimmung allein das Übermaßverbot als Begrenzungsschranke wirkt (vgl. näher Verf. 1969, 50 f.).

Daraus wird deutlich, daß es Aufgabe des Schuldprinzips ist, den staatlichen Strafeingriff durch das Maß der Vorwerfbarkeit der Täterhandlung nach oben zu begrenzen, also letztlich die rechtsstaatliche Machtbegrenzung im Bereich der Strafrechtspflege sicherzustellen (vgl. Roxin JuS 1966, 384: „Mittel, die Belange der Gesamtheit gegenüber der individuellen Freiheit in Schranken zu halten"). Ist diese Bedeutung der Schuldobergrenze heute wenigstens unter den Anhängern des Schuldstrafrechts anerkannt, so ist es sehr umstritten, ob die Schuld das strafrichterliche Einschreiten auch nach unten hin begrenzt (vgl. dazu bes. Maurach 1960, 15). Hier muß man sich vor Augen halten, daß die Limitierungsfunktion der Schuld nach unten

einen anderen Problemkreis anspricht, nämlich den konkreten kriminalpolitischen Aktionsrahmen des Richters. Bei der Frage einer Schuldlimi-
tierung nach unten bedarf der betroffene Staatsbürger keines Schutzes, und
es geht nur darum, wie der Staat für seine Strafbelange ausreichend Sorge
trägt (vgl. u. § 7 2.11.). Die Wahrung der Schulduntergrenze ist daher ein
Teilaspekt der Verantwortungsverteilung zwischen Gesetzgeber und Richter,
nämlich des konkreten kriminalpolitischen Entscheidungsrahmens des Richters (vgl. auch Lange 1970, 26). Die zahlreichen bisher dem Richter im
Gesetz eingeräumten Möglichkeiten (vgl. bes. §§ 15, 16, 23 StGB) lassen
eine weitreichende Verlagerung der Verantwortung auf die konkrete richterliche Entscheidung durch den Gesetzgeber erkennen.

Die rechtsstaatliche Absicherung der staatlichen Strafeingriffe durch das
Schuldprinzip bewirkt, daß bei über den Schuldrahmen hinausreichenden
Präventionsbedürfnissen die Strafe diesen Zwecken nicht ausreichend dienstbar gemacht werden kann. Im Interesse der rechtsstaatlichen Absicherung
der Individualrechtssphäre wird die staatliche Zweckverfolgung verkürzt.
Dies führt dann zu großen Schwierigkeiten, wenn etwa die unter Resozialisierungsgesichtspunkten notwendige Einwirkungszeit auf einen Verurteilten
nicht zur Verfügung steht. Die Konsequenz daraus kann entweder im Aufbau eines Sanktionierungssystems ohne schuldorientierte Strafeingriffe (u. 2.)
oder in einer Kombination zwischen schuldbezogenen und gefährlichkeits-
orientierten Sanktionen (u. 3.1.) bestehen.

2. Die soziale Verteidigung

2.1. Der gemeinsame Ausgangspunkt

Die soziale Verteidigung als ein einheitliches kriminalpolitisches Konzept
zu erfassen, ist wegen der Unbestimmtheit und Weite des Begriffs äußerst
schwierig. Sie stellt „keine in sich geschlossene Schule mit einem fest umris-
senen Reformprogramm dar, sondern eine lose Bewegung" (H. Kaufmann
1963, 418). Außerdem war der Begriff der sozialen Verteidigung vom Zeitpunkt seines Aufkommens vor dem ersten Weltkrieg bis zum Erstarken der
Bewegung nach dem zweiten Weltkrieg einem ständigen Wandel unterworfen (vgl. Rebhan 1963, 41 ff.). Deshalb ist es begrüßenswert, daß die
Bewegung der sozialen Verteidigung selbst den Versuch unternommen hat,
ihr Reformprogramm auf einen gemeinsamen Nenner zu bringen, indem
die Internationale Gesellschaft für soziale Verteidigung ein Mindestprogramm erarbeitet hat (abgedruckt in MSchrKrim 1956, 58 ff. — in der
Übersetzung von Vogler — und bei Rebhan 1963, 86 ff.).

Allerdings ist es zweifelhaft, ob dieses „Mindestprogramm" wirklich eine
gemeinsame Plattform der Bewegung darstellt oder ob es nur einen — inzwischen wohl gescheiterten — Vermittlungsversuch zwischen den rivali-
sierenden Flügeln bildet (vgl. dazu Rebhan 1963, 46). Denn auch dieses
Mindestprogramm vermochte die Gegensätze innerhalb der Lehre der sozialen Verteidigung nicht zu verdecken. Die Bewegung spaltete sich in zwei
Flügel, von denen der eine — Grammatica — letztlich auf eine völlige
Ablösung des heutigen Strafrechtssystems abzielt, während der andere

— Ancel — eine evolutionäre Weiterentwicklung des bestehenden Strafrechtssystems mit dem Ziel einer humanitären Kriminalpolitik für möglich hält.

2.2. Die unterschiedlichen Gestaltungsformen

2.21. Die Lehre Grammaticas

Grammatica formuliert die Leitlinien seiner Theorie selbst folgendermaßen (1965, 1. Teil, 24):

„Der Staat muß Sorge tragen, die Ursachen der Not des Individuums in der Gesellschaft zu eliminieren.

Um die durch die Gesetze gewollte Ordnung zu erhalten, hat der Staat nicht das Recht zu strafen, sondern die Pflicht zu sozialisieren. Die Resozialisierung darf nicht durch ‚Strafen' durchgeführt werden, sondern durch ‚Maßnahmen' des Gesellschaftsschutzes, die vorbeugend (präventiv), erzieherisch (pädagogisch) und heilend (therapeutisch) sind.

Die ‚Maßnahme des Gesellschaftsschutzes' muß an das einzelne Subjekt angepaßt sein, und in Beziehung zu seinen Bedürfnissen, seiner Persönlichkeit (der subjektiven Antisozialität), nicht aber (Verantwortlichkeit) zum verursachten Schaden (‚Straftat') stehen.

Das Verfahren des Gesellschaftsschutzes beginnt mit der Ermittlung und Feststellung der Natur und des Grades der Antisozialität des Subjektes und endet — immer auf juristischer gerichtlicher Ebene — mit der Erschöpfung der Notwendigkeit der Anwendung einer Maßnahme, so wie die Heilbehandlung erst mit der Genesung des Patienten ihr Ende findet."

Der Gesamtrahmen der vorliegenden Darstellung der Kriminalpolitik läßt zwar keine umfassende Auseinandersetzung mit dem System Grammaticas zu, jedoch lassen sich die wesentlichen Punkte seiner Lehre verhältnismäßig kurz aufzeigen. Grammatica selbst (1965, 1. Teil, 20) nennt „die strafrechtliche Verantwortlichkeit des Individuums" den Kardinalpunkt, an dem seine eigene Lehre einsetzt. Nicht die persönliche Verantwortung für getanes Unrecht, sondern die „antisocialità" wird zum Anknüpfungspunkt des staatlichen Einschreitens gemacht. Zur Bannung der Antisozialität des Individuums setzt der Staat präventive, pädagogische und therapeutische Maßnahmen ein, die ihrem Wesen nach völlig wertneutral sein sollen. Hier beim Begriff der „antisocialità" ist in einem Wort die Gesamtproblematik dieser Auffassung aufgezeigt. Man steht hier an einem Punkt, von dem nur zwei Wege ausgehen: entweder Beibehaltung der Straftatbestände im bisherigen Sinn (dann läßt sich das System des Gesellschaftsschutzes im Sinne Grammaticas niemals rein durchführen) oder Ersetzen der Straftatbestände durch reine Tätermerkmale der Antisozietät. Dann muß die gesamte rechtsstaatliche Tradition des Strafrechts und des Strafprozeßrechts preisgegeben werden, da die Antisozialität nicht Träger der Garantiefunktion mit der Wirkungsweise der Straftatbestände sein kann. Denn die antisocialità wird nicht in objektiver und vertypter Form verwendet (das wären im wesentlichen die Straftatbestände des heutigen Strafrechts), sondern in rein subjektiv auf das Individuum bezogener Form. Die objektive antisoziale Betätigung stellt nur ein Symptom der subjektiven Antisozialität dar („indici d'antisocialità"). Anknüpfungspunkt der staatlichen Sanktionierungstätigkeit ist ausschließlich die „bio-psychische Gesamtstruktur der Persönlichkeit" (vgl. Rebhan 1963, 64), die als antisozial beurteilt wird. In der gegen die individuelle Antisozialität eingesetzten staatlichen Reaktion fallen Strafe und Maßregel zu einer einspurigen Reaktion zusammen (vgl. H. Kaufmann 1963, 433).

Das Strafrecht würde damit abgelöst durch ein System therapeutischer und pädagogischer Maßnahmen des Staates, die jeweils individuell auf die subjektive Antisozialität abgestimmt wären. Es liegt auf der Hand, daß sowohl zur Feststellung einer solchen Antisozialität beim betroffenen Staatsbürger als auch zur Gewinnung der richtigen präventiven Maßnahme alle Grundsätze des heutigen Strafprozeßrechts im wesentlichen untauglich wären. Es müßte dementsprechend ein neuartiges „Gesellschaftsschutzverfahren" entwickelt werden, wie es Grammatica selbst vorschlägt (1965, 2. Teil, 273 ff.). Im Mittelpunkt eines solchen Verfahrens stünde nicht die Aburteilung einer bestimmten Tat (eine solche könnte ja auch höchstens indizielle Bedeutung haben), sondern die Beurteilung der Persönlichkeit zur Feststellung der Antisozialität und der Ermittlung der geeigneten Bekämpfungsmaßnahmen. Grammatica entwickelt dementsprechend in seinem Lehrgebäude sowohl ein neues eigenständiges System der materiellen Kriterien des Gesellschaftsschutzes als auch ein selbständiges Gesellschaftsschutzverfahren.

Eine Gesamtbeurteilung der Lehre Grammaticas ergibt, „daß seine Doktrin tatsächlich die Abschaffung des Strafrechts als solchem wie auch der strafrechtlichen Verantwortlichkeit, der Strafe und des traditionellen Strafprozeßsystems anstrebt" (Ancel 1970, 115). Eine Kritik könnte intrasystematisch vorgehen und die schwachen Stellen innerhalb der Lehre Grammaticas aufzuzeigen versuchen. Ein solches Unterfangen ist hier schon aus Raumgründen nicht möglich. Eine von außen ansetzende Kritik hätte das System Grammaticas mit den tragenden Leitprinzipien für die Gestaltung eines Strafrechtssystems zu konfrontieren. Hier ist in erster Linie das Problem der rechtsstaatlichen Absicherung der Strafrechtspflege angesprochen. Der mit dem System der subjektiven Antisozialität zwangsläufig verbundene Abbau der Garantiefunktion ist kein annehmbarer Preis (Frey SchwZStR 1953, 405). Wer den staatlichen Fehlgebrauch oder Mißbrauch bei der Verhängung von Sanktionen wenigstens für eine potentielle Gefahr ansieht, wird eine solche Reduzierung der rechtsstaatlichen Garantiefunktion nicht hinnehmen. Ob demgegenüber die Einräumung der gewaltigen Machtfülle bei der Ausübung der staatlichen Strafgewalt eine Erhöhung der Effektivität der Strafverfolgung bringen würde, ist eine völlig offene Frage.

2.22. Die Lehre Ancels

Während Grammatica ein neues in sich geschlossenes System des staatlichen Sanktionsrechts entwickelt, repräsentiert Ancel eine kriminalpolitische Bewegung, die zur Erreichung gemeinsamer Ziele mehrere Wege für zulässig und zweckmäßig ansieht. Die Bewegung der neuen Sozialverteidigung im Sinne Ancels stellt sich „nicht als eine einheitliche und dogmatische Lehre dar, sondern ... als eine Geisteshaltung" (Ancel 1956, 53). Ancel bekennt sich klar zum Prinzip der persönlichen Verantwortung im sozialen Zusammenleben (1970, 194 ff., 211) und zur persönlichen Freiheit (aaO 199). Er lehnt eine bloße „sozialmedizinische Prävention" ab und beläßt dem Strafrecht (aaO 217) und der Strafe ihren Platz (aaO 249), grenzt sich aber ebenso klar vom reinen Vergeltungsdenken ab (aaO 187 f.). Nachdrücklich verweist er auf die Kooperation mit Kriminologie und Kriminalpolitik (aaO 263). Vor allem hält er an einer Legalordnung der Straftatbestände und an der Zurechnung der unrechtmäßigen Tat fest (aaO 274). Im Grundproblem allen menschlichen Zusammenlebens, dem Ausgleich zwischen individueller Entfaltung und sozialer Einordnung, nimmt er eine ausgleichende Position ein und betont nachdrücklich das individuelle Entfaltungsrecht des einzelnen (aaO 313). Auch im Verhältnis von Strafen und Maßnahmen ist er auf Ausgleich bedacht. „Die moderne Evolution des positiven Strafrechtssystems beruht sogar auf dem gleichzeitigen Gebrauch der vergeltenden Sanktion und des nichtstrafenden Vorgehens zu Präventionszwecken" (aaO 248). Das kriminalpolitische Konzept Ancels läßt sich demgemäß auf drei Grundpfeilern aufbauen:

a) Erhaltung der Straftatbestände als Ausgangspunkt des staatlichen Einschreitens.

b) Anknüpfung bei allen staatlichen Reaktionsformen an die soziale Verantwortung des Staatsbürgers.

c) Ersetzung der bloßen Vergeltungsstrafe durch die die individuelle Verantwortung ansprechende, auf Resozialisierung gerichtete Sanktion strafender oder bessernder/sichernder Art.

Vergleicht man die beiden Flügel der Bewegung der sozialen Verteidigung miteinander, so fällt es — trotz des Mindestprogramms — schwer, entscheidende Gemeinsamkeiten zu finden; das Trennende überwiegt bei weitem. Es kann dabei aber heute keinem Zweifel mehr unterliegen, welche Bewegung sich weltweit durchgesetzt hat: unverkennbar ist der Trend zur gemäßigten Richtung und zur evolutionären Weiterentwicklung des Strafrechtssystems. Deutlich erkennbar wurde dieser Trend etwa durch die Rückwendung zum Schuldprinzip, wie sie auf dem VIII. Internationalen Kongreß für soziale Verteidigung 1971 in Paris hervortrat (vgl. Jescheck 1972, 303 Fußn. 3). Die Bewegung der neuen Sozialverteidigung im Sinne Ancels läßt sich gewissermaßen als kriminalpolitischer Motor für die Strafrechtsentwicklung begreifen. Blau (in einer Buchbesprechung in GA 1972, 283) spricht von der Lehre Ancels als der „typisch romanischen Frucht eines im übrigen weltweiten Wandels kriminalpolitischer Grundüberzeugungen". Freilich fehlt die Auswertung dieser Grundsätze für die jeweilige Entwicklung des Landesstrafrechts noch weitgehend.

3. Das eigene kriminalpolitische Grundkonzept

3.1. Schuld und Prävention in der Verbrechensbekämpfung

Das Schuldstrafrecht beinhaltet ein persönliches Verantwortlichmachen für eine unrechtmäßige Tat; die eingesetzte Sanktion ist die Strafe, d. h. eine mit einem sozialethischen Vorwurf verbundene Sanktion. Prävention bedeutet geeignete Behandlung zur Eindämmung der Sozialgefährlichkeit; eingesetzt wird hier die Maßregel, d. h. eine auf Besserung oder Sicherung des Straffälligen abzielende Sanktion. Die Vorteile des Schuldstrafrechts liegen darin, daß die Strafe hier objektiv begrenzt und damit die staatliche Macht im Bereich der Strafrechtspflege eingeschränkt ist. Der Täter selbst bestimmt durch Art und Ausführung der Tat die Strafhöhe. Das Schuldprinzip ist so ein Schutzprinzip zugunsten des einzelnen, das sich in seiner Abwehrrichtung gegen den Staat als Inhaber der Strafhoheit richtet. Das Prinzip des persönlichen Verantwortlichmachens betrachtet den Täter nicht als Einwirkungsobjekt, sondern als mündigen Staatsbürger, der für seine Tat einzustehen hat. Dies entspricht dem Menschenbild unserer Verfassungsordnung (vgl. o. § 3 1.).

Die Grenzen des Schuldstrafrechts liegen darin begründet, daß es zum einen unanwendbar gegenüber nicht verantwortlich handelnden Personen ist und sich zum anderen als unzureichend gegenüber hartnäckigen Rechtsbrechern erweist. Wenn man etwa dem Lebensmittelsünder, der unbeeindruckt von den bisher verhängten Strafen verfälschte und gesundheitsschädliche Lebensmittel in den Verkehr bringt, trotz Fruchtlosigkeit der früher verhängten Strafen immer wieder nur die für die Einzeltat angemessene Strafe zudiktiert, dann würde sich das Strafrecht auf Dauer als weitgehend ineffektiv erweisen. Gleiches würde etwa gegenüber dem uneinsichtigen Verkehrssünder gelten, der sich keine Verurteilung zur Warnung dienen läßt. Hier muß sich nun das Strafrecht von der Einzeltatschuld lösen und eine zusätzliche, der Gefährlichkeit solcher Täter entsprechende Sanktion verhängen: im einen Fall Berufsverbot, im anderen Fall Führerscheinentzug.

Aus diesen Beispielen erhellen auch bereits die Vorteile des Maßnahmenrechts. Es ist von vornherein effektbetonter, und seine Zielsetzung (Resozialisierung oder Sicherung) leuchtet in ihrer klaren Zweckhaftigkeit ohne weiteres ein. Es ist auch frei von moralischer Verurteilung; nicht von ungefähr stammen die Vergleiche aus dem Arztrecht: Behandlung, Diagnose, Therapie. Jedoch ist auch das Maßnahmenrecht nicht letztlich wertfrei. Denn wertfrei kann man nicht sanktionieren. Wer gegen gesellschaftsschädliches und gefährliches Verhalten einschreitet, kann sich nicht wertneutral verhalten. Die Nachteile und Grenzen des Maßnahmenrechts liegen zunächst darin, daß es — jedenfalls beim heutigen Stand der einschlägigen Wissenschaften — nicht umfassend realisierbar ist, wobei hier vor allem an das noch weitgehend ungelöste Prognoseproblem zu erinnern ist (vgl. dazu u. 3.36.), das sich bei jeder präventiven Entscheidung unausweichlich stellt. Weiterhin ist aber zu beachten, daß keineswegs jeder Straftäter präventionsbedürftig ist; das gilt auch und gerade für die Resozialisierung. Ein Großteil der Situations- und Gelegenheitstäter bedarf nur eines fühlbaren Denkzettels, ohne daß eine soziale Unangepaßtheit auszugleichen wäre. Schließlich besteht für ein konsequent durchgeführtes Maßnahmenrecht die Gefahr, daß die staatliche Zwecksetzung gegenüber den Individualrechten überbetont wird.

Vergleicht man Vor- und Nachteile beider Reaktionsweisen, so verbleibt in der gegenwärtigen Situation bei realistischer Betrachtung nur die Kombination beider Möglichkeiten: persönliches Verantwortlichmachen, wo es möglich ist, geeignete Behandlung, wo kein Schuldurteil am Platze ist, oder wo die schuldgebundene Reaktion zur Bannung der Sozialschädlichkeit allein nicht ausreicht. Das bedeutet eine Absage an ein einspuriges System und das Bekenntnis zu einem zweispurigen Strafrecht.

Dabei muß auch mit in Rechnung gestellt werden, daß sich in der Realität Strafe und Maßregel nicht so stark voneinander unterscheiden, wie es nach der theoretischen Ausgangsposition zu erwarten wäre. Wenn man heute etwa das Fahrverbot als Nebenstrafe den Strafen und den Führerscheinentzug den Maßregeln zurechnet, so zeigt ein Blick auf die Anwendung, daß die Praxis viel eher dazu neigt, zwischen Fahrverbot und Führerscheinentzug eine durchlaufende Linie zu sehen, die das Fahrverbot gewissermaßen als „kleinen Führerscheinentzug" ausweist.

Die Zweispurigkeit dient letztlich auch der Individualanpassung der Sanktionen, weil damit ein breiter gefächertes Sanktionenspektrum mit zahlreicheren Kombinationsmöglichkeiten zur Verfügung steht (vgl. dazu Maurach 1960, 16 ff.). Strafen und Maßregeln streben ja letztlich das gleiche Ziel an, nämlich beim Täter — sei es über die Verantwortung für die begangene Straftat, sei es über die anläßlich der begangenen Straftaten erkannte Behandlung der Sozialschädlichkeit — weitere Straftaten zu verhindern. Zur Erreichung dieses Zieles sprechen sie aber den straffällig gewordenen Staatsbürger in unterschiedlicher Weise an, indem entweder an die soziale Verantwortung des Täters appelliert oder seine soziale Unangepaßtheit korrigiert wird. Dementsprechend sind für beide Reaktionsmöglichkeiten auch unterschiedliche Begrenzungsprinzipien eingeschaltet: das Schuldprinzip bei der Strafe und das Übermaßverbot bei der Maßregel.

Im Sinne einer möglichst breitgefächerten Einwirkung auf den straffälligen Staatsbürger bietet sich vor allem eine Kombination zwischen Strafe und nichtfreiheitsentziehenden Sanktionen an, um die Wirkungsbreite zu vergrößern. So ist etwa die fühlbare Geldstrafe in Verbindung mit einem Fahrverbot oder Führerscheinentzug eine Sanktion, die auch gegenüber schwereren Verkehrsstraftaten noch die Freiheitsstrafe entbehrlich machen kann. Auch die Strafaussetzung zur Bewährung ist in diesem Sinne eine Sanktion ohne Freiheitsentzug; gerade hier zeigt sich die Notwendigkeit, durch zusätzliche Sanktionen dem Ansporn zur Bewährung Nachdruck zu verleihen. Erweist sich dagegen ein Freiheitsentzug als notwendig, so sollte dann eine einheitliche Einwirkung sichergestellt werden.

In § 42g StGB wird die Konkurrenz zwischen einer Freiheitsstrafe und einer gleichzeitig angeordneten Unterbringung dadurch geregelt, daß zunächst die Freiheitsstrafe vollzogen und nach deren Ende geprüft wird, ob der Zweck der Maßregel die Unterbringung noch erfordert. § 67 (2. StrRG) trifft eine sehr differenzierte Regelung, die sowohl den Vollzug der Maßregel vor der Strafe als auch umgekehrt den Vollzug der Strafe vor der Maßregel nach der Wahl des Gerichts vorsieht. Aber auch § 67 ist keine endgültig befriedigende Lösung; der gesamte Problemkreis bedürfte einer eingehenden empirischen und dogmatischen Untersuchung.

3.2. Der kriminalpolitische Aktionsrahmen

Diese Überlegungen zur Zweispurigkeit schlagen bereits eine Brücke zur Lehre der neuen Sozialverteidigung im Sinne Ancels. Hier wie dort wird

die Ablehnung zweier Extrempositionen deutlich: ein bloßes Vergeltungsstrafrecht ist ebensowenig kriminalpolitisch erstrebenswert wie die soziale
Verteidigung i. S. Grammaticas. Das Vergeltungsdenken ist kriminalpolitisch steril; es sieht gewissermaßen die Strafe als bloße Automatik auf die
Unrechtstat. Es verkennt die sozialgestaltende Funktion der Strafrechtspflege (vgl. Dreher § 13 Anm. 3 B c: Strafzumessung als „sozialer Gestaltungsakt"). Die Sozialverteidigung i. S. Grammaticas betont dagegen umgekehrt völlig einseitig die „Sozialpflichtigkeit" des einzelnen und ordnet
dessen Belange einseitig dem staatlichen Interesse an Sozialkonformität
unter. Mit der Eliminierung der persönlichen Verantwortung für unrecht-
mäßiges Verhalten und seiner Ablösung durch die therapeutische Einwirkung
auf die subjektive Antisozialität verfehlt sie die personale Seite des Strafvorgangs.

Das Unbehagen über das Vergeltungsstrafrecht ist heute weit verbreitet (vgl.
Brauneck MschrKrim 1963, 201; Nowakowski 1957, 84: Geschichte des Strafrechts
als „ständiger Rückzug des Vergeltungsgedankens"; Ancel 1956, 54; Grünwald
ZStW 82, 252; Stratenwerth 1971, 16 f.); zur Abgrenzung zwischen Schuld und
Vergeltung vgl. Arth. Kaufmann JZ 1967, 556 und Verf. 1969, 53 f. Auch die Sozialverteidigung i. S. Grammaticas wird in der BRD fast allgemein abgelehnt (vgl.
bes. H. Kaufmann 1963, 423 ff. und Lange 1970, 32 f.).

Scheiden diese Extrempositionen aus der kriminalpolitischen Gegenwarts-
diskussion aus, so stellt sich die Frage, ob sich ein „geläutertes" Schuldstrafrecht (Maurach 1960, 14) und eine gemäßigte Sozialverteidigung i. S.
Ancels zu einem gemeinsamen kriminalpolitischen Aktionsprogramm zusammenfinden können. Zwar mag eine solche Mittlerrolle nicht dankbar
sein, weil sie die Gefahr des „Zwischen-die-Stühle-Setzens" enthält (vgl.
Ancel 1970, 8); sie ist jedoch geboten, da jede unnötige Differenz die kriminalpolitische Arbeit nur belastet und aufhält. Ist ein gemeinsamer Aktionsrahmen vorhanden, so muß er ausgenützt werden. Der Streit um Grundsätze, der nicht entschieden werden konnte, hat die kriminalpolitische Arbeit
in Deutschland stark behindert. Man hat dabei vergessen, das Gemeinsame
auf eine kriminalpolitische Basis hin zusammenzufassen, um auf diesem
— durchaus tragfähigen — Fundament praktische Kriminalpolitik zu trei-
ben. Hier könnte nun durchaus von den Ideen der neuen Sozialverteidigung
eine wirksame „Initialzündung" ausgehen.

Das dabei vorausgesetzte gemeinsame Fundament besteht in dem Bekenntnis zu exakt festgelegten Straftatbeständen, die Träger der rechtsstaatlichen Garantiefunktion sein können und den betroffenen Staatsbürger
vor dem Betreten der Strafzone warnen sollen. Jede staatliche Sanktion im
Bereich der Strafrechtspflege knüpft an die persönliche Verantwortung des
Staatsbürgers an. Zur Ergänzung dienen rein präventionsgerichtete Maßnahmen, wo schuldadäquate Strafen nicht ausreichen oder nicht möglich
sind. An der Aufgabe der Verbrechensbekämpfung werden die eingesetzten
Sanktionen gemessen, deren Weiterentwicklung und ständige Verbesserung
gemeinsame Aufgabe von Kriminalpolitik, Kriminologie und Strafrechtsdogmatik ist. Diese Gesichtspunkte sollen im folgenden näher beleuchtet
werden.

3.3. Die Bausteine des kriminalpolitischen Konzepts im einzelnen

3.31. Betonung und Weckung der sozialen Verantwortlichkeit als Sanktionsziel

Ziel der staatlichen Strafrechtspflege ist die Kontrolle des Verbrechens zur Friedenssicherung in der Gesellschaft (vgl. Jescheck ZStW 71, 2). Dieses Ziel läßt sich am besten dadurch erreichen, daß man an die Verantwortung des mündigen Staatsbürgers in der Gesellschaft appelliert und ihm diese Verantwortung durch jeden Akt der staatlichen Strafrechtspflege deutlich zu Bewußtsein führt (vgl. Hellmer MSchrKrim 1963, 104). Denn nur wenn man dem einzelnen als Mitglied der Gemeinschaft soziale Verantwortung auferlegt und zubilligt, läßt sich ein organisiertes Zusammenleben aufbauen. § 2 des Entwurfes zu einem Strafvollzugsgesetz legt deshalb zu Recht als Behandlungsziel fest: „Im Vollzug der Freiheitsstrafe soll der Gefangene fähig werden, künftig in sozialer Verantwortung ein Leben ohne Straftaten zu führen". In diesem Dienst steht allerdings das gesamte Strafverfahren, nicht nur der Strafvollzug (so mit Recht Kaiser 1972, 78). In diesem Sinne mißt der Schuldvorwurf das soziale Verhalten des Täters an den rechtlichen Normen der Gemeinschaft; ist der Täter durch diese Normen ansprechbar, so rechnen wir ihm sein Verhalten zur sozialen Verantwortung zu: wir machen ihm den Vorwurf, daß er die ihm möglichen Verhaltenserwartungen der Gemeinschaft nicht erfüllt hat. Freilich kann ein solcher Vorwurf nur gegenüber dem in der konkreten Handlungssituation zur sozialen Verantwortung fähigen Täter erhoben werden (vgl. Brauneck MSchrKrim 1963, 200). Ein solches rechtliches Schuldurteil unterscheidet sich deutlich von individualethischer oder religiöser Schuld. Es ist ein „unmittelbarer Appell an die Selbstverantwortung" (Brauneck aaO 199) im Interesse der Aufrechterhaltung der Lebensbedingungen aller in der Gemeinschaft verbundenen Rechtsgenossen (vgl. dazu bes. Ancel MSchrKrim 1956, 55; Nowakowski 1957, 79; Jescheck ÖJZ 1971, 9; Grünwald ZStW 82, 252; Kaiser 1972, 87). Je höher die Zivilisationsdichte wird, desto höhere Anforderungen müssen an die soziale Verantwortung gestellt werden. „Der heutige Entwicklungsstand der Technik und des Bewußtseins erlaubt, ja erzwingt geradezu die neue Zurkenntnisnahme der alten Tatsachen, die zur Ausweitung der menschlichen Handlungs- und Verantwortungsdimension führen muß" (Hacker 1971, 83).

Ist die Annahme der sozialen Verantwortlichkeit des mündigen Staatsbürgers aber mit den Ergebnissen der Kriminologie vereinbar? Hier hat nun die kriminologische Forschung eine entscheidende Wandlung durchgemacht. Sicher ist sie zunächst zumeist mit dem Anspruch betrieben worden, aus den kriminalätiologischen Forschungen den Nachweis für die exakte naturwissenschaftliche Kausalität einzelner Verbrechensursachen erbringen zu können. Heute aber gilt das Wort von Pinatel (1964, 221): „Wenig Kriminologie entfernt von der Verantwortlichkeit, viel Kriminologie führt wieder auf sie zurück". Die Einbeziehung der menschlichen Individualität in die kriminalätiologische Betrachtung findet sich schon vorgezeichnet bei Mezger (1942, 245). Die heutige Kriminologie bringt die Wandlung klar dadurch zum Ausdruck, daß statt von Kausalität von „Entstehungszusammenhängen" gesprochen wird (vgl. bes. H. Kaufmann 1971, 15 f. und Göppinger 1971, 60). Auch die Kriminologie und Kriminalpolitik der Sowjetunion und ihr folgend der meisten anderen Ostblockstaaten haben diese Wendung mitvollzogen. „Es liegt auf der Hand, daß die von der Sowjetkriminologie vollzogene Anerkennung des Menschen als eines vernunftbegabten, steuerungsfähigen Wesens auch zur Bejahung seiner strafrechtlichen Verantwortlichkeit i. S. eines Einstehenmüssens für seine unwertigen Handlungen und zu einer Wandlung der Auffassungen über das Wesen der Strafe führt" (Maurach 1972, 11; ebenso Lange 1970, 33; bes. deutlich Art. 2 der Grundsätze des StGB-DDR).

Das Wesen dieser persönlichen Verantwortung jedes einzelnen für die Ermöglichung des Zusammenlebens läßt sich am besten zusammenfassen mit den Worten, die Solschenizyn in seinem Roman „August Vierzehn" (Luchterhand Verlag 1972, 682) die Geschichtsprofessorin Andoserskaja sagen läßt: „So wäre es, wenn das Leben der Persönlichkeit tatsächlich durch die empirische Umwelt bestimmt wäre. Das wäre auch das einfachste: die Schuld läge immer bei der Umwelt, man brauchte lediglich die Umwelt zu verändern. Aber außer der Umwelt gibt es noch eine geistige Tradition, hunderte von Traditionen! Und außerdem gibt es das geistige Leben des EINZELNEN[1] Menschen, und darum, selbst im Widerspruch zur Umgebung, die PERSÖNLICHE[1] Verantwortung dieses einzelnen für das, was er tut und was die anderen in seiner Gegenwart tun." [[1] Hervorhebungen im Originaltext]

3.32 Strafgesetz und Garantiefunktion

Bereits bei der Auseinandersetzung mit der Lehre Grammaticas hat sich als rechtsstaatliche Grundforderung ergeben, daß möglichst exakt umschriebene Straftatbestände unverzichtbar sind (vgl. Lange 1952, 11 und 1970, 28; Mergen 1961, 59). Diese Forderung steht zwar auch im Dienste der General- und Individualprävention. Denn nur wenn dem Staatsbürger die Strafzone klar und unmißverständlich vor Augen geführt wird, können die Straftatbestände ihre Warn- und Appellfunktion entfalten. Auch für die Individualprävention ist die Straftatbestandserfüllung der Schlüssel zur Ansprechbarkeit des Täters und zugleich die Schranke für die Prävention (vgl. dazu näher u. § 7 2.11.). Entscheidend für die rechtsstaatliche Absicherung in der Strafrechtspflege ist aber die Garantiefunktion in ihren vier Teilfunktionen: Analogieverbot, Rückwirkungsverbot, Vorbehalt des Gesetzes und Tatbestandsbestimmtheit der Strafnormen (vgl. Maurach 1971, 107 und Jescheck 1972, 100). Dabei handelt es sich letztlich um einen speziellen Anwendungsfall des allgemeinen verfassungsrechtlichen Grundsatzes, daß belastende Staatseingriffe in die Individualsphäre berechenbar und vorhersehbar sein müssen (vgl. Maurach 1971, 106; zur geschichtlichen Entwicklung vgl. bes. Jescheck 1972, 103 ff.). Die Einzelfragen der Garantiefunktion sind in den Lehrbüchern des Allgemeinen Teils des Strafrechts ausführlich behandelt (vgl. bes. Jescheck 1972, 99 ff. u. Maurach 1971, 105 ff.); hier ist nur nochmals auf die kriminalpolitische Bedeutung der strafrechtlichen Legalordnung hinzuweisen.

Was ein Sanktionsrecht ohne fest fixierte Straftatbestände wirklich bedeuten würde, hat uns die Phantasie des Dichters ausgemalt: Kafka („Der Prozeß") in der beklemmenden Schilderung der Situation eines Mannes, der nicht weiß, was ihm eigentlich zum Vorwurf gemacht wird, und Orwell („1984"), der in dem utopischen Roman u. a. schildert, was es für das Verhalten des Menschen bedeutet, wenn der Bereich des Verbotenen nicht durch Gesetze oder andere exakte Verhaltensvorschriften festgelegt ist.

Wer die Straftatbestände abschaffen wollte, würde die ganze mühsam erkämpfte rechtsstaatlich-liberale Tradition des Strafrechts preisgeben, ohne dafür — etwa unter sozialstaatlichem Aspekt — irgend einen Gewinn verbuchen zu können. Mit dem Festhalten an genau umschriebenen Straftatbeständen ist auch der Platz der Strafrechtsdogmatik im kriminalpolitischen Gesamtkonzept unverrückbar festgelegt; denn die Straftatbestände müssen dann zum Zwecke einer gleichmäßigen Anwendung durch die Strafrechtsdogmatik aufbereitet und vor allem durch gemeinsame Grundregeln als systematische Einheit ausgewiesen werden. Die Probleme der Schaffung der Straftatbestände und damit der Abgrenzung der Strafzone vom straffreien Raum werden im einzelnen u. § 5 behandelt.

Damit die Straftatbestände voll ihre Funktionen entfalten können, ist Voraussetzung, daß der Staatsbürger auch die Straftatbestände kennt. Dies trifft jedoch heute allenfalls für den Bereich des Kernstrafrechts zu, während vor allem im Nebenstrafrecht diese Kenntnis auch vom gewissenhaften Staatsbürger nicht mehr umfassend erwartet werden kann (vgl. dazu vor allem Tiedemann 1969). Hattenhauer (1971, 153) stellt hier zu Recht fest: „Der Anspruch des Staates und die Erwartung des Bürgers, daß jeder sein Strafrecht kennen könne und müsse, wurde zur Fiktion."

3.33. Die Problematik eines „Tat-Täterstrafrechts"

Solange die Strafe im Sinne der Tatvergeltung nur den Schuldausgleich für die unrechtmäßige Tat darstellte, bestand eine durchgehende Verbindungslinie zwischen dem Straftatbestand und der Deliktsfolgenseite. Seit die Strafe aber auch als sozialer Gestaltungsakt eine möglichst effiziente Präventiveinwirkung auf den Straffälligen erstrebt, klaffen Tatbestands- und Rechtsfolgenseite zwangsläufig auseinander. Unvermeidbare Folge ist die Mischfigur des „Tat-Täterstrafrechts" (Lange 1970, 23). Rein durchführen ließen sich ein Tatstrafrecht ohne Berücksichtigung der Präventionsbedürfnisse und auch ein reines Präventionsrecht (etwa i. S. Grammaticas) ohne Straftatbestände. Wer weder die Vorzüge des Straftatsystems in rechtsstaatlicher Hinsicht preisgeben, noch auf die möglichste Befriedigung der Präventionserfordernisse verzichten will, ist im Bereich der Deliktsfolgen zum Kompromiß verurteilt.

Dabei soll die Darstellung des Strafzumessungsvorganges im einzelnen, insbesondere das Zusammenwirken von Schuld, General- und Individualprävention erst u. § 7 2.11. näher behandelt werden; hier geht es zunächst nur um die grundsätzlichen Probleme der Rechtsfolgenseite in einem Straftatsystem.

Hält man es allgemein für erforderlich, Schuld u n d Prävention auf der Deliktsfolgenseite auszugleichen (und Alternativen sind außer der abgelehnten Tatvergeltung bzw. reinen Sozialverteidigung Grammaticas nicht ersichtlich), so muß man sich der damit geschaffenen Antinomie innerhalb des Strafzumessungsvorganges bewußt sein (Stratenwerth 1972, 25 spricht zu Recht von zwei verschiedenen „Koordinatensystemen") und mit ihr fertigzuwerden versuchen (vgl. dazu u. § 7 2.11.). Im vorliegenden Zusammenhang zunächst wichtiger ist das dann „gespaltene" Verhältnis zur Tatbestandsseite. Die Schuldwertung der konkreten Tat muß in Bezug zum Strafrahmen vorgenommen werden (vgl. dazu näher Verf. 1969, 78 ff.); die Bestimmung des konkreten Unrechts der Tathandlung ergibt sich aus dem Straftatbestand. Dagegen haben Präventionsgesichtspunkte nichts mit unseren heutigen Straftatbeständen zu tun. Die Straftatbestände erfassen unrechtmäßige, für sozialschädlich angesehene Handlungen. Die Präventionsbedürftigkeit und Präventionszugänglichkeit des Täters ist in ihnen nicht angesprochen. Wie der konkrete Täter präventiv zu behandeln ist, ist im verletzten Straftatbestand in keiner Weise vorgezeichnet. Daraus ergibt sich ein Bruch bei der Strafzumessungstätigkeit; die Straftatbestände schlagen nur auf die Schuldwertung der konkreten Tat durch. Die Konsequenzen daraus sind eine klare Trennung zwischen Schuld und Prävention bei der Strafzumessung (Stratenwerth 1972, 15 Fußn. 47; eingehend dazu bereits Verf. 1969, 23 ff.) und die Regelungsbedürftigkeit des Verhältnisses von Schuld und Prävention im Strafzumessungsvorgang (vgl. dazu eingehend u. § 7 2.11.). Das „Tat-Täterstrafrecht" stellt damit also letztlich für den Bereich der Strafzumessung die Forderung, rechtsstaatliche und sozialgestaltende Elemente im Strafzumessungsvorgang auszugleichen.

3.34 Die Individualanpassung der eingesetzten Sanktionen

Aus der heute wohl allgemein anerkannten Täterkomponente bei der Deliktsfolgenbestimmung leitet sich die Forderung nach möglichster Individualanpassung der eingesetzten Sanktionen ab: sie sollen dem Täter gleichsam maßgeschneidert werden. Ist dieses Postulat auch weitgehend gebilligt, so stecken darin doch schwierige Einzelprobleme. Um eine Sanktion optimal an den Einzelfall anpassen zu können, muß es zunächst eine ausreichende Anzahl von Sanktionen und von Kombinationsmöglichkeiten unter ihnen geben. Je kärglicher ein Sanktionensystem ist, desto weniger kann es die Individualanpassung verwirklichen. Hier liegt nun eine große Schwierigkeit für unsere Strafrechtspflege; unser Sanktionensystem und ganz besonders das Strafensystem ist im Grunde nicht weit genug gefächert. Unsere einzigen Hauptstrafen sind Freiheitsstrafe und Geldstrafe; ein Strafzugriff auf andere Rechtsgüter — von den Nebenstrafen einmal abgesehen, von denen aber nur das Fahrverbot (§ 37 StGB) größere praktische Bedeutung hat — ist im geltenden Recht nicht möglich. Bei den Maßregeln der Sicherung und Besserung bietet sich auf den ersten Blick jedenfalls ein erfreulicheres Bild dar. Alle freiheitsentziehenden Maßregeln betreffen aber letztlich auch wieder dasselbe Rechtsgut; und die Maßregeln nicht freiheitsentziehender Art beschränken sich im wesentlichen auf die Untersagung der Berufsausübung und die Entziehung der Fahrerlaubnis. Damit verfügen wir über eine sehr beschränkte Anzahl von Sanktionen, die sich auch nur zum Teil untereinander kombinieren lassen. Ein Blick in andere Strafrechtsordnungen zeigt aber auch, daß dies nicht auf einen Mangel an Einfallsreichtum beim nationalen Gesetzgeber zurückgeht, sondern eine allgemeine Mangelerscheinung der Kriminalpolitik ist.

Die Darstellung der Strafen und Maßregeln im einzelnen ist traditionellerweise Aufgabe der Lehrbücher des Allgemeinen Teils des Strafrechts. Hier muß schon aus Raumgründen darauf verwiesen werden, insbesondere auf die umfassende Darstellung der Rechtsfolgen der Straftat bei Maurach 1971, III. Teil, 794 ff. und bei Jescheck 1972, 3. Hauptteil, 565 ff.; zu den Rechtsfolgen der Tat nach den §§ 38 ff. 2. StrRG vgl. auch einen für Anfang 1974 in der JuS vorgesehenen Beitrag des Verf.

Begrenzen so schon die vom Staat zur Verfügung gestellten Sanktionsmittel die Individualanpassung, so ist die nächste Schwierigkeit beim Straftäter selbst begründet. Die Individualanpassung setzt eine genaue Kenntnis der Präventionsbedürftigkeit und der Sanktionszugänglichkeit voraus. Dies wiederum verlangt eine exakte ätiologische Diagnose und eine therapeutische Prognose. Beide aber stecken heute zweifellos noch in den Kinderschuhen. Kann man aber beim Täter nicht genau Maß nehmen, dann paßt auch die zugemessene Sanktion nicht richtig (vgl. näher zur Prognose u. 3.36). Selbst wenn aber die damit angesprochene Persönlichkeitsbeurteilung von der empirischen Seite her vollkommen möglich wäre, blieben rechtliche Grenzen zu beachten. Das Prinzip der Individualanpassung würde in konsequenter Durchführung nur allzuleicht dazu führen können, daß die Strafzumessung zu einer umfassenden Abrechnung mit der bisherigen (und zukünftig erwarteten) Lebensgestaltung des Täters würde. Das Prinzip der Individualanpassung muß deshalb mit anderen Grundsätzen der Strafrechtspflege koordiniert werden, besonders mit dem Tatschuldprinzip (vgl. Würtenberger 1959, 98) und mit dem Grundsatz möglichst gleichmäßiger Strafzumessung (vgl. Würtenberger aaO 97).

Tätertypologien sind für die Individualanpassung keine echte Hilfe, sondern allenfalls eine ganz grobe Klassifikationslinie, die eher das Problem der Individualanpassung verschleiert als löst; jede Schematisierung ist hier gerade nicht sachgerecht.

3.35. Die Resozialisierung

Wer die Reformdiskussion im Bereich des Strafrechts in den letzten Jahren überblickt, stößt allenthalben auf den Begriff der Resozialisierung, der wie ein roter Faden die meisten Beiträge durchzieht. So sehr das Ziel, den straffällig gewordenen Staatsbürger wieder in die Gemeinschaft zurückzuführen und ihn zum Leben in der Gemeinschaft fähig zu machen, in seiner Zielsetzung einleuchtet und zutiefst humanitäres Gedankengut ausdrückt, darf doch nicht die grundsätzliche Problematik jeder resozialisierenden Einflußnahme auf Straftäter übersehen werden. Zunächst stellt sich die Frage, ob der Staat überhaupt auf einen straffällig gewordenen Staatsbürger so intensiv einwirken darf, wie es erfolgversprechende Resozialisierungsbemühungen verlangen. Die klassische Strafrechtstheorie von Kant und Feuerbach lehnte ein solches Recht des Staates kategorisch ab; sie sah einen solchen Eingriff in die sittliche Persönlichkeit als eine „Versündigung an der Idee des Menschlichen" an (vgl. Mergen 1961, 40). Diese Auffassung steht in einem starken Gegensatz zu der heutigen Resozialisierungsidee. Man darf es heute als wohl allgemeine Auffassung betrachten, daß der Staat — selbstverständlich aber nur im Rahmen der Schuld — spezialpräventiv auf den Rechtsbrecher einwirken darf, auch und gerade mit dem Ziele seiner Resozialisierung.

Dabei darf aber nicht übersehen werden, welche Gefahr in der Anpassung an eine Sozialordnung steckt, die selbst nicht in Ordnung ist.

Der Zusammenhang zwischen dem Strafzweck der Resozialisierung und der Frage nach der richtigen Sozialordnung, an die angepaßt werden soll, wird heute auch durchaus gesehen (vgl. Runde 1971, 121). Denn die Resozialisierung kann nur dann einen Sinn haben, wenn die Gesellschaft selbst in Ordnung ist; die Anpassung an eine nicht intakte Gesellschaft wäre abwegig. Richtig gesehen ist hier der Zusammenhang zwischen der Frage der sozialen Anpassung und der Frage der richtigen Sozialordnung; aber das Problem wird nicht innerhalb der Resozialisierung, sondern in einer früheren Stufe gelöst. Nur ein von dem anerkannten (verfassungsrechtlich legitimierten) Normensystem abweichendes Verhalten wirft die Resozialisierungsproblematik auf. Die Gestaltung der Rechts- und Sozialordnung ist nicht über das Strafrecht vorzunehmen (vgl. o. § 3 4.), sondern eine eigene primäre Sachaufgabe: das Strafrecht schützt seinerseits — einschließlich der Zielsetzung der Resozialisierung — die als richtig erkannte Sozialordnung. Das Strafrecht ist nicht der Hebel der Sozialreform, sondern der Schild der Sozialordnung.

Auch wenn man die Resozialisierung damit von der Frage der richtigen Sozialordnung befreit hat, bleiben genug Probleme übrig. Das erste betrifft die Frage nach dem Resozialisierungsziel. Hier ist es relativ einfach, eine negative Bestimmung (vgl. § 2 des Entwurfs eines Strafvollzugsgesetzes: „künftig in sozialer Verantwortung ein Leben ohne Straftaten zu führen") zu geben; aber man muß sich darüber in klaren sein, daß damit nur das Behandlungsziel, nicht aber der Behandlungsweg angesprochen ist. Vor allem aber ist in der pluralistischen Gesellschaft das Problem der nebeneinander bestehenden Werthaltungen (z. B. zur konkreten Frage der Arbeitsauffassung) zu beachten; die eigene Lebensentscheidung kann auch dem straffällig Gewordenen nicht über die resozialisierende Behandlung abgenommen werden. Die Resozialisierung ist damit die freie Leistung des Straffälligen, die nicht erzwingbar ist (vgl. Arth. Kaufmann JZ 1967, 557). Daraus folgt der unlösbare Zusammenhang zwischen Resozialisierung und Verantwortung. Die Aktivierung der sozialen Verantwortung ist wesentlicher Bestandteil der Resozialisierung.

Die Aussagen von Wilhelm (1968, 138) allgemein zur Erziehung sind auch hier gültig: „Wenn der Erzieher das Feld der mitmenschlichen Beziehungen betrachtet und sich fragt, was geschehen könne und müsse, damit das Zusammenleben der Menschen in Frieden und Würde möglich sei, fließen alle seine Erwägungen und Einsichten auf den einen Punkt E r z i e h u n g z u r V e r a n t w o r t u n g zusammen."

Ist damit Resozialisierung nur unter Mitwirkung des Behandelten denkbar (und andernfalls wäre sie auch höchstens eine Dressur), so stellt sich das Problem der Mitwirkungsbereitschaft. Ob diese zu erzwingen ist, wie es § 4 des Entwurfes des Strafvollzugsgesetzes offenbar annimmt („der Gefangene hat daran mitzuwirken, das Behandlungsziel zu erreichen"), ist unter pädagogischen Gesichtspunkten höchst zweifelhaft. Aber auch wenn der Gefangene zur Mitwirkung bereit ist, stellt sich weiterhin das Problem der

Realisierung. Zwar ist der gesicherte Platz der Resozialisierung in der Dogmatik der Strafzumessungslehre außer Frage, woran es aber fehlt, sind empirisch abgesicherte Resozialisierungsprogramme, die dieses Ziel erreichen können. Es fehlen sowohl bezüglich der Einzel- wie auch der Gruppentherapie die empirisch gewonnenen Forschungsergebnisse, an denen ein systematisches therapeutisches Bemühen in der Strafvollzugspraxis ansetzen könnte.

Die gegenwärtige Situation jedenfalls kennzeichnet hier die pessimistische Äußerung von Stratenwerth (1972, 21): „Angemessene therapeutische Bemühungen finden im Strafvollzug — außer in statistisch nicht relevanten Einzelfällen — vorerst nicht statt, sie wären teilweise nach dem Stande unseres Wissens auch theoretisch nicht möglich, und sie werden im künftigen Strafrecht allenfalls in Gestalt des Maßregelvollzugs in der sozialtherapeutischen Anstalt anzutreffen sein."

Dieses kritische Bild, das hier von der Resozialisierung gezeichnet wird, will keineswegs die Richtigkeit der Zielsetzung in Frage stellen, sondern ganz im Gegenteil zu verstärkten empirischen Bemühungen auf diesem Gebiet anspornen. Ganz klar muß aber gesehen werden: Wer heute die praktische Kriminalpolitik ausschließlich auf dem Gedanken der Resozialisierung aufbauen wollte, würde ein Fundament zugrunde legen, das einer solchen Belastung (noch) nicht gewachsen wäre.

3.36. Das Prognoseproblem

Sowohl die allgemeine Frage der Individualanpassung der Sanktionen, als auch das spezielle Problem der Resozialisierung haben deutlich gemacht, daß die Praxis der Deliktsfolgenbestimmung stark von Prognoseentscheidungen abhängt, ja mit ihnen steht und fällt. Um so schmerzlicher ist es, daß in diesem Bereich die empirischen Forschungen dem Strafrecht noch keine voll verwendbaren Ergebnisse zur Verfügung stellen können. Die Dogmatik ist bei der Prognose den gesicherten erfahrungswissenschaftlichen Aussagen vorausgeeilt; es hat keinen Sinn, den derzeitigen Abstand noch vergrößern zu wollen. Vielmehr muß in der heutigen Situation zunächst der Ertrag der zukünftigen kriminologischen Forschung abgewartet werden.

Unter Prognose ist hier immer nur die Täterindividualprognose zu verstehen. Es geht dabei nur um die Frage, wie die künftige Legalbewährung des Täters mit den strafrechtlichen Sanktionsmitteln am aussichtsreichsten angestrebt werden kann, nicht um eine allgemeine „Lebenswegprognose" (W. Mollenhauer 1964, 188). Dabei sind die Bewährungsprognose (§ 23 Abs. 1 StGB) und die Entlassungsprognose (§ 26 Abs. 1 Nr. 2 StGB) nur die markantesten Unterfälle der Prognoseentscheidung. § 13 Abs. 1 S. 2 StGB stellt klar, daß heute bei jeder Strafzumessungsentscheidung eine Prognose vom Richter verlangt wird; gleiches gilt für die Verhängung der Maßregeln der Sicherung und Besserung. Die Prognose ist ihrem Wesen nach eine Wahrscheinlichkeitsaussage über künftiges Geschehen, insbesondere zukünftiges menschliches Verhalten. Die kriminologische Forschung unterscheidet heute besonders zwischen intuitiver, klinischer und statistischer Prognose (vgl. eingehend Göppinger 1971, 233 ff. und Wolff 1971).

Wenn man aus der Prognoseproblematik auch die Fragen der Vereinbarkeit mit dem Schuldstrafrecht und der Willensfreiheit ebenso ausklammert wie das Problem des Rückkoppelungseffekts („self-fulfilling prophecy" i. S. Robert Mertons), so konzentriert sich die Frage der Verwertbarkeit der kriminologischen Forschung für die praktische Strafrechtspflege hier vor allem auf die statistischen Prognosetafeln. Schon § 261 StPO, der auch für die Deliktsfolgenseite gilt (Kleinknecht § 261 Anm. 8 A), schließt es aus, statistische Prognosewerte ohne die volle richterliche Überzeugung auf einen konkreten Fall anzuwenden; Prognosetafeln können nur die Funktion eines Hilfsmittels im Rahmen der richterlichen Überzeugungsbildung haben, d. h. sie können die intuitive richterliche Prognose stützen oder erschüttern (im letzteren Falle könnte dann eine klinische Prognose die Klärung bringen). Jedenfalls beim derzeitigen Stand der statistischen Prognoseforschung gibt es keinen abgesicherten wissenschaftlichen Erfahrungssatz des Inhalts, daß der Richter gegen einen allgemein anerkannten wissenschaftlichen Grundsatz verstoßen würde, wenn er nicht den bei Anwendung einer Prognosetabelle sich ergebenden Wert auf die konkrete Entscheidung durchschlagen läßt. Auch der Grundsatz „in dubio pro reo" hilft bei der Prognoseentscheidung letztlich nicht sachgerecht weiter, wohl aber unter Umständen die Fassung des Gesetzes: so ist bei § 14 bei Zweifeln über die Prognose Geldstrafe zu verhängen (Dreher § 14 Anm. 2 C), in § 23 dagegen die Freiheitsstrafe nicht auszusetzen (Dreher § 23 Anm. 4 m. Nachw.).

Der heutige Stand der Prognoseforschung mahnt jedenfalls zur Bescheidenheit. Eine Ausdehnung der Prognose bei bestimmten prädeliktischen Verhaltensweisen und Belastungen erscheint zumindest derzeit kriminalpolitisch verfehlt, solange die Prognosestellung insgesamt ohnehin einen neuralgischen Punkt im Rahmen der Deliktsfolgenbestimmung darstellt.

Auch das Prognoseproblem unterstreicht damit das zu ziehende Fazit: die Schwäche unseres Strafrechts liegt auf der Sanktionenseite, wo noch viele Probleme sowohl im normativen Bereich (hier z. B. der systematische Aufbau eines „Tat-Täterstrafrechts") wie auch besonders im empirischen Bereich (bes. Prognose und empirisch abgesicherte Resozialisierungsverfahren) ungelöst sind. Derzeit jedenfalls gilt, daß wir auf der Deliktsfolgenseite die rechtsstaatliche Absicherung der staatlichen Strafhoheit ungleich besser im Griff haben als die sozialgestaltende Funktion der Individualprävention, wo ein großer Nachholbedarf zu decken ist. Auch hier bestätigt sich im Detail, was als allgemeine Erfahrung unserer Rechtsordnung bereits herausgestellt wurde (vgl. o. § 2 1.2.): die rechtsstaatliche Tradition ist fester Bestandteil unserer heutigen Ordnung, die sozialstaatliche Gestaltungsaufgabe ist die an uns gerichtete Zukunftsaufgabe.

§ 5 Die Festlegung des strafbaren Verhaltens

Der Zugang zu Wesen und Bedeutung des Verbrechens ergibt sich wohl am klarsten vom Komplex der Normensetzung und Normenbefolgung her. Jede Straftat setzt die Übertretung einer Norm voraus, die strafrechtliche Sanktionen vorsieht. Der Umfang der Kriminalität hängt deshalb entscheidend vom Bestand und der Ausgestaltung der Strafnormen ab. Ein Grundanliegen jeder Kriminalpolitik muß daher das Abstecken der Strafzone sein.

1. Die Normabhängigkeit des Verbrechensbegriffes

1.1. Das Fehlen eines natürlichen Verbrechensbegriffes

Die Suche nach einem von der jeweiligen nationalen Rechtsordnung unabhängigen Verbrechensbegriff hat in der Kriminologie seit jeher eine große Rolle gespielt. Das Interesse der Kriminologie an einem solchen absoluten Verbrechensbegriff liegt auf der Hand. Kriminologische Forschungen überwinden dann wesentlich leichter die Barrieren der nationalen Rechtsordnung und sind international besser koordinierbar und vergleichbar. Vor allem aber empfängt dann die Kriminologie ihren Forschungsgegenstand nicht aus der Hand der jeweiligen Rechtsordnung, sondern ist davon unabhängig; deshalb haben sich die verständlichen Autarkiebestrebungen der Kriminologie gerade auch immer am Verbrechensbegriff entzündet.

Das Problem tauchte in der Geschichte der Kriminologie auf, als sich die anthropologisch-biologische Sicht bei Lombroso zu einer soziologischen Betrachtungsweise änderte. Klar erkannt und formuliert wurde das Problem von Garofalo (in seiner „Criminologia", 1. Aufl. 1885, 3 f.; vgl. dazu näher Verf. MDR 1969, 889 f.). Garofalo wollte die Kriminologie aus der Abhängigkeit von den unterschiedlichen nationalen Strafrechtsordnungen lösen und suchte deshalb nach einem zeit- und ortsunabhängigen Begriff des Verbrechens. Er fand ihn in dem berühmten „natürlichen Verbrechen". Jedoch ließ sich ein solcher absoluter Verbrechensbegriff weder empirisch nachweisen, noch logisch begründen. Deshalb wurde in der Folgezeit (schon bei Ferri, Das Verbrechen als soziale Erscheinung, 1896) der absolute Verbrechensbegriff von Garofalo relativiert und an die jeweiligen Existenzbedingungen der Rechtsgemeinschaft angepaßt.

Ein weiterer Versuch, den Verbrechensbegriff unabhängig von einer normativen Betrachtungsweise und damit möglichst wertfrei zu bestimmen, findet sich in der amerikanischen Kriminalsoziologie. Indem man von der Kategorie des „abweichenden Verhaltens" ausgeht, glaubt man dem Problem der Wert- bzw. Normwidrigkeit enthoben zu sein. Den Begriff „abweichend" bestimmt man danach, daß sich das Verhalten von den anerkannten Verhaltensmustern und Rollenerwartungen unterscheidet (vgl. H. Kaufmann 1971, 145 f.). Zwar ist zuzugeben, daß man den Begriff „abweichend" zunächst rein quantitativ gewissermaßen nach der statistischen Häufigkeit feststellen kann (Kaiser 1972, 42). Jedoch ist damit allenfalls eine Meßeinheit für größere oder geringere Sozialkonformität gefunden, nicht aber der Weg zur Bestimmung des Verbrechens geebnet. Denn es gibt sowohl positive wie negative Abweichung (H. Kaufmann 1971, 145). Die Scheidung in positiv oder negativ verlangt aber bereits eindeutig eine wertende Stellungnahme. Außerdem ist es aber auch augenscheinlich, daß man keinesfalls jede Abweichung bereits als so sozialschädlich ansehen kann, daß der Staat darauf mit Sanktionen reagieren müßte. Bei der zwangsläufig zu stellenden Frage, welches abweichende Verhalten man als so sozialschädlich ansehen will, daß darauf Sanktionen i. S. des Konformitätsdruckes eingesetzt werden müssen, betritt man ohne allen Zweifel den Bereich der Wertung. Damit führt ein rein quantitativer Maßstab zwar zu der Aussage, daß es sich bei einem bestimmten Verhalten um ein Minderheitsverhalten handelt (vgl. Lange 1970, 29), nie aber für sich allein zu der Aussage, daß es so sozialschädlich ist, daß der Staat mit Sanktionen darauf reagieren muß. Einen gewissermaßen durch bloße Beobachtung registrierbaren Verbrechensbegriff kann man daher auch über das abweichende Verhalten nicht ermitteln (vgl. dazu näher Verf. MDR 1969, 889 f.).

Menschliches Verhalten ist nie „von Natur aus" kriminell (vgl. Heinz ZStW 84, 829), sondern erhält diese Eigenschaft immer nur durch seinen Bezug zu einer Norm. Nur eine Normverletzung führt zum Verbrechen. Da aber alle sozialen Verhaltensnormen jeweils an eine bestimmte Situation der menschlichen Existenzbedingungen angepaßt sind, kann es auch nur einen relativen, d. h. innerhalb eines bestimmten sozialen Systems gültigen Verbrechensbegriff geben.

Ein absoluter Verbrechensbegriff läßt sich aber auch nicht aus der naturrechtlich vorgegebenen Sittenordnung — gewissermaßen als naturrechtswidrige Handlung — ableiten. Der BGH, der dies in einer der umstrittensten Entscheidungen seiner bisherigen Judikatur (BGH 6, 46) versucht hat („ . . . auf der vorgegebenen und hinzunehmenden Ordnung der Werte und der das menschliche Zusammenleben regierenden Sollenssätze", aaO 52), ist damit auf schärfste Ablehnung gestoßen (vgl. Sax JZ 1954, 474; Jescheck MDR 1954, 645; Bockelmann JR 1954, 36), und zwar nicht nur wegen seiner rigorosen Stellungnahme zum konkreten Entscheidungsgegenstand (Verlobtenbeischlaf als Unzucht), sondern auch wegen der rechtstheoretischen Unhaltbarkeit seines Ausgangspunkts (vgl. Würtenberger 1959, 20). Der Gedankengang des BGH, die Strafrechtsordnung aus einer vorgegebenen Naturrechtsordnung heraus zu bestimmen, wird heute nicht weiterverfolgt; er wäre auch höchstens dazu geeignet, die rechtspolitische Verantwortung für die Gestaltung der Rechts- und Sozialordnung zu verschleiern.

1.2. Das Verbrechen als kulturabhängige Größe

Läßt sich kein absoluter situationsunabhängiger Verbrechensbegriff aufzeigen (und zwar letztlich deshalb, weil es keine absolute Gestaltungsform für die gesellschaftliche Ordnung gibt, auf die das Verbrechen als Verletzungshandlung immer bezogen ist), so kann es nur einen relativen Verbrechensbegriff geben. Was Verbrechen ist, läßt sich damit nur innerhalb einer bestimmten Kultur- und Sozialsituation feststellen; deshalb kommt der historischen Kriminologie auch die bedeutsame Aufgabe zu, die jeweiligen

Verbrechensformen aus den Bedingungen des sozialen Zusammenlebens zu erklären. Dabei gibt es Strafnormen — gewissermaßen der Kernbereich des Strafbaren —, die relativ unabhängig die Zeiten überdauert haben (vgl. Jescheck 1972, 34), und Straftaten, die bezüglich ihres Wesens und der Einordnung der Sozialschädlichkeit außerordentlich stark von der jeweiligen Gesellschaftssituation abhängig waren.

Letzteres soll am Beispiel des **Religionsstrafrechts** aufgezeigt werden. Hier führt die Entwicklungslinie von der Merowingerzeit (481—751), in der Staat und Kirche streng getrennt waren und es fast keine staatlichen Religionsdelikte gab, über die Karolingerzeit (751—843), in der der Staat allmählich zum weltlichen Arm der Kirche wurde, zu den umfangreichen Strafbestimmungen für Unglauben, Zauberei, Kirchen- und Friedhofsschändung des Sachsen- (1220—1235) und Schwabenspiegels (1274/75) und kumuliert in der Constitutio Criminalis Carolina von 1532, in der die Religionsdelikte einschließlich der bisher zumeist noch ausgeklammerten Gotteslästerung an der Spitze aller Verbrechen stehen (Art. 106 bis 109 CCC). Das gemeine Strafrecht brachte schließlich noch eine letzte Verschärfung in der Bestrafung; Gotteslästerung, Zauberei und Hexerei werden mit dem Feuertod bestraft. Im ausgehenden 16. und im 17. Jahrhundert liegt der Höhepunkt des Hexenwahns, der das Religionsstrafrecht so entarten ließ, daß ein Neuanfang unabweisbar wurde.

Die für die moderne Entwicklung der Religionsstraftaten bedeutsamen Wurzeln entstammen dem Gedankengut der Aufklärung. Der Staat streift die enge Verbindung mit der christlichen Religion ab und zieht sich auf die Erfüllung seiner irdischen Ordnungsfunktion zurück. Das bedeutet für das Religionsstrafrecht, daß er keine religiöse Überzeugung um ihrer selbst willen schützt, sondern ein eigenes Interesse, das verletzt wird, nachweisen muß. Dieses finden Montesquieu und Voltaire in der Störung der öffentlichen Ordnung. Die Religion wird unter dem Blickpunkt der Nützlichkeit für das menschliche Zusammenleben gesehen. Erst wo Störungen für dasselbe zu befürchten sind, setzt das staatliche Strafrecht ein. Schutzobjekte können danach nur der religiöse Friede als solcher oder das religiöse Gefühl des einzelnen sein. Diese Gedanken werden zuerst gesetzlich verwirklicht in der Josephina von 1787 und noch deutlicher im Allgemeinen Landrecht von 1794. Am konsequentesten ist hier das Bayerische Strafgesetzbuch von Feuerbach aus dem Jahre 1813, das die Religionsdelikte unter den Titel „Vergehen wider den öffentlichen Rechtsfrieden im Staate" einreiht. Einen Straftatbestand der Gotteslästerung gibt es hier nicht; bestraft werden die Störung des religiösen Friedens (Art. 336), die Störung des Gottesdienstes (Art. 442) und die Erregung von Religionshaß (Art. 326). Erst über 150 Jahre später hat der Gesetzgeber im 1. StrRG wieder eine ähnlich klare, konsequente Regelung des Religionsstrafrechts durchgeführt. Die weitere Entwicklung im preußischen Strafgesetzbuch von 1851 und im darauf im wesentlichen aufbauenden Reichsstrafgesetzbuch von 1871 hat durch die Einbeziehung der Gotteslästerung und die Hervorhebung des Pietätsschutzes eher einen Rückschritt bedeutet, wiewohl eine relativ tolerante Grundhaltung auch hier unverkennbar war. Die §§ 166 ff. in der Fassung des 1. StrRG weisen dagegen die Religionsdelikte klar wieder als Straftaten gegen den öffentlichen Frieden aus und erfüllen durch die Gleichstellung von Religion und Weltanschauung einen alten Verfassungsauftrag aus der Weimarer Zeit.

Dieses Beispiel einer besonders ausgewählten Deliktsgruppe mag zeigen, wie sehr der Umfang und die Ausgestaltung des Strafrechtsschutzes von der jeweiligen Rechts- und Sozialordnung abhängig ist. Stellen etwa die Religionsstraftaten eine starke Bedrohung für die Gemeinschaft dar, wenn der Staat auf einer Einheitsreligion aufbaut oder Staat und Kirche eine Einheit bilden, so ändert sich die Situation völlig, wenn sich der Staat auf seine irdische Ordnungsfunktion zurückzieht und sich zur Toleranz gegenüber allen religiösen und weltanschaulichen Betätigungen in seinem Bereich bekennt. Was hier an einem besonders markanten Beispiel dargetan wurde, gilt allgemein für die gesamte Strafrechtsordnung. „Die Art der Kriminalität ändert sich in Raum und Zeit, in Qualität und Quantität. Dies bedingt das stetige Fließen, Werden und Sichgestalten der Modalitäten der Gesellschaftsformen und Strukturen" (Mergen 1961, 67).

Diese Abhängigkeit von der allgemeinen kulturellen und sozialen Entwicklung hat aber für den Kriminalpolitiker auch eine Kehrseite: sie engt den kriminalpolitischen Entscheidungsrahmen ein. „Der Gesetzgeber muß der allgemeinen Kulturentwicklung und den darin begründeten sozialpsychologischen Gegebenheiten Rechnung tragen" (Nowakowski 1957, 85). Eine kriminalpolitische Lösung, für die die Zeit noch nicht reif ist, hat kaum eine Realisierungschance. Es besteht hier eine gegenseitige Wechselwirkung; der Rechtspolitiker muß sowohl das Beharrungsvermögen der Bevölkerung am Hergebrachten einkalkulieren, als auch durch Öffentlichkeitsarbeit den Boden für Reformen vorbereiten; er kann sich aber nicht aus den Grundströmungen seiner Zeitepoche lösen.

So wäre etwa vorstellbar, daß die gesamte leichte Eigentums- und Vermögenskriminalität durch eine versicherungsrechtliche Lösung (vgl. dazu auch u. § 9 2.1.) aus dem Kriminalitätsbereich herausgenommen werden könnte und dadurch eine Freistellung der Strafverfolgungsorgane für die schwere Kriminalität bewirkt werden könnte. Jedoch erscheint es sehr fraglich, ob eine solche kriminalpolitische Lösung in der Bevölkerung verstanden und akzeptiert würde.

1.3 Notwendigkeit der gesetzgeberischen Entscheidung

Die Abhängigkeit des Verbrechensbegriffes von der jeweiligen Rechts- und Sozialordnung beinhaltet für den Kriminalpolitiker zwei Aspekte: das Verbrechen ist eine Wertungsgröße, und es bedarf der gesetzgeberischen Entscheidung, um diese Wertung in allgemeinverbindlicher Weise für die Rechtsgemeinschaft vorzunehmen. Das Verbrechen ergibt sich aus der Normwidrigkeit, und die Norm ergibt sich aus der gesetzgeberischen Entscheidung, welche Verhaltensweisen pönalisiert werden sollen; „es gibt kein vom positiven Recht gelöstes, ‚natürliches' Verbrechen" (Maurach 1971, 34). Diese Abhängigkeit des Verbrechensbegriffes von einer normativen Wertentscheidung des Gesetzgebers ist heute weit überwiegende Auffassung sowohl der Strafrechtswissenschaftler wie der Kriminologen (vgl. H. Mayer ZStW 57, 1; Mezger 1942, 234; Würtenberger 1959, 39; Göppinger 1971, 2; Kaiser 1972, 43; Maurach 1971, 141 ff.; Jescheck 1972, 33). Besteht darüber im Grundsätzlichen Einigkeit, so ergeben sich daraus doch Probleme besonders in zweifacher Hinsicht: im Hinblick auf das Fällen der Wertentscheidungen durch den Wertpluralismus unserer Gesellschaftsordnung und im Hinblick auf die Entscheidung des Gesetzgebers unter dem Gesichtspunkt eines Definitionsmonopols für strafwürdiges Unrecht.

Was die Wertung betrifft, so sind zunächst die Bewertungsmaßstäbe zu gewinnen. Das pluralistische Bild von Staat und Gesellschaft schließt es aus, einfach die Wertvorstellungen einer bestimmten Gruppe zugrundezulegen. Die zum Verbrechen führende Sozialschädlichkeit muß vielmehr aus den unabdingbaren Bedingungen des Zusammenlebens in einer Rechtsgemeinschaft selbst nachgewiesen werden.

Wenn wir diese Aussage heute schon als fast selbstverständlich empfinden, so dürfen wir dabei nicht vergessen, daß der entscheidende Durchbruch erst in den letzten Jahren stattgefunden hat. Den Wandlungsprozeß in der Bundesrepublik verdeutlichen in der Rechtsprechung des Bundesgerichtshofs die Entscheidungen BGH 6, 46 v. 17. 2. 1954 und BGH 23, 40 v. 22. 7. 1969. Finden wir in der erstgenannten Entscheidung über den Verlobtenbeischlaf einen monistischen Wertrigorismus, der nur **eine** mögliche Gestaltungsform des sozialen Zusammenlebens für mit der Sittenordnung vereinbar erklärt, so bringt das Fanny-Hill-Urteil den Durchbruch zum Wertpluralismus in unserer Rechts- und Sozialordnung für den Bereich der Strafrechtspflege. „Die Anschauungen darüber, was in diesem Sinne gemeinschaftsschädlich wirkt und wo demnach die Toleranzgrenze gegenüber geschlechtsbezogenen Darstellungen zu ziehen ist, sind zeitbedingt und damit dem Wandel unterworfen" (BGH 23, 42). Konsequent fortgeführt ist diese Auffassung in BGH 24, 318: „Das Strafrecht hat nach heutiger Auffassung nicht die Aufgabe, auf geschlechtlichem Gebiet einen moralischen Standard des erwachsenen Bürgers durchzusetzen, sondern die soziale Ordnung der Gemeinschaft vor groben Störungen und Belästigungen zu schützen" (aaO 319). Daß der Umdenkungsprozeß dabei spät eingesetzt hat, beweist BGH 17, 230 (v. 9. 3. 1962), wo die Grundsätze von BGH 6, 46 noch verschärft angewendet wurden. Die entscheidenden Impulse dürften dabei erst nach 1966 erfolgt sein; sie werden für den Bereich des Sexualstrafrechts nach außen hin deutlich sichtbar auf dem 47. DJT 1968, auf den der BGH (23, 43) auch ausdrücklich Bezug nimmt.

Gerade in weltanschaulich umstrittenen Bereichen, in denen zur reibungslosen Abwicklung des Zusammenlebens eine staatliche Lösung getroffen werden muß und damit die Möglichkeit des staatlichen Rückzugs verwehrt ist, ist die Gesetzgebung vor schwierige Probleme gestellt. Die hier möglichen staatlichen Gesetzgebungsmodelle hat erst jüngst Herzog (1971, 145 ff.) beleuchtet. Er unterscheidet bei der staatlichen Präsenz in diesen Bereichen drei Möglichkeiten: Entscheidung für eine Auffassung unter Ausschluß aller übrigen; Präferenz für eine Auffassung unter Tolerierung der anderen (Regel-Ausnahme-Verhältnis); Gleichberechtigtes Zur-Verfügung-Stellen mehrerer Verhaltensalternativen (Herzog aaO 153 nennt sie die „pluralistische" Form der Gesetzgebung).

Was dies konkret bedeutet, soll am Beispiel des Gerichtseides verdeutlicht werden. Form 1 würde hier das Bestehen auf dem religiösen Eid für alle Staatsbürger unabhängig von deren eigenen Religion oder Weltanschauung bedeuten (diese Möglichkeit ist verfassungsrechtlich untersagt, Art. 140 GG i. V. m. Art. 136 Abs. 4 WV). Form 2 würde den religiösen Eid als Regelfall und das Weglassen der religiösen Beteuerung als Ausnahme vorsehen (heutige gesetzliche Regelung in § 66 c Abs. 2 StPO); Form 3 müßte als gleichberechtigte Beteuerungsformel den Eid und eine — religions- und weltanschauungsfreie — feierliche Wahrheitsversicherung nach Wahl des Zeugen zulassen (vgl. dazu unter rechtspolitischem Aspekt Verf., Maurach-Festschr. 1972, 425).

Die Einzelfragen der Wertung führen hin zu den Problemen des materiellen Verbrechensbegriffs (vgl. u. 3.). Diese Wertentscheidung muß in allgemeinverbindlicher Form getroffen werden; das ist Aufgabe der Gesetzgebung. Diese geht — grob vereinfacht gesprochen — in zwei Schritten vor: zunächst muß die für wünschenswert gehaltene Sozialordnung im einzelnen rechtlich festgelegt werden; erst dann taucht die weitere Frage auf, welche Werte innerhalb dieser gefundenen Sozialordnung für so wichtig betrachtet werden, daß ihr Schutz durch strafrechtlich abgesicherte Ge- und Verbote gewährleistet werden soll. Es werden die mit den Mitteln des Strafrechts schützenswerten Rechtsgüter ausgewählt, wobei der Gesetzgeber eine „Rundumverteidigung" vorsehen kann, d. h. das Rechtsgut gegen jeden möglichen Angriff schützen kann (z. B. beim Leben und der körperlichen Unversehrtheit) oder nur gegenüber einzelnen als besonders typisch oder besonders gefährlich betrachteten Verletzungsmöglichkeiten (so z. B. beim Vermögen). Wer sich eine Ordnung gibt — und keine Gesellschaft kann ohne eine solche auskommen —, legt gleichzeitig damit fest, was einen Verstoß gegen diese Ordnung darstellt („ordnungs-widrig" ist). Für den Kriminalpolitiker ergeben sich aus all diesen Überlegungen zwei Aufgaben: den Bestand der strafrechtlich geschützten Rechtsgüter und Handlungswerte ständig im Einklang mit den Wertvorstellungen der Rechtsgemeinschaft zu halten (das ist Aufgabe des materiellen Verbrechensbegriffs, vgl. u. 3.) und die verfassungsrechtlichen Grenzen des legislativen Ermessens für die Strafgesetzgebung zu bestimmen (u. 2.), um den Vorwurf der juristischen Manipulierbarkeit des Verbrechens auszuräumen.

1.4. Die Folgerungen für Strafrecht und Kriminologie

Bevor aber diese beiden entscheidenden kriminalpolitischen Fragen aus dem Bereich des Verbrechensbegriffes in Angriff genommen werden, soll in einer Zwischenbilanz die Konsequenz der bisher zum Verbrechensbegriff gemachten Ausführungen für das Strafrecht und die Kriminologie gezogen werden. Die erste Konsequenz betrifft das Strafrecht und die Kriminologie gleichermaßen: der Verbrechensbegriff ist für beide Bereiche gleich zu bestimmen; dazu ist bereits früher ausführlich Stellung genommen worden (Verf. MDR 1969, 891). Strafrecht und Kriminologie teilen sich den gleichen Forschungsgegenstand (dies betont nachdrücklich Krauß, Die strafrechtliche Problematik kriminologischer Ziele und Methoden, 1971, 18), den sie von unterschiedlichen wissenschaftlichen Ansatzpunkten her (das Strafrecht normativ, die Kriminologie empirisch) bearbeiten. Daraus ergibt sich auch die gemeinsame Basis der Zusammenarbeit und der Koordination durch die kriminalpolitischen Zielsetzungen.

Im übrigen erfüllt der Verbrechensbegriff für das Strafrecht und die Kriminologie unterschiedliche Funktionen. Dem Strafrecht dient er als Grundlage des dogmatischen Aufbaues der Lehre von der Straftat; er ist das Fundament des strafrechtsdogmatischen Lehrgebäudes. Im Sinne der Strafrechtswissenschaft ist das Verbrechen heute die tatbestandsmäßige, rechtswidrige und dem Täter persönlich zurechenbare Handlung. Weiterhin ist er der Träger der Garantiefunktion. Für die Kriminologie bezeichnet der Verbrechensbegriff den Forschungsgegenstand; damit ist der Verbrechensbegriff auch der Bezugspunkt, nach dem sich die Kriminologie von anderen Wissenschaftsbereichen abgrenzen kann.

Die Kriminologie hat seit ihrer Entstehung um einen Platz im Wissenschaftsgebäude zu kämpfen und hat sich bis heute darin keinen angestammten Platz gesichert. Das gemeinsame Merkmal der Kriminologie besteht nicht in spezifischen Forschungsmethoden und Forschungszielen; diese entlehnt sie vielmehr den jeweiligen Primärwissenschaften (z. B. Soziologie, Psychologie, Medizin). Ausschließlich das Forschungsobjekt — die Kriminalität als Massenphänomen im Leben einer Gesellschaft und das Verbrechen als gesellschaftsrelevante Erscheinung im Leben des einzelnen — umschreibt den Bereich der Kriminologie und stellt die Bezugsgröße dar, nach der die Kriminologie ihren Anteil aus den umfassenden Primärwissenschaften herauslöst. Allein durch den Verbrechensbegriff werden damit so heterogene Wissenschaftszweige wie etwa Kriminalsoziologie, Kriminalbiologie, Kriminalpsychologie usw. zur „Kriminologie" zusammengefaßt (vgl. dazu o. § 1 3.)

Im Zusammenhang mit dieser Bedeutung des Verbrechensbegriffs für die wissenschaftliche Einordnung der Kriminologie steht die Bedeutung des — formellen — Verbrechensbegriffs für die gesamte kriminologische Forschung. Die Kriminologie kann ohne Anlehnung an die Strafrechtsordnung nicht arbeiten (vgl. Middendorff MSchrKrim 1963, 34). Dies sei an einigen Gesichtspunkten verdeutlicht. Die Kriminalstatistik als wichtiges Beobachtungsmittel der Kriminalitätsbewegung ist ganz von der rechtlichen Beschreibung der Kriminalität abhängig, wie sich überhaupt Kriminalitätsentwicklungen ohne den Hintergrund der rechtlichen Regelung nicht analysieren lassen. Die Gegenmotivationskraft jeder Strafnorm selbst ist — ungeachtet der überwiegenden Bedeutung der Chance der Nichtentdeckung im Kalkulationsvorgang des Täters vor Begehung der Straftat — ein sozialpsychologischer Faktor, der von großem Einfluß auf den Umfang und die Erscheinungsformen der Kriminalität ist. Die Strafrechtsordnung insgesamt ist ein Bestandteil der gesellschaftlichen Verhältnisse und damit ein kultureller Umweltfaktor für die kriminologische Forschung, den sie bei keinem Forschungsvorhaben außer acht lassen kann. Hinter den Grenzen der Pönalisierung der jeweils maßgebenden Rechtsordnung kann die Kriminologie deshalb nicht zurückbleiben. Selbst dann, wenn aus kriminologischer Sicht für die Abschaffung einer Strafnorm plädiert werden muß, bleibt ein solcher Straftatbestand als Sozialregulativ für die kriminologische Forschung maßgeblich. Dagegen darf und muß die kriminologische Forschung durchaus über die Grenzen des Strafbaren hinausgreifen (vgl. Geerds 1965, 6 Fußn. 4). Denn gerade dadurch kann die kriminologische Forschung ihren Beitrag zur Kriminalpolitik leisten. Damit sind schlagwortartig „Strafbares und Strafwürdiges" das Arbeitsgebiet des Kriminologen. Der formelle Verbrechensbegriff stellt daher für die Kriminologie keine Forschungsgrenze dar, wohl aber ist er bei jeder kriminologischen Forschungsarbeit ein in Rechnung zu stellender Faktor. „Was normwidrig und damit Verbrechen ist oder als solches gilt, vermag die Kriminologie nicht selbstherrlich zu bestimmen" (Würtenberger 1959, 39), sondern sie teilt den allgemeinen Verbrechensbegriff als Forschungsgegenstand und Forschungsaufgabe mit dem Strafrecht, ist dabei aber auch ihrerseits ständig zu Vorschlägen über die Neugestaltung der Strafrechtszone aus ihrer Sicht heraus aufgerufen.

2. Verfassungsrechtliche Schranken der Strafgesetzgebung

Es ist im Rahmen dieser Darstellung ausgeschlossen, die Grenzen des legislativen Ermessens bei der Schaffung und Gestaltung von Straftatbeständen umfassend zu behandeln.

Für die Deliktsfolgenseite liegt eine solche Darstellung vor (Stree 1960); eine Darstellung für die Tatbestandsseite würde zahlreiche vielschichtige Probleme aufwerfen. Sie hätte sich vor allem drei Problemkreisen zu stellen:
a) Wer darf in unserer Verfassungsordnung Strafnormen erlassen?
b) Welches Verhalten darf bei Strafe verboten (oder geboten) werden?
c) Wie muß die Strafnorm (bezüglich der Tatbestandsseite) beschaffen sein?

Von diesen drei Komplexen der Pönalisierungsbefugnis, der Pönalisierungsmaterie und der rechtsstaatlichen Form der Pönalisierung wird hier der erste Komplex völlig ausgeklammert; die Fragenbereiche 2 und 3 werden nicht umfassend erörtert, sondern nur in ihrer grundsätzlichen Bedeutung für die Kriminalpolitik innerhalb des vorgelegten Gesamtkonzepts zu erfassen versucht.

Nur in der Verfassung selbst enthaltene Schranken verengen das legislative Ermessen bei der Schaffung und Ausgestaltung von Strafnormen; dabei sei das Problem übergesetzlichen Natur- oder Kulturrechts hier ausgeklammert, weil es für den vorliegenden Komplex derzeit keine praktische Relevanz hat. Anliegen der Strafrechtsdogmatik oder der Kriminologie sind für den Gesetzgeber nur Leitpunkte für die zweckmäßigste Ausgestaltung der Strafzone; werden sie nicht beachtet, so berührt das die Rechtmäßigkeit eines Strafgesetzes nicht. Die verfassungsrechtlichen Zulässigkeitsschranken betreffen das gesetzgeberische Ermessen in formaler (u. 2.1.) und in inhaltlicher Hinsicht (u. 2.2.).

2.1. Die Bedeutung des Art. 103 Abs. 2 GG für die Strafgesetzgebung

2.11. Der Grundsatz der Tatbestandsbestimmtheit

Art. 103 Abs. 2 GG konkretisiert das allgemeine rechtsstaatliche Gebot der Normenklarheit für den Bereich des Strafrechts und legt fest, daß eine Tat nur bestraft werden kann, wenn die Strafbarkeit gesetzlich bestimmt war, bevor die Tat begangen wurde. An die Bestimmtheit des Strafgesetzes sind strenge Anforderungen zu stellen (so mit Recht Hamann 1963, 47). Hier läßt sich ein Widerspruch zwischen der starken Betonung dieses Grundsatzes in der Theorie und der Großzügigkeit, mit der man bei der gerichtlichen Nachprüfung Strafnormen noch als ausreichend bestimmt ansieht, nicht übersehen. Zuzugeben ist allerdings, daß man Art. 103 Abs. 2 GG auch im Prinzip der Gewaltenteilung sehen und dabei die durch das GG aufgewertete Stellung des unabhängigen Richters mitberücksichtigen muß. Sicher ist es auch nicht möglich, jedes strafbewehrte Verhalten durch deskriptive Begriffe exakt zu umgrenzen; den nicht zu vermeidenden normativen Merkmalen ist wesensgemäß immer ein Beurteilungsspielraum bei der Anwendung eigen. Auch wenn man davon ausgeht, bleiben aber zwei neuralgische Punkte: die Verwendung von Generalklauseln (vgl. dazu bes. Naucke 1973) und die Verweisung auf außerrechtliche Bewertungsmaßstäbe. Beide Gesichtspunkte sollen jeweils anhand eines Beispiels aus dem StGB beleuchtet werden.

§ 315b Abs. 1 Nr. 3 erfaßt zur Beeinträchtigung der Sicherheit des Straßenverkehrs die Vornahme „eines ähnlichen, ebenso gefährlichen Eingriffs". Es läßt sich sicher nicht leugnen, daß diese Alternative des § 315b Abs. 1 eine Generalklausel darstellt (Schönke-Schröder § 315b Rdnr. 12). Dementsprechend wurden gegen diese Vorschrift verfassungsrechtliche Bedenken unter dem Gesichtspunkt des Art. 103 Abs. 2 GG vorgebracht (so vor allem von Isenbeck NJW 1969, 174). Der BGH (22, 365) hat sich aber diesen Bedenken verschlossen und die ausreichende Bestimmtheit einerseits durch das Merkmal Eingriff und andererseits durch die Verweisung auf Nr. 1 und 2 über den Begriff des „ähnlichen" Eingriffs für gegeben erachtet (aaO 366). Das wird man akzeptieren können; die vom BGH (aaO 367) weiter bemühte kriminalpolitische Bedeutung der Vorschrift zur Lückenfüllung ist aber für § 103 Abs. 2 GG sicher irrelevant. Die bescheidenen Anforderungen (Jescheck 1972, 108 Fußn. 27), die hier die Rechtsprechung einschließlich derjenigen des BVerfG stellt, werden der rechtsstaatlichen Bedeutung des Art. 103 Abs. 2 GG nicht gerecht. Als Erklärung bleibt wohl nur, daß Strafbarkeitslücken mehr gefürchtet werden als unbestimmte Strafgesetze.

Ein noch größerer Unsicherheitsfaktor wird in die Anwendung der Strafnormen hineingetragen, wenn der Gesetzgeber dabei auf außerrechtliche Ordnungsvorstellungen verweist. So liegt es z. B. bei § 240 Abs. 2 (entsprechend § 253 Abs. 2) und bei § 226a. Da die Sittenwidrigkeit der Einwilligung ihre Beachtlichkeit nimmt, hängt von ihr der Umfang der Strafbarkeit im Einzelfall ab. Die Verweisung auf die guten Sitten bedeutet, daß der Gesetzgeber hier auf einen außerrechtlichen Normenkomplex, nämlich auf die Sozialethik verweist (vgl. dazu näher Verf. 1970, 34). Da es aber in unserer pluralistischen Gesellschaft keine einheitliche Sozialethik gibt, sondern nur gruppenspezifische sozialethische Vorstellungen, wird durch die Verweisung auf die guten Sitten für den Staatsbürger keine klare Verhaltensrichtlinie festgelegt. Das zeigt sich auch sofort dann praktisch, wenn ein umstrittener Komplex — etwa der Bereich der einverständlichen Sterilisation — über § 226a gelöst werden soll. Damit aber stellt § 226a nicht nur eine für die Einwilligungslehre untaugliche Konstruktion dar (vgl. dazu Verf. aaO 35), sondern auch eine unter dem Gesichtspunkt des Art. 103 Abs. 2 GG bedenkliche Vorschrift.

Daß die Rechtsprechung das Gebot der Tatbestandsbestimmtheit nicht strenger anwendet, hat eine unerfreuliche Rückwirkung auf die Gesetzgebungsarbeit. Es läßt sich nicht übersehen, daß auch im Bereich der Strafgesetzgebung der Gesetzgeber zunehmend unbestimmte Rechtsbegriffe und generalklauselartige Formulierungen verwendet. Ein Beispiel dafür ist der Mietwucher nach § 302 f StGB (vgl. dazu Naucke aaO 21 ff.). Eine strengere Überwachung der Tatbestimmtheit von Strafnormen könnten hier durchaus ein heilsamer Ansporn für den Gesetzgeber sein. Daß die Rechtsprechung durch eine sehr restriktive Auslegung mit der ihr vom Gesetzgeber durch die Generalklauseln einseitig auferlegten Verantwortung fertig zu werden versucht (vgl. dazu Naucke aaO 21 ff.), ist anerkennenswert, aber keine auf die Dauer befriedigende Verantwortungsverteilung zwischen Gesetzgeber und Richter.

2.12. Das Rückwirkungsverbot

Das Rückwirkungsverbot (Art. 103 Abs. 2 GG, § 2 Abs. 1 StGB) ist die spezielle strafrechtliche Ausprägung des allgemeinen rechtsstaatlichen Grundsatzes, daß belastende Eingriffe in die Individualrechtssphäre vorsehbar und berechenbar sein müssen. Es leitet sich aus dem Gedanken der Rechtssicherheit ab (Jescheck 1972, 109). Das Rückwirkungsverbot bezieht sich nur auf die materiellrechtlichen Strafnormen, nicht auf das Verfahrensrecht (Maurach 1971, 138 m. eingeh. Nachw.)

Zu der daraus resultierenden Problematik der 1965 rückwirkend beschlossenen Abänderung der Verjährungsvoraussetzungen bezüglich der Kriegs- und Menschlichkeitsverbrechen vgl. Maurach 1971, 951 f. und Jescheck 1972, 110 f.

Die Problematik des Rückwirkungsverbotes wurde in einem besonders gelagerten Fall angesprochen, als BGH 21, 157 die bisher in der Rspr. bei 1,5 Promille angesetzte Grenze der absoluten Fahruntauglichkeit auf 1,3 Promille herabsetzte. Hier tauchte alsbald das Problem auf, ob auch vor dieser Entscheidung liegende Fälle nach diesem niedriger festgesetzten Blutalkoholgehalt zu beurteilen seien. Als Ausgangspunkt steht dabei fest, daß eine rückwirkende Inkraftsetzung eines Gesetzes nicht möglich ist, andererseits aber für die Auslegung (auch zum Nachteil des Täters) kein Rückwirkungsverbot gilt. Die Festsetzung der Grenze für die absolute Fahruntauglichkeit durch die Rspr. stellt sich nun zwar formell eindeutig als Auslegung, in der Sache aber wohl doch als gesetzesvertretende allgemeinverbindliche Regelung dar. Trotzdem hat die Rspr. ganz überwiegend die rückwirkende Anwendung der neuen Promillegrenze zugelassen, während das Problem in der Literatur heiß umstritten blieb (Nachw. vgl. bei Dreher § 316 Anm. 4 B; kritisch vor allem Naucke NJW 1968, 758, 2391). Das Problem hat, ohne eigentlich dogmatisch befriedigend aufgearbeitet worden zu sein, inzwischen jedenfalls für diesen Präzedenzfall seine Aktualität eingebüßt.

2.2. Inhaltliche Grenzen der Pönalisierung

Inhaltliche Grenzen für die Schaffung und Ausgestaltung von Straftatbeständen ergeben sich in erster Linie aus dem Grundrechtskatalog der Verfassung (bes. Art. 1, 2 und 3, aber auch aus speziellen Grundrechten; so sieht etwa BGH 12, 293 den Rechtfertigungsgrund des § 193 StGB als eine „besondere Ausprägung des in Art. 5 des GG normierten Grundrechts der freien Meinungsäußerung" an, vgl. Maurach 1969, 156 und 159 f.), dem Übermaßverbot und dem Toleranzgebot (vgl. dazu bes. Hamann 1963, 28). Die vielen möglichen Berührungspunkte zwischen Grundrechtsnormen und einzelnen Strafvorschriften lassen hier keine umfassende, systematische Darstellung zu, sondern nur eine exemplarische Verdeutlichung des Problemkreises; dabei interessieren vor allem das Übermaßverbot und das Toleranzgebot.

Das Übermaßverbot faßt die Grundsätze der Verhältnismäßigkeit und der Erforderlichkeit zusammen (vgl. Verf. 1969, 50 f.). Es kann für die Pönalisierung in dreifacher Weise relevant werden (vgl. dazu auch Gallwas MDR 1969, 895). Zunächst kann ein bestimmter Straftatbestand als solcher oder sein Umfang gegen das Übermaßverbot verstoßen; hier geben etwa die §§ 173, Abs. 2 S. 2 und 174 Abs. 2 Nr. 1 StGB (bezüglich der Alternativen „Aufsicht oder Betreuung" in Verbindung mit dem relativ hoch angesetzten Schutzalter) zu Bedenken Anlaß. Die zweite Möglichkeit ist eine übermäßige Sanktionierung im Verhältnis zum pönalisierten Verhalten; hier steht der abstrakte Strafrahmen nicht im Einklang mit der im Tatbestand umschriebenen Unrechtsmaterie. Hier hat in den letzten Jahren § 316a StGB mit seiner hohen Mindeststrafe von fünf Jahren

Freiheitsstrafe zu Unzuträglichkeiten geführt, wenn ein in seinem konkreten Erscheinungsbild leichterer Fall unter die gesetzlichen Tatbestandsmerkmale des § 316a subsumiert werden mußte, was dann automatisch die hohe Mindeststrafendrohung auslöste. Die Gerichte mußten hier des öfteren atypische Fälle aburteilen, bei denen die Mindeststrafe von fünf Jahren im Verhältnis zum Unrechtsgehalt anderer Straftaten unverhältnismäßig hoch erschien. Gleichwohl hat die Rspr. die Vereinbarkeit der Mindeststrafe mit dem GG und der MRK bejaht (BGH 24, 173). Die häufig als unbefriedigend empfundene Situation ist aber inzwischen durch das Eingreifen des Gesetzgebers im 11. StÄG durch das Vorsehen von minder schweren Fällen mit Freiheitsstrafe nicht unter einem Jahr in § 316a Abs. 1 S. 2 bereinigt. Die dritte Möglichkeit besteht darin, daß durch den konkreten Strafausspruch das Übermaßverbot verletzt wird. Hier wird das Verhältnis des Übermaßverbots zum Schuldprinzip in der Strafzumessung angeschnitten; dazu sind die nötigen Ausführungen bereits früher gemacht worden (Verf. 1969, 51). Das Übermaßverbot wirkt hier als eine zusätzliche rechtsstaatliche Garantie für den Angeklagten, indem es den Strafzweckeinsatz innerhalb des Schuldrahmens zugunsten des Angeklagten regelt.

Besondere Bedeutung hat das **Toleranzgebot**, das grundsätzlich ausschließt, das Strafrecht als Waffe in weltanschaulichen und politischen Auseinandersetzungen zu gebrauchen. Es stellt das Fundamentalprinzip der pluralistischen Gesellschaft dar; die Chance des friedlichen Zusammenlebens und des Aggressionsabbaues führt nur über die Toleranz, die freilich den einsichtigen, beherrschten und kompromißbereiten Staatsbürger voraussetzt. Das Toleranzgebot verlangt vom Staat vor allem bei religiös oder weltanschaulich umstrittenen Materien eine Enthaltsamkeit von rechtlichen Regelungen, solange nicht die Funktionsfähigkeit des gesellschaftlichen Zusammenlebens ein Eingreifen des Gesetzgebers unabweisbar macht.

2.3. Folgen für die Rechtsgeltung

Die skizzierten Verfassungsschranken muß die Strafgesetzgebung einhalten. Bezüglich der Folgen der Nichteinhaltung sind jedoch zwei Fälle zu unterscheiden: die Strafzone kann enger gezogen sein als es der verfassungsrechtlichen Wertordnung entspricht (Verstoß gegen Pönalisierungsgebote, u. 2.31.) und die Strafzone kann weiter ausgedehnt sein als es die Verfassungsordnung zuläßt (Verstoß gegen Pönalisierungsverbote, u. 2.32.).

2.31. Zu enge Grenzziehung der Strafzone

Die strafrechtliche Rechtsgüterordnung ist zwar verfassungsrechtlich in groben Zügen vorgezeichnet, aber nicht im einzelnen festgelegt. Die strafrechtliche Rechtsgüterordnung ist eine eigenständige Schutzordnung (vgl. Sax 1959, 913), die sich aber im Rahmen der Verfassung halten muß; insoweit kann man die strafrechtliche Rechtsgüterordnung als eine Weiterführung und Konkretisierung der verfassungsrechtlichen Wertordnung ansehen. Die geltende strafrechtliche Legalordnung weist durchaus Punkte auf, bei denen Zweifel über die Einhaltung des verfassungsrechtlich vorgezeichneten Rahmens bestehen.

Der rechtlich (zur praktischen Realisierbarkeit vgl. bes. u. § 6 2.) nahezu umfassende Eigentums- und Vermögensschutz des geltenden Strafrechts (mit zusätzlich fast durchweg extensiver Auslegung der einzelnen Tatbestandsmerkmale, wie z. B. der Zueignungsabsicht — Sachwerttheorie — und der Wegnahmehandlung in § 242, der Vermögensverfügung und dem Vermögensschaden in § 263, der Beschädigung in § 303 usw.) steht in einem merkwürdigen Gegensatz zum kargen Schutz der Körperintegrität. Die fehlende Versuchsstrafbarkeit und der geringere Strafrahmen bei § 223 gegenüber § 242 sind zu dem Wertverhältnis der geschützten Rechtsgüter grob unproportional. Ob man dies „Barbarei" nennen will, wie es Bohne 1951, 26 tut, oder „materialistische Wertakzentuierung" — so Sax 1959, 931 Fußn. 70 —, sei dahingestellt. Kriminalpolitisches Bekenntnis sollte es aber werden, diese Disproportionalität nicht weiter hinzunehmen. Denn es geht um die scharfe Verurteilung jeder körperlichen Aggression; dies ist für die Zukunft existentielle Notwendigkeit. Wenn sich heute ein mit Faustschlägen oder mit Fußtritten mißhandelter Straßenpassant auf den Weg der Privatklage begeben muß (§ 376 StPO ist keine ausreichende Hilfe), so ist dies ein Hohn für das Opfer solcher Straftaten und ein Armutszeugnis der dahinterstehenden kriminalpolitischen Konzeption. Das Antragserfordernis ist dagegen bei der fahrlässigen und einfachen vorsätzlichen Körperverletzung sachgerecht, sofern man im Strafantrag überhaupt ein taugliches kriminalpolitisches Instrument sehen kann (vgl. dazu Verf. GA 1969, 234). Hier taucht vielmehr bei der heute praktizierten Handhabung das umgekehrte Problem bei der Verfolgung leichter Körperverletzungen im Straßenverkehr auf, die in der Regel von Amts wegen nach § 232 auch gegen den Willen des Opfers durchgeführt wird (was auch problematisch sein kann, wenn der Schädiger ein Angehöriger des Verletzten ist; die Annahme einer Einwilligung wird hier nur selten möglich sein, vgl. Verf. 1970, 74 ff.).

Ein aktuelles Beispiel dafür, wie wenig teilweise die strafrechtliche Rechtsgüterordnung noch an das verfassungsrechtliche Wertsystem und die soziale Realität angepaßt ist, beleuchtet Lampe (1972, 375 ff.), der zu Recht den unzureichenden strafrechtlichen Schutz der Arbeitskraft als des „für die meisten Menschen einzigen wirtschaftlichen Gutes" beanstandet. Hier harrt ein aus der historischen Entwicklung zu erklärender Mangel unseres derzeitigen Rechtsgütersystems dringend der kriminalpolitischen Aufarbeitung. Weiter ist vor allem der Umweltschutz zu nennen, der auch für den Kriminalpolitiker eine gewaltige Sachaufgabe stellt, nämlich hier völlig neue Rechtsgüter zu formulieren, ihre Sozialschädlichkeit richtig im Verhältnis zur übrigen Rechtsgüterskala zu erfassen und einzuordnen und das Bewußtsein der Allgemeinheit für die Sozialschädlichkeit der damit erfaßten Verhaltensweisen zu schärfen. Hier hat der Kriminalpolitiker die Aufgabe, eine völlig neuartige Deliktsgruppe zu schaffen (vgl. Backes, Umweltstrafrecht, JZ 1973, 337).

Die Beispiele machen deutlich, daß es eine permanente Aufgabe der Kriminalpolitik ist, die strafrechtliche Rechtsgüterordnung im Einklang mit dem verfassungsrechtlichen Wertsystem und der Entwicklung der sozialen Verhältnisse zu halten. Sie haben weiter gezeigt, daß die Strafrechtsordnung hinter dem verfassungsmäßig vorgezeichneten Wertsystem zurückbleiben kann. Die Strafzone ist hier dann vom geltenden Recht enger gezogen, als es die Verfassungsordnung vorzeichnet. Pönalisierungsgebote sind hier nicht erfüllt. Welche Konsequenz hat das nun für die Rechtsanwendung? Die Antwort ist eindeutig: der Grundsatz der Tatbestandsbestimmtheit geht vor; den Strafverfolgungsorganen ist es verwehrt, ergänzende Strafvorschriften zu erfinden oder auch nur bei bestehenden Strafvorschriften den Rahmen zulässiger Auslegung zu überschreiten. Es liegt nur ein Verfassungsauftrag an den Gesetzgeber zur Korrektur vor (zust. Sax 1959, 930 und wohl auch Hamann 1963, 30 f.).

2.32. Zu weite Grenzziehung der Strafzone

Hier liegt die umgekehrte Situation vor, ein Verstoß gegen ein Pönalisierungsverbot. Die Strafzone ist weiter ausgedehnt, als es die Verfassungsordnung zuläßt. Es besteht z. B. eine Strafnorm, die das Recht der freien Meinungsäußerung (Art. 5 GG) in verfassungsrechtlich unzulässiger Weise beeinträchtigt. Hier ist die zunächst mildere — und daher zunächst zu versuchende — Lösung, in verfassungskonformer Auslegung den Anwendungsbereich der Strafnorm mit den grundgesetzlichen Schranken in Einklang zu bringen. Ist eine solche verfassungskonforme Auslegung nicht möglich oder beläßt sie der Strafnorm keinen sinnvollen Anwendungsbereich, dann ist die Strafnorm verfassungswidrig (vgl. Hamann 1963, 31). Hier muß man aber zwei Sachverhalte klar trennen; den Verstoß gegen eine Verfassungsnorm, der zur Nichtigkeit des Strafgesetzes führt, und eine unrichtige Beurteilung der Sozialschädlichkeit bei Schaffung der Strafnorm durch den Gesetzgeber („der Strafe bedürfen" i. S. von Sax 1959, 931 ff.). In diesem letzteren Falle hat der Gesetzgeber ein Verhalten pönalisiert, das bei richtiger Betrachtung nicht als so sozialschädlich beurteilt werden kann, daß seine Zurückdrängung mit den Mitteln der Strafe für Rechtsgemeinschaft erforderlich ist. Hier ist die Folge nicht automatisch Verfassungswidrigkeit. Es handelt sich hier vielmehr um eine Frage des materiellen Verbrechensbegriffes (vgl. u. 3.), der nur eine Leitlinie für das Ermessen des Strafgesetzgebers ist, aber keine Verfassungsschranke (nicht klar entscheidet sich hier Hamann 1963, 31 f.).

Ein Beispiel sowohl für die verfassungskonforme Auslegung wie auch für die Verfassungswidrigkeit von Strafnormen enthält BVerfGE 12, 296 v. 13. 4. 1961. § 90a StGB in der Fassung vor Inkrafttreten des Vereinsgesetzes (jetzt in revidierter Fassung § 84) erfaßte die Beteiligung an verbotenen Vereinigungen. Das BVerfG erklärte diese als Organisationsdelikt ausgestaltete Strafnorm insoweit für verfassungswidrig, als auch das Gründen und Fördern politischer Parteien erfaßt wurde. Insoweit lag ein Verfassungsverstoß gegen das Parteienprivileg des Art. 21 GG vor. Deshalb hat das BVerfG den Anwendungsbereich von § 90a a.F. in Abs. 1 eingeschränkt und Abs. 3 für nichtig erklärt (vgl. näher dazu Maurach 1959, 563 f.).

3. Der materielle Verbrechensbegriff

3.1. Seine Entwicklung und Ausformung

Da die verfassungsrechtlichen Grenzen einen weiten legislativen Ermessensbereich für den Strafgesetzgeber lassen, kommt Ermessensrichtlinien in diesem Bereich eine große Bedeutung zu. Eine solche Leitlinie für das legislative Ermessen stellt der materielle Verbrechensbegriff dar. Henkel (1964, 428) formuliert im Anschluß an Mitteis (über das Naturrecht 1948, 7), daß „das in der Idee erfaßte richtige Recht ständig das Gewissen des positiven Rechts" ist. Diese Aussage läßt sich auf den Verbrechensbegriff anwenden und veranschaulicht dann gut den Unterschied zwischen formellem und materiellem Verbrechensbegriff. Der formelle Verbrechensbegriff bezeichnet die bestehende strafrechtliche Legalordnung. Der materielle Verbrechensbegriff bezeichnet die für eine bestimmte Rechts- und Sozialordnung gültige Auffassung vom Verbrechen und läßt sich in dieser Sicht als das Gewissen der positiven Strafrechtsordnung bezeichnen (vgl. dazu u. 3.3.). Im materiellen Verbrechensbegriff schlägt sich die Auffassung über das Wesen des Verbrechens nieder. Beim Abstecken der Strafzone muß der Gesetzgeber eine Auswahl treffen, welche Verhaltensweisen er für so schädlich ansieht, daß ihre Eindämmung mit den schärfsten staatlichen Machtmitteln, eben denen des Strafrechts, geboten ist. Diese Einstufung einer Verhaltensweise als Verbrechen verlangt „eine permanente gesellschaftspolitische Wertung und Entscheidung" (vgl. Verf. MDR 1969, 891).

Der materielle Verbrechensbegriff ist vorgeprägt durch die Verfassungsordnung und durch die Straftheorie. Dabei kommt besonders dem Bekenntnis zu einem pluralistischen Staats- und Gesellschaftsbild und darauf aufbauend zum Toleranzgebot Bedeutung zu. In unserer derzeitigen Gesellschaftsordnung kann das Verbrechen nicht aus einer abweichenden Weltanschauung oder aus einer differierenden moralischen Einstellung erwachsen. Notwendig ist vielmehr, daß die Bedingungen für das gesellschaftliche Zusammenleben selbst in unerträglicher Weise beeinträchtigt werden. Aus der Ableitung der Berechtigung des Staates zum strafrechtlichen Einschreiten, die in seiner Ordnungsfunktion gefunden wurde (vgl. o. § 2 2.3.), folgt gleichzeitig eine Restriktion des Umfanges der Strafzone: nur die Rechts- und Sozialordnung elementar beeinträchtigende Handlungen dürfen zu Verbrechen erklärt werden. Der materielle Verbrechensbegriff korrespondiert damit der staatlichen Straftheorie. „Der materielle Verbrechensbegriff muß heute so gefaßt werden, daß er die Beschränkung der Strafzone auf Handlungen garantiert, welche die Bestands- und Funktionsfähigkeit des gesellschaftlichen Zusammenlebens aufheben oder in unerträglicher Weise beeinträchtigen. An Letzteres ist ein strenger Maßstab anzulegen: weder soziale Unerwünschtheit noch Verurteilung durch die — selbst weit überwiegende — Mehrheit genügen. Strafnormen dürfen als Regulatoren des sozialen Geschehens erst da eingesetzt werden, wo es essentielle Notwendigkeiten des Schutzes der Allgemeinheit und lebenswichtige Interessen des einzelnen zwingend erfordern" (Verf. MDR 1969, 892). Das Strafrecht muß sich darauf beschränken, „die Rechtsgüter zu schützen, die für ein Zusammenleben der Bürger unerläßlich sind" (Barschel 1970, 24). Diese Ausrichtung des materiellen Verbrechensbegriffs auf eindeutig sozialschädliche Verhaltensweisen entspricht der heute weitgehend vertretenen Auffassung (vgl. Würtenberger 1959, 39; Jescheck ÖJZ 1971, 2; Faller 1971, 82; Maurach 1971, 143 f.).

Der so erfaßte materielle Verbrechensbegriff hat einen sozialethischen Bezugspunkt und eine soziologische Grundlage. Verbrechen kann nur sein, was den sozialethischen Minimalforderungen an das menschliche Zusammenleben in der Rechtsgemeinschaft widerspricht (vgl. dazu bes. Maurach aaO). Weiterhin läßt sich aber die konkrete Sozialschädlichkeit bestimmter Verhaltensweisen nicht rein spekulativ ermitteln, sondern nur durch empirische Auswertung sozialer Befunde feststellen (näher dazu u. 3.2.). Unter beiden Bezugspunkten muß sich die Gesellschaft darüber Rechenschaft geben, welche

Verhaltensweisen den Kriterien des materiellen Verbrechensbegriffs entsprechen und deshalb bei Strafe verboten werden dürfen. „Die Maßstäbe einer solchen kritischen Würdigung der zeitgenössischen Wertordnungen sind einerseits der heutigen Sozialwirklichkeit, andererseits der Rechts- und Sozialethik zu entnehmen" (Würtenberger 1959, 69).

Der sozialethische und der soziologische Bezugspunkt des materiellen Verbrechensbegriffs kommt auch — in anderer Terminologie — bei Sax 1959, 923 ff. zum Ausdruck. Sax unterscheidet zwischen „Strafe-Verdienen" und „Der-Strafe-Bedürfen". Unter „Strafe-Verdienen" versteht er das Urteil, „daß der Unwertgehalt eines gemeinschaftsstörenden Verhaltens hinreichend massiv ist, um zu dem erheblichen Maß an Unwert, das dem Handelnden durch Bestrafung bescheinigt wird, in eine erträgliche Proportion zu treten" (aaO 927). „Der Strafe-Bedürfen" ist die Kurzform für das Urteil, „daß bei Verhaltensweisen, die unmittelbar oder mittelbar Werte verletzen und daher Strafe an sich verdienen, Strafe auch wirklich das einzige Mittel ist, um die Gemeinschaftsordnung hinreichend zu schützen" (aaO 925).

Weder das geltende Strafrecht noch der zukünftige Allgemeine Teil in der Fassung des zweiten Strafrechtsreformgesetzes enthalten eine Aussage zum materiellen Verbrechensbegriff. Diese Abstinenz steht im Gegensatz zu zahlreichen ausländischen Rechtsordnungen. Für uns interessant ist dabei vor allem das Strafgesetzbuch der DDR von 1968, das in § 1 eine materielle Charakterisierung des Wesens der Straftat versucht und dabei sogar materielle Unterscheidungskriterien zwischen Vergehen und Verbrechen aufstellt.

3.2. Die empirische Überprüfung der Sozialschädlichkeit

Im Kernbereich jeder heute verwendeten Definition des materiellen Verbrechensbegriffs steht die „Sozialschädlichkeit". Dieser Begriff ist nicht rein normativ zu konkretisieren. Zwar hat er ohne Zweifel eine entscheidende normative Komponente, da sich die Aussage „sozialschädlich" nur immer in Anlehnung an soziale Werte treffen läßt. Erst wenn man die tragenden sozialen Werte einer Gemeinschaft bestimmt und sie in eine bestimmte Rangfolge gebracht hat (für uns ist das primär die Wertordnung des GG), kann man daran den Maßstab der Sozialschädlichkeit anlegen. Bei der Prüfung, ob ein bestimmtes Verhalten diesen ermittelten Werten entscheidend widerspricht, muß aber die Realität der Verbrechensbegehung und des damit verbundenen Schadens an Sozialwerten einbezogen werden. Hier ist in erster Linie der kriminalphänomenologische Aspekt angesprochen (vgl. dazu bes. Geerds 1965, 11 ff.). Das Bedürfnis nach Pönalisierung muß empirisch untermauert sein; nur dann ist eine zutreffende Umschreibung der Unrechtsmaterie zu erhoffen. Eine entscheidende Aufgabe der Kriminologie liegt also darin, die Strafbedürftigkeit für die Pönalisierung bestimmter Verhaltensweisen nach den konkreten Befunden in unserer Rechts- und Sozialordnung aufzuzeigen.

Ein Beispiel mag das verdeutlichen. Im geltenden Recht pönalisiert § 265 StGB bestimmte Vorbereitungshandlungen zum Versicherungsbetrug, beschränkt sich dabei aber auf die Vorbereitungshandlungen bei Betrug gegenüber Brand- und Schiffsbzw. Frachtversicherungen. In sozialethischer Betrachtungsweise steht der Verstoß eines solchen Verhaltens gegen elementare Anforderungen innerhalb des Gemeinschaftslebens außer Frage. Eine empirische Überprüfung des Straftatbestands aber ergibt, daß hier die Vorbereitungshandlungen zum Versicherungsbetrug nur ganz partiell erfaßt wurden; so sind etwa die heute praktisch sehr wichtigen Vorbereitungshandlungen zum Betrug gegenüber Kraftfahrzeugversicherungen nicht erfaßt, während bestimmte Vorbereitungshandlungen zum Betrug gegenüber Krankenversicherungen wieder in den §§ 277 ff. behandelt sind. Da es für diese unterschiedliche Behandlung von Vorbereitungshandlungen zum Betrug keine befriedigende Erklärung gibt, stellt sich die kriminalpolitische Aufgabe entweder dahin, die Vorbereitungshandlungen zum Betrug generell straflos zu lassen und erst vom Zeitpunkt des Versuchs ab nach § 263 StGB zu erfassen, oder eine umfassende Strafnorm zu schaffen, die insgesamt die Vorbereitungshandlungen zum Betrug selbständig pönalisiert (vgl. dazu Suchan, in Die Verbrechen in der Wirtschaft, hrsg. v. Tiedemann, 2. Aufl. 1972, 83 ff.).

3.3. Die Bedeutung des materiellen Verbrechensbegriffs für die Normgeltung

Eine dem materiellen Verbrechensbegriff zuwiderlaufende Entscheidung des Gesetzgebers ist nicht allein deshalb schon verfassungswidrig; der materielle Verbrechensbegriff ist keine rechtliche Schranke für den Strafgesetzgeber dergestalt, daß eine damit nicht im Einklang stehende gesetzgeberische Entscheidung keine Rechtsgültigkeit erlangen könnte. Der materielle und der formelle Verbrechensbegriff können auseinanderfallen. Dies ist der Preis für die vom formellen Verbrechensbegriff gewährleistete Rechtssicherheit und Rechtsgewißheit (vgl. Verf. MDR 1969, 891), die bei einem unmittelbaren Durchschlagen des materiellen Verbrechensbegriffs auf die Geltung der Strafnormen nicht aufrecht zu erhalten wäre. Da aber jedes mit dem materiellen Verbrechensbegriff nicht konform gehende Strafgesetz den sozialen Regelungsauftrag verfehlt, wird hier immer ein mehr oder minder starker Rückschlag auf die Norm- und Sanktionsgeltung erfolgen. Dabei kann eine Strafnorm entweder bereits im Zeitpunkt ihres Zustandekommens nicht vom materiellen Verbrechensbegriff gedeckt sein, oder erst im Laufe ihrer Rechtsgeltung infolge Veränderung der sozialen Umstände und der relevanten Anschauungen vom materiellen Verbrechensbegriff nicht mehr erfaßt sein. Dabei ist vor allem in Rechnung zu stellen, daß die gesetzgeberische Arbeit selten so vollkommen geleistet werden kann, daß nicht auch atypische Fälle unter dem Deliktstypus einer bestimmten Strafnorm subsumierbar wären (vgl. dazu eingehend u. 4.2.).

Vor allem diese Situation hat § 3 StGB-DDR im Auge. Danach liegt eine Straftat nicht vor, „wenn die Handlung zwar dem Wortlaut eines gesetzlichen Tatbestands entspricht, jedoch die Auswirkungen der Tat auf die Rechte und Interessen der Bürger oder der Gesellschaft und die Schuld des Täters unbedeutend sind". Hier ist exakt die Situation des Auseinanderfallens von formellem und materiellem Verbrechensbegriff angesprochen und i. S. der Prävalenz des materiellen Verbrechensbegriffes gelöst. Ein solches unmittelbares Durchschlagen des materiellen Verbrechensbegriffes auf den formellen ist unserer eigenen Rechtsordnung unbekannt. Für uns ist in gewissem Umfang der Ausgleich erst im formellen Recht möglich (§ 153 StPO; vgl. u. 4.3.).

Für unser Recht könnte man also schlagwortartig zusammenfassend sagen, daß der formelle Verbrechensbegriff das Arbeitsgebiet der Rechtsanwendung und der materielle Verbrechensbegriff das Rüstzeug des Kriminalpolitikers ist. Man darf zwar die praktische Leistungsfähigkeit des materiellen Verbrechensbegriffes in unserem Recht damit nicht überschätzen, nicht unterschätzen sollte man aber auch die Leitbildfunktion einer solchen Aussage, die ja in Kurzform darstellt, worin die jeweilige Rechts- und Sozialordnung das Wesen des Strafrechts erblickt. Unter diesem Gesichtspunkt ist es auch bedauerlich, daß bei den Strafrechtsreformarbeiten nicht näher in Erwägung gezogen wurde, eine solche Aussage ins Gesetz aufzunehmen. Man muß sich darüber im klaren sein, daß ohne vorherige Erarbeitung eines unserer Verfassungsordnung adäquaten materiellen Verbrechensbegriffes kein **wissenschaftliches** Gespräch über die Reform des besonderen Teils geführt werden kann; denn solange fehlt der sichere Beurteilungsmaßstab für die Schaffung der Strafnormen (vgl. näher Verf. MDR 1969, 892).

4. Das Problem der Bagatellkriminalität

Das Auseinanderfallen zwischen formellem und materiellem Verbrechensbegriff zeigt sich am ausgeprägtesten, wenn eine formell tatbestandsmäßige Handlung das geschützte Rechtsgut materiell im konkreten Fall nur geringfügig beeinträchtigt. Auch die einmalige Wegnahme einer fremden 40-Pfennig-Briefmarke ist Diebstahl, aber keine nennenswerte Beeinträchtigung der sozialen Ordnung. Die Tatbestandsfassung zielt zwar darauf ab, nur schwerwiegende Beeinträchtigungen der Rechts- und Sozialordnung zu erfassen, kann aber nicht verhindern, daß auch Bagatellfälle darunter fallen. Die strafrechtliche Behandlung des Bagatellunrechts ist ein vielschichtiges und bis heute kriminalpolitisch nicht befriedigend gelöstes Problem (vgl. zusammenfassend Krümpelmann 1966). Seine Bedeutung kann dabei kaum überschätzt werden. Der Schaden für die Strafrechtspflege liegt in einer übermäßigen Belastung mit dem „Wust des Kleinkrams" (Faller 1971, 82) und der damit verbundenen Behinderung bei der Verfolgung schwerer Straftaten (vgl. Peters 1963, 20), weiterhin aber auch in einer ständig laxer werdenden Einstellung der Bevölkerung zum Bereich des Strafbaren, die der verschwenderische Gebrauch des Strafrechts unausweichlich herbeiführt.

Dabei muß man das Problem zweispurig sehen. Solche Verhaltensweisen, die **typischerweise** nur Bagatellunrechtscharakter tragen, unterfallen nicht dem materiellen Verbrechensbegriff und sind damit nicht Gegenstand zulässiger Pönalisierung; dazu ist das Nötige bereits o. 3. gesagt. Hier geht es nur um die zweite Möglichkeit: das typische Unrechtsbild verlangt die Pönalisierung, leichte — atypische — Fälle fallen aber heraus, wobei sich die Unrechtsmaterie nicht so beschreiben läßt, daß der Tatbestand ein zuverlässiges Filter für solche Fälle sein könnte. So liegt es z. B. bei der Körperverletzung (vgl. dazu eingehend Hirsch ZStW 83, 146 f.); die körperliche Unversehrtheit stellt sogar ein Rechtsgut dar, das in der derzeitigen Legalordnung nicht den Platz seiner wahren Bedeutung einnimmt. Gleichwohl gibt es zahlreiche Fälle geringfügiger körperlicher Beeinträchtigungen, die sich durch die Tatbestandsfassung nicht ausschließen lassen. Läßt sich hier keine befriedigende Lösung durch die Tatbestandsformulierung finden (und so liegt es auch bei vielen anderen Rechtsgütern), so müssen andere Korrekturmöglichkeiten gefunden werden. Im folgenden sollen die kriminalpolitischen Möglichkeiten zur Lösung dieses Problems geprüft werden.

Wenn im folgenden der Begriff des „Bagatellunrechts" verwendet wird, so muß dazu klar herausgestellt werden, daß ein solcher Begriff bisher keine einheitlich anerkannten scharfen Konturen erhalten hat (vgl. aber zu den Möglichkeiten der Abgrenzung eingehend Krümpelmann 1966), so daß wir es bei ihm weniger mit einem dogmatisch klar abgeschichteten Thema, als vielmehr mit einer als kriminalpolitische Zielvorstellung empfundenen Aufgabe zu tun haben.

4.1. Die Einschränkung des Anwendungsbereichs durch restriktive Auslegung

Zum Teil läßt sich das Problem dadurch entschärfen, daß man bei der Auslegung einzelner Tatbestandsmerkmale restriktiv vorgeht und dadurch den Anwendungsbereich zurückschneidet. Da alle Straftatbestände wegen ihrer Eingriffe in die Individualrechtssphäre belastender Art sind, ist schon umstritten, ob überhaupt nicht nur eine restriktive Auslegung im Strafrecht zulässig ist (vgl. dazu eingehend Jescheck 1972, 124). Auch wenn man mit Recht nicht nur die einschränkende Auslegung zuläßt, so ist sie jedoch ein Weg, der zur Herausnahme des Bagatellunrechts aus dem Strafrecht führen könnte.

Ein typisches Beispiel restriktiver Auslegung im geltenden Strafrecht ist das Problem der Ersatzhehlerei bei § 259 StGB. Dabei geht es um die Auslegung des Satzteiles „daß sie mittels einer strafbaren Handlung erlangt sind". Dem Wortlaut nach wäre nun auch durchaus die nur mittelbare Erlangung aus der Vortat und dementsprechend die Erstreckung der Hehlereihandlung auf ein Ersatzobjekt (etwa den Verkaufserlös der gestohlenen Sache) möglich. Die h. A. (Nachweise bei Schönke-Schröder § 259 Rdnr. 16) bezieht die Hehlerei aber nur auf unmittelbar durch die Vortat erlangte Gegenstände und erreicht eben dieses Ergebnis durch eine restriktive Auslegung des Begriffes „mittels einer strafbaren Handlung erlangt".

Bereits dieses Beispiel zeigt, daß die restriktive Auslegung keineswegs nur zu dem Zwecke eingesetzt wird, um das Bagatellunrecht auszuschalten (denn Ersatzhehlerei könnte durchaus schwere Fälle der Hehlerei betreffen). Ein Beispiel für die restriktive Auslegung ausschließlich zum Zwecke der Ausschaltung von Bagatellfällen ist das — allerdings im einzelnen sehr umstrittene — Nichteinbeziehen kleiner Gefälligkeiten und Geschenke bei § 331 (vgl. dazu auch u. 4.2.). Eine einschränkende Auslegung findet aber nur dann einen Ansatzpunkt, wenn die gesetzliche Fassung des Tatbestands ein Merkmal enthält, das sich zu der Geringfügigkeit der Rechtsgutsbeeinträchtigung in Bezug setzen läßt. Das ist z. B. in § 242 StGB bezüglich der Geringfügigkeit des Diebstahlsobjekts nicht der Fall; vielmehr ergibt die Existenz des § 248a, der die Entwendung geringwertiger Gegenstände aus Not erfaßt, daß unter § 242 grundsätzlich auch die Wegnahme geringwertiger Gegenstände zu subsumieren ist. Insgesamt gesehen sind damit die Möglichkeiten gering, über eine einschränkende Auslegung das Bagatellunrecht auszuschalten, zumal im allgemeinen bei der Rechtsanwendung der Drang zum Perfektionismus wesentlich stärker zu sein pflegt als der Mut zur Lücke (vgl. Peters 1963, 19).

4.2. Korrektur durch den Gedanken der Sozialadäquanz

Die Straftatbestände entstehen aus dem Erfahrungswissen um die Sozialschädlichkeit bestimmter Verhaltensweisen (vgl. dazu Verf. ZStW 82, 633). Sozialadäquates Verhalten stellt dagegen das den anerkannten sozialen Verhaltensnormen entsprechende Tun dar (näher Verf. aaO). Im Straftatbestand und in der Sozialadäquanz stehen sich also zwei entgegengesetzte Verhaltensmodelle, nämlich ein positiv und ein negativ bewertetes, gegenüber; grundsätzlich schließen sich deshalb beide Verhaltensmodelle aus. Jedoch sind die Straftatbestände häufig nicht so exakt umschrieben, daß sie nicht von vornherein auch atypische Fälle umfassen könnten, die nicht an dem das deliktische Verhalten prägenden Unrechtsbild voll teilhaben. Vor allem aber kann ein Straftatbestand im Laufe seiner Geltung so von der Veränderung innerhalb der gesellschaftlichen Verhältnisse betroffen werden, daß sich sein Anwendungsbereich zunehmend auf nicht mehr als sozialschädlich eingestufte Verhaltensweisen bezieht. In dieser Situation kann der Gedanke der Sozialadäquanz als Regulativ eingreifen (vgl. Roxin 1970, 23), wobei allerdings umstritten ist, ob es sich dabei nur um „einen Interpretationsbehelf bei der Restriktion von Wortfassungen" (so Roxin aaO) oder um ein eigenständiges Rechtsinstitut (so Verf. ZStW 82, 633 ff.) handelt, wenngleich die Grenzen zur teleologischen Auslegung flüssig sind. Der Gedanke der Sozialadäquanz kann dabei insbesondere auch dazu verwendet werden, nur geringfügige Rechtsgutsbeeinträchtigungen aus dem Anwendungsbereich der Strafnormen herauszunehmen. Die die Rechtsanwendung regulierende Funktion der Sozialadäquanz läßt sich folgendermaßen zusammenfassen: „die Sozialadäquanz nimmt an den aus dem Erfahrungswissen um die Sozialschädlichkeit geschaffenen Straftatbeständen die — von vornherein zur Ergänzung unentbehrlichen oder im Laufe der sozialen Entwicklung notwendig werdenden — Typenkorrekturen vor, um die Strafnormen im Einklang mit dem sozialen Leben der Gemeinschaft zu halten" (Verf. ZStW 82, 654).

Im Grunde die gleiche Funktion könnte der **materielle Verbrechensbegriff** entfalten. Diesen Weg geht das Strafgesetzbuch der DDR in § 3, wo der in § 1 festgelegte materielle Verbrechensbegriff dazu benützt wird, um ihn als Filter unmittelbar auf formell tatbestandsmäßige Handlungen anzuwenden. Die einzelnen Straftatbestände werden hier gewissermaßen durch den materiellen Verbrechensbegriff überlagert, der zwar formell tatbestandsmäßige, aber nicht in concreto gesellschaftswidrige oder gesellschaftsgefährliche Handlungen aussondert. Dieser Weg ist freilich im Strafgesetzbuch der DDR leichter zu gehen, als es bei uns der Fall wäre, weil das Strafrecht der DDR auch bei der Verletzung von Individualrechtsgütern unterhalb der Straftaten noch die Kategorie der Verfehlungen kennt (vgl. dazu näher u. 4.4.).

Ob man das von Roxin vorgeschlagene Geringfügigkeitsprinzip (1970, 24 m. eingeh. Nachw. in Fußn. 53) als selbständiges Korrektiv verwenden kann, erscheint dagegen zweifelhaft. Die Beispiele von Roxin selbst (erhebliche Beeinträchtigungen des körperlichen Wohlbefindens, sexuelle Handlungen von einiger Erheblichkeit; Gewalt nur als nachhaltige Behinderung) legen Zweifel an der praktischen Verwendbarkeit nahe. Der entscheidende Einwand zielt aber darauf ab, daß hier das Ziel (die Ausscheidung geringfügiger Rechtsgüterbeeinträchtigungen aus der Strafverfolgung) auch gleichzeitig als rechtstechnisches Instrument (als Mittel zur Zweckerreichung) eingesetzt wird. Da sich das Geringfügigkeitsprinzip partiell mit dem Gedanken der Sozialadäquanz deckt, erscheint eine Weiterverfolgung und Präzisierung der Sozialadäquanz als der aussichtsreichere kriminalpolitische Weg, da in ihm über die Berücksichtigung der Geringfügigkeit hinaus zahlreiche weitere Gesichtspunkte veranschlagt werden können.

Eine Strafrechtsordnung, die das Problem der Bagatellkriminalität bereits im Bereich des materiellen Rechts lösen wollte, müßte also entweder (entsprechend der Regelung des Strafgesetzbuches der DDR) die Kriterien des materiellen Verbrechensbegriffes oder den Gedanken der Sozialadäquanz im Allgemeinen Teil verankern und damit zum generellen Filter für jede tatbestandsmäßige Handlung machen.

4.3. Einstellungsmöglichkeiten im formellen Recht

Unsere geltende Strafrechtsreform hat einen anderen Weg eingeschlagen. Sie sieht eine Möglichkeit zur Ausschaltung des Bagatellunrechts erst im formellen Recht durch zahlreiche Einstellungsmöglichkeiten, insbesondere aber durch § 153 StPO vor. Danach kann die Staatsanwaltschaft mit Zustimmung des Gerichts bei Vergehen von der Strafverfolgung absehen, wenn die Schuld des Täters gering ist und kein öffentliches Interesse an der Strafverfolgung besteht (§ 153 Abs. 2 StPO); die entsprechende Möglichkeit zur Einstellung besteht auch für das Gericht nach Erhebung der Anklage mit Zustimmung der Staatsanwaltschaft (§ 153 Abs. 3 StPO). Erst in allerjüngster Zeit ist dabei in den Blickpunkt des kriminalpolitischen Interesses in der Bundesrepublik die Frage gerückt, ob eine materiellrechtliche oder eine verfahrensrechtliche Lösung vorzuziehen ist (vgl. Eser, Cramer und Naucke in Festschr. für Maurach 1972). Dabei muß beim gegenwärtigen Diskussionsstand davon ausgegangen werden, daß bisher weder der rechtsvergleichende Blick auf ausländische Systeme umfassend erfolgt ist, noch die Implikationen in der eigenen Rechtsordnung systematisch erfaßt sind. Unter diesem Vorbehalt steht auch die folgende eigene Stellungnahme, die zudem schon aus Raumgründen nur sehr knapp sein kann.

Die Abwägung zwischen einer Lösung im materiellen Recht über eine Konkretisierung des materiellen Verbrechensbegriffs (§ 3 StGB DDR) und einer verfahrensrechtlichen Behandlung (§ 153 StPO) ist schwierig. Sicher stellt eine materiellrechtliche Lösung von vornherein klar, daß keine Ermessensentscheidung zu treffen ist, sondern daß Rechtsbegriffe in der Rechtsanwendung auszufüllen sind. Denkbar ist aber ein solcher Übergang zur reinen Rechtsanwendung (mit einem Beurteilungsspielraum statt einem Ermessensrahmen) auch im formellen Recht (vgl. dazu näher Verf., „Kriminalpolitische Überlegungen zum Legalitätsprinzip" in der im Erscheinen begriffenen Festschr. f. Peters). Da wir keine eigene Kategorie unterhalb der Straftaten im materiellen Recht bei Individualrechtsgütern parallel den Verfehlungen der DDR (vgl. §§ 3, 4 StGB DDR) haben, bleibt wohl zunächst nur eine Lösung über das formelle Recht. Diese beinhaltet aber eine schon aus rechtsstaatlichen Gründen gebotene Präzisierung der Voraussetzungen, nach denen keine Strafverfolgung bei Bagatelldelikten durchgeführt werden soll. Diese möglichst exakt festzulegenden Voraussetzungen müßten dann als echte Verfahrensvoraussetzungen ausgestaltet werden (vgl. näher Verf. aaO).

Auch das würde aber nur eine rechtstaatlich gebotene Präzisierung des gegenwärtigen Rechtszustandes bedeuten und nicht von der weiteren Suche nach Lösungsmöglichkeiten für das Problem der Bagatellkriminalität entbinden.

4.4. Lösungsmöglichkeiten de lege ferenda

Können die systemimmanenten Möglichkeiten des geltenden Rechts das Problem der Bagatellkriminalität längerfristig gesehen nicht befriedigend lösen, so wird kriminalpolitisch die Suche nach neuen Gestaltungsformen unabweisbar, die sich vor allem auf die Bildung einer eigenen Kategorie abweichenden Verhaltens unterhalb der strafbaren Handlungen, ein eigenes Verfahren und eigenständige (nicht kriminelle) Sanktionen zu erstrecken hat. Die Entwicklung des Ordnungswidrigkeitenrechts müßte für den Bereich der Individualrechtsgutsverletzungen nachvollzogen werden. Wurden im Ordnungswidrigkeitenrecht die leichteren Verstöße gegen Rechtsgüter der Allgemeinheit entkriminalisiert, so wäre dies jetzt für leichte Individualrechtsgutsverletzungen ins Auge zu fassen. Wir stehen derzeit bei der geringfügigen Verletzung von Individualrechtsgütern vor der Alternative: Einordnung in den Bereich des Strafbaren oder völlige Ausscheidung aus der Strafzone, wobei letzteres einen Verzicht auf jede Sanktion bedeutet. Diese oft unerfreuliche Alternative muß durch eine Zwischenform entschärft werden.

Diese Spannung wird im allgemeinen Rechtsbewußtsein durchaus empfunden und tritt in vielfältigen Erscheinungsformen zu Tage. So wird etwa bei leichten Beleidigungen oder Körperverletzungen, aber auch bei leichteren Fällen von Ladendiebstählen oder von Diebstählen von Arbeitsmaterial in Betrieben vielfach die Einleitung eines Strafverfahrens als im Verhältnis zum Anlaß übermäßige Reaktion empfunden. Andererseits erscheint aber auch der Verzicht auf jede Sanktionierung als unbillig. Gerade hierin liegt mit ein Grund für die zunehmende Verlagerung solcher Vorgänge von der staatlichen Strafrechtspflege auf außerrechtliche Instanzen, etwa durch Auferlegung einer Betriebsbuße oder durch die jüngst zu beobachtenden Versuche, bei Ladendiebstählen dem Täter über eine „Rechtsverfolgungsgebühr" einen Denkzettel zu verpassen. Das Fehlen einer für solche leichten Vergehen als adäquat empfundenen Sanktionierung auf seiten der staatlichen Strafrechtspflege leistet auf Dauer gesehen einer zunehmenden Verlagerung der Sanktionierung auf außerrechtliche Instanzen Vorschub.

In den sozialistischen Staaten des Ostblocks ist für derartige Fälle ein eigenständiges Sanktionierungsverfahren mit selbständigen Instanzen in Form der gesellschaftlichen Organe der Rechtspflege vorgesehen (vgl. dazu eingehend Eser 1970 und Schroeder ROW 1972, 265). Derartige Gesellschaftsgerichte lassen sich aber nicht in unsere Rechts- und Sozialordnung verpflanzen, da sie andere Gesellschaftsstrukturen voraussetzen. Eine generelle Übernahme des Modells der Gesellschaftsgerichte ist für uns daher kein gangbarer Weg, mit dem Problem der Bagatellkriminalität fertig zu werden. Für den Sonderbereich der Betriebsjustiz haben sich allerdings auch bei uns jedenfalls partiell vergleichbare Formen herausgebildet (vgl. Kerner 1973, 33 ff.).

Die Bewältigung der Bagatellkriminalität muß in gleicher Weise vom sachlichen Recht wie auch vom Verfahrensrecht her gesehen werden. Die Lösung des Problems wird zunehmend als vordringliche kriminalpolitische Sachaufgabe erkannt, wenn auch die veröffentlichten Vorschläge bisher nicht allzu zahlreich sind.

In seinem Referat über „Hauptprobleme einer Reform der Delikte gegen die körperliche Unversehrtheit" hat Hirsch 1970 auf der Strafrechtslehrertagung in Regensburg das Problem der Bagatellkriminalität anhand der Körperverletzungstatbestände aufgegriffen und dazu einen generellen Lösungsvorschlag unterbreitet, der sich in vielen Punkten mit einem früher vom Verf. gemachten Vorschlag deckt (GA 1969, 234 f.).

Beide Vorschläge stimmen bezüglich der materiellrechtlichen Behandlung überein (vgl. Hirsch ZStW 83, 146 f.; Verf. GA 1969, 243 ff.). Bezüglich der Tatbestandsseite sollen die „Verfehlungen" voll im Strafrecht verbleiben, während die Deliktsfolgenseite entkriminalisiert werden muß; als Sanktion ist grundsätzlich eine — nichtkriminelle — Buße vorzusehen (sei es an die Staatskasse, sei es an eine gemeinnützige Institution, vgl. aaO 244). Dagegen weichen die Vorschläge bei der verfahrensrechtlichen Behandlung ab. Hirsch (aaO 147) geht von einer staatlichen Verfolgung auf Antrag des Verletzten aus und will das bisherige Privatklageverfahren ganz in Fortfall kommen lassen. Mein eigener Vorschlag zielt dagegen auf ein Privatklageverfahren auf Betreiben des Verletzten ab (aaO 245). Die Lösung von Hirsch ist für den Verletzten zweifellos günstiger, birgt aber die Gefahr eines starken Anwachsens der Verfolgungen in sich, da die Antragstellung einen wesentlich geringeren Aufwand gegenüber der eigenen Durchführung der Klage verlangt. Der hier zur Bewältigung der Bagatellkriminalität gemachte Vorschlag würde also im Kern auf die Entkriminalisierung der Deliktsfolgenseite und auf die Ausklammerung aus der staatlichen Strafverfolgung abzielen. Die heutige Kategorie der Privatklagedelikte müßte dabei bezüglich der Sanktionenseite neu geregelt werden. Ein entscheidener Beitrag zur Bewältigung der Bagatellkriminalität würde sich freilich erst dann ergeben, wenn man den Katalog der Privatklagedelikte unter diesem Gesichtspunkt neu gestalten würde.

Zusammengefaßt bedeutet der Lösungsvorschlag also eine neukonzipierte Privatklage ohne Kriminalsanktionen für leichtere Verletzungen von Individualrechtsgütern. Dies fordert kriminalpolitisch die Stellungnahme dazu heraus, ob man eine solche stärkere Verlagerung der Verfolgung auf den Verletzten für wünschenswert hält. Zwei Gesichtspunkte sind dabei wichtig. Einmal könnte eine solche Lösung die eigene Verantwortung jedes Staatsbürgers aktivieren (was unter Umständen auch positive Rückwirkungen auf einen besseren Selbstschutz von Verbrechensschäden nach sich ziehen könnte; vgl. u. § 9 2.1.), und zum anderen würde sich das Problem der Verlagerung der Sanktionierung auf außerrechtliche Instanzen in diesem Bereich in einem anderen Lichte darstellen. Letztlich entscheidend aber ist, daß damit ein Schritt getan werden könnte, die staatliche Strafverfolgung stärker schwerpunktmäßig auf schwere Rechtsgutverletzungen zu konzentrieren, insbesondere auf mit Gewaltanwendung verbundene Angriffe gegen Rechtsgüter des einzelnen oder der Allgemeinheit. Die Entlastung der staatlichen Strafverfolgung vom Bagatellunrecht ist damit letztlich ein Preis für die Effektivität des Strafrechtsschutzes.

§ 6 Die Verbrechensverfolgung als Realisierung der Schutzfunktion

In den Straftatbeständen sind Art und Umfang der Kriminalität vorgezeichnet. Die Erfüllung eines Straftatbestandes löst ipso iure die staatliche Strafberechtigung aus (vgl. dazu näher Verf. GA 1969, 235 f.). Jedoch realisiert sich der als automatische Folge der Tatbegehung eintretende staatliche Strafanspruch nicht selbständig, sondern es bedarf dazu des Tätigwerdens der staatlichen Strafverfolgungsorgane. Der effektive Wert einer Strafrechtsordnung hängt nun weitgehend davon ab, wie die Schutzfunktion bei der Verfolgung der Straftaten realisiert wird. Was eine Strafrechtsordnung leistet, zeigt nicht der bloße Blick ins Strafgesetzbuch, sondern die Beobachtung der Strafverfolgungspraxis, wobei freilich gute Gesetze die unabdingbare Voraussetzung für eine fruchtbare Arbeit der Strafverfolgungsorgane sind.

1. Die Information über die begangenen Straftaten

Am Anfang der Realisierung des staatlichen Strafanspruchs steht die Information über die begangenen Straftaten. Hier werden bereits die Weichen gestellt; nur eine zur Kenntnis der Strafverfolgungsorgane gelangende Straftat löst die Strafverfolgung aus.

Die Kenntnisnahme von Straftaten erfolgt bei den Strafverfolgungsbehörden in doppelter Weise: durch eigene Wahrnehmung und aufgrund von Anzeigen. Dabei ist es deliktsspezifisch verschieden, ob Anzeigen oder eigene Wahrnehmung überwiegen. So erlangt die Polizei im Bereich der Eigentums- und Vermögenskriminalität in der Regel aufgrund von Anzeigen Kenntnis von Straftaten, während im Verkehrsstrafrecht die eigene Beobachtung von Verkehrsverstößen im Vordergrund steht. Nun sind eigene Wahrnehmungen und Anzeigen keine unveränderlich feststehenden, sondern variable Größen. Dies leuchtet für eigene Wahrnehmung durch die Polizeitätigkeit unmittelbar ein. Wenn die Polizei etwa die Maßnahmen der Verkehrsüberwachung (z. B. Radarkontrollen) verdoppelt, so erhöht sich damit auch die Anzahl der von ihr registrierten Verkehrsverstöße. Dies gilt allgemein für jede polizeiliche Strafverfolgungstätigkeit entsprechend.

Aber auch das Anzeigeverhalten der Verbrechensopfer ist von zahlreichen beeinflußbaren Faktoren abhängig, wie neuere Untersuchungen über die Bestimmungsgründe der Anzeigebereitschaft des Opfers ergeben (vgl. Heinz 1972; Kerner 1973, 28 ff.). So hängt die Anzeigebereitschaft des Opfers etwa vom Grad der eigenen Betroffenheit durch die Tat, dem Verhältnis zum Täter, der Chance, eine erfolgreiche Strafverfolgung auszulösen, und nicht zuletzt vom Zwang zur Anzeige aufgrund von Versicherungsbedingungen ab. Hier bei der Information über die begangenen Straftaten liegt bereits der erste entscheidende Faktor für eine Verzerrung des Kriminalitätsbildes. Nur eine vollständige Information könnte eine wirklich gleichmäßige und umfassende Behandlung der gesamten Kriminalität in der Strafverfolgung sicherstellen. Wenn wir hier auch im einzelnen nur ein sehr bruchstückhaftes Wissen besitzen, so sprechen doch alle Umstände dafür, daß bereits an dieser ersten Schwelle der Großteil der Straftaten ausgesondert wird.

2. Das Dunkelfeld

Die Differenz zwischen den tatsächlich begangenen und den amtlich bekanntgewordenen Straftaten bezeichnet man als Dunkelfeld. Diese Latenz der Straftaten ist ein erstrangiges kriminalpolitisches Problem. Ist die Kenntnis der Strafverfolgungsorgane von den tatsächlich begangenen Straftaten nur bruchstückhaft, so ergibt sich daraus die drängende Forschungsaufgabe für die Kriminologie, dieses Informationsdefizit abzubauen.

Die Kriminologie hat sich diesem Problem mit empirischen Forschungsvorhaben erst in den letzten Jahren stärker zugewendet. Am Anfang müssen die Überlegungen darüber stehen, wie das Dunkelfeld zustande kommt. Zunächst ist es denkbar, daß der Täter oder das Opfer nichts von der geschehenen Straftat wissen. Diese Situation ist beim Täter etwa denkbar bei fahrlässigen Straftaten, wenn er entweder nichts von seinem pflichtwidrigen Verhalten oder nichts von dem Erfolgseintritt weiß. Auch können Gesetzesunkenntnis oder eine unrichtige Bewertung auf seiten des Täters dazu führen, daß er ein objektiv strafbares Verhalten nicht für strafbar ansieht. Häufiger und praktisch bei weitem wichtiger ist aber der Fall, daß das Opfer nichts von der geschehenen Straftat weiß, was vor allem beim Betrug — insbesondere beim Versicherungsbetrug — oft der Fall ist. Von noch größerer praktischer Relevanz sind die Fälle, bei denen das Opfer die Tat nicht anzeigen kann oder will (vgl. dazu o. 1). In all diesen Fällen besteht zwar noch die Möglichkeit, daß die Strafverfolgungsorgane durch unmittelbare eigene Wahrnehmung auf die begangene Straftat aufmerksam werden; jedoch ist das eine praktisch seltene Situation, vor allem wenn die Allgemeinheit selbst durch das strafbare Verhalten nicht nennenswert tangiert wird.

Daraus ergeben sich drei mögliche Ansatzpunkte zur **empirischen Aufhellung des Dunkelfeldes:** in erster Linie beim Opfer, dann beim Täter und schließlich durch stichprobenweise Ermittlung der sozialrelevanten Daten einschließlich der aktiven oder passiven Beteiligung an Straftaten bei ausgewählten Untersuchungspersonen. Damit sind auch die drei bisher versuchten empirischen Forschungsansätze angesprochen: Opferbefragung, Täterbefragung und Reihenuntersuchung. Bei einzelnen Delikten kommt die Auswertung zusätzlicher Daten hinzu, wie etwa die Zahl der erforderlichen Nachbehandlungen bei verpfuschten Abtreibungen als Indiz für das Dunkelfeld bei § 218 oder eine stichprobenweise erfolgte genaue Überprüfung von Schadensmeldungen bei Versicherungen als Indiz für die Häufigkeit des Versicherungsbetrugs als Unterfall des § 263. Die Darstellung dieser empirischen Forschungsmöglichkeiten und ihrer Grenzen gehören der Kriminologie an (vgl. bes. Göppinger 1971, 74 ff.; Kaiser 1971, 4 und speziell für Jugendkriminalität 1972, 57 ff. und zur Betriebskriminalität 1972, 104 ff.). Hier ist nur das Resümee für die Kriminalpolitik zu ziehen, und dieses ist bisher ausgesprochen negativ. Von den drei angesprochenen Forschungsansätzen haben bisher die Opferbefragungen noch am ehesten das Geheimnis des Dunkelfeldes ein wenig gelüftet. Aber abgesehen davon, daß diese Methode dort versagen muß, wo kein aussagefähiges Opfer vorhanden ist oder das Opfer selbst die Tat nicht kennt, haben die Untersuchungen bisher nur bestätigt, daß die Zahl der tatsächlich begangenen Straftaten ganz erheblich über den bekanntgewordenen Straftaten liegt, ohne aber im einzelnen auch nur zuverlässige Anhaltspunkte zu Wahrscheinlichkeitsrelationen zwischen tatsächlich begangenen und bekanntwerdenden Straftaten zu liefern. Täterbefragungen (mit dem Problem der Gewähr für die Richtigkeit der Angaben) und Reihenuntersuchungen (mit dem Problem der Repräsentativität des Untersuchungsmaterials) sind bisher nicht in größeren Untersuchungen eingesetzt worden, so daß letztlich über ihre Leistungsfähigkeit noch kein sicheres Urteil abzugeben ist (vgl. zur selbstberichteten Delinquenz Kerner 1973, 157 ff.). Bisher jedenfalls ist im empirischen Bereich das Dunkelfeldproblem noch nicht einmal vom Stand der bloßen Schätzung in den einer Wahrscheinlichkeitsaussage gehoben worden.

Unsere Kenntnis vom wahren Umfang der Kriminalität ist daher heute bruchstückhaft und auch nicht in groben Umrissen abgesichert. Das bringt die Verbrechensbekämpfung in eine schlechte Ausgangsposition, vor allem bezüglich einer gezielten Vorbeugung. Es läßt sich nicht übersehen, daß die Dunkelfeldforschung damit eine „Fundamentalkritik an der praktizierten Verkürzung der Gerechtigkeit" (Kaiser 1972, 58) auslöst. Auch hier ist wieder die der staatlichen Strafrechtspflege zugrundegelegte Straftheorie tangiert; eine absolute Gerechtigkeitstheorie würde von diesem Vorwurf voll getroffen. Aber auch jede relative Straftheorie hat hier an einer schweren Bürde zu tragen, kann aber der Belastungsprobe standhalten, solange sie trotz des Dunkelfeldes (d. h. im Klartext: trotz Nichtverfolgung der meisten Straftaten) die Ordnungsfunktion gegenüber der Rechts- und Sozialordnung als Teil der umfassenden Sozialkontrolle zu erfüllen vermag. Nur darf die gesamte Kriminalpolitik diesen Elementarbefund nicht negieren, sondern muß ihn bewußt zur Kenntnis nehmen und in ihre Vorschläge einbeziehen.

Freilich wirkt sich hier auch der Gesichtspunkt aus, daß die Strafrechtspflege nur ein Teil der umfassenden Sozialkontrolle ist (Jescheck 1972, 1; Kaiser 1971, 6). Denn andere Formen der sozialen Kontrolle mit ihren eigenen Sanktionierungsmöglichkeiten unterstützen das Strafrecht und können — wenigstens partiell — seinen Ausfall kompensieren. Freilich ist dieser Zusammenhang des Zusammenwirkens aller sozialen Normensysteme und ihrer gegenseitigen Kompensationsmöglichkeiten sowohl theoretisch wie auch empirisch noch viel zu wenig erforscht, um hier sichere Angaben machen zu können. Teilbefunde weisen aber eindeutig in diese Richtung. So hängt etwa das Unterlassen der Anzeige (und damit das faktische Ausbleiben der Strafverfolgung) u. a. eng mit den Möglichkeiten des Opfers zusammen, den Täter eigenen Sanktionen unterwerfen zu können, wie etwa die Komplexe der Betriebsjustiz und der privaten Ahndung von Ladendiebstählen sichtbar machen.

Als kriminalpolitisch höchst bedeutsamer Ausgangspunkt für alle staatliche Strafverfolgungstätigkeit bleibt also festzuhalten: Nur ein Bruchteil der tatsächlich begangenen Straftaten gelangt überhaupt in die Bearbeitung durch die staatlichen Strafverfolgungsorgane. Dabei kennen wir weder das Gesamtverhältnis der wirklich begangenen zu den bekannt werdenden Straftaten noch das — sicherlich unterschiedliche — Verhältnis bei den einzelnen Deliktsgruppen, ja wir wissen nicht einmal sicher, ob die Relation im Laufe der Jahre wenigstens annähernd gleich bleibt.

Der zuletzt genannte Gesichtspunkt hat große praktische Bedeutung für die Verwendbarkeit der Kriminalstatistiken zur Kriminalitätsbeobachtung über längere Zeiträume (vgl. dazu Kerner 1973, 170 ff.). Denn nur unter Zugrundelegung des Gesetzes der konstanten Verhältnisse (d. h. hier konkret eines in etwa immer gleich großen Dunkelfeldes) gibt die Kriminalitätsentwicklung nach den Kriminalstatistiken einen wenigstens relativ richtigen Einblick in die tatsächliche Kriminalitätsentwicklung. Seit man erkannt hat, daß sowohl die eigene staatliche Ermittlungsarbeit wie auch die Anzeigetätigkeit der Bevölkerung sehr variable Größen darstellen, sind die Zweifel hieran immer vernehmlicher geäußert worden. Wenn etwa die polizeiliche Kriminalstatistik für Baden-Württemberg im Jahre 1970 eine Steigerung der Rauschgiftdelikte von 404 Fällen im Jahre 1969 auf 1718 Fälle im Jahre 1970 aufweist (Amtl. Statistik, S. 25), also eine Steigerung um mehr als das Vierfache, so läßt sich daraus keinesfalls sicher ablesen, daß die Zunahme der tatsächlich begangenen Rauschgiftdelikte dieses Ausmaß für das Jahr 1970 erreicht hat. Denn im Zuge der damals verstärkt einsetzenden Rauschgiftwelle hat die Polizei ihre Ermittlungstätigkeit ganz erheblich intensiviert, was naturgemäß zur Aufklärung von mehr Straftaten führt. So ist es durchaus denkbar, daß die tatsächliche Rauschgiftkriminalität 1969 nur wenig niedriger oder vielleicht sogar höher lag als 1970, obwohl die Statistik 1970 den vierfachen Anteil gegenüber 1969 ausweist. Würden etwa die Versicherungen bei der Entgegennahme von Schadensmeldungen aus der Einbruchsversicherung auf die polizeiliche Anzeige der Tat verzichten, so hätte das sicher starke Rückwirkungen auf das Anzeigeverhalten der Bestohlenen und würde damit statistisch gesehen zu einem Rückgang der Diebstahlsfälle führen, ohne daß dem ein tatsächlicher Rückgang korrespondieren müßte.

Trotz dieser großen Relevanz des Dunkelfelds, die hier nur exemplarisch an einzelnen Punkten aufgezeigt werden konnte, können sich weder die praktische Kriminalpolitik noch die empirische Forschung dadurch aus der Affäre ziehen, daß sie die tangierten Bereiche bis zur Lösung des Dunkelfeldproblems ausklammern. Das würde einen weitreichenden Verzicht auf kriminologische Forschung und kriminalpolitische Gestaltung bedeuten. Die einzig realistische Alternative ist die, an der Lösung des Dunkelfeldproblems zu arbeiten und inzwischen — vielleicht auf unabsehbare Zeit — das Dunkelfeld in Rechnung zu stellen.

3. Die Selektion bei der Strafverfolgung

3.1. Die Theorie des „Labeling Approach"

Steht bereits am Anfang der staatlichen Strafverfolgungstätigkeit die nüchterne Einsicht, daß nur ein Bruchteil der Straftaten zur Kenntnis der Strafverfolgungsorgane gelangt, so ist bereits hiermit das Selektionsproblem ins Licht gerückt; es erschöpft sich aber damit bei weitem nicht. Vielmehr stellt sich die Frage, ob im Bearbeitungsvorgang bei den Strafverfolgungsorganen eine weitere Auswahl unter den bekanntgewordenen Straftaten stattfindet. Diese Selektionsproblematik ist in den letzten Jahren durch die Theorie des „Labeling Approach" (oder „Social Reaction Approach") ins allgemeine Bewußtsein gerückt worden.

Diese Theorie ist in der amerikanischen Kriminalsoziologie in den letzten 20 Jahren entwickelt worden und hat in erster Linie durch Sack (vgl. die Arbeiten 1968, 1969, 1971 und 1972) in der Bundesrepublik Verbreitung gefunden. Die Theorie des Labeling Approach wird dabei zumeist den bisherigen, „traditionellen" kriminologischen Forschungen als völlig neuartiger Forschungsansatz und als neue umfassende Theorie zur Kriminalitätserklärung gegenübergestellt. Den bisherigen kriminologischen Untersuchungen wird vorgeworfen, im wesentlichen immer den abgeurteilten Kriminellen zum Ausgangspunkt der kriminologischen Ursachenforschung genommen zu haben. Dabei werde verkannt, daß die Eigenschaft „kriminell" keineswegs ein vorgegebener Zustand sei, sondern einem Menschen erst durch eine ganze Reihe verschiedenartiger Definitionsprozesse im Gange der Strafrechtspflege zugeschrieben und gleichsam als Etikett („label") beigelegt werde. Der Blick wendet sich vom straffällig gewordenen Menschen als Einwirkungsobjekt der Sanktionen zu der sanktionierenden Gemeinschaft; man will die Kriminalität „von den Reaktionen der Gesellschaft her beschreiben, verstehen und erklären" (Sack 1968, 433). „Kriminalität wird damit verstanden als ein Konzept, das eine Beziehung zwischen Menschen beschreibt, zwischen dem Täter und anderen Mitgliedern der Gesellschaft, und ist nicht als ein Merkmal eines Verhaltens zu verstehen, dessen Existenz zweifelsfrei zu entscheiden und dessen Zuordnung zu einem Täter mühelos zu bewerkstelligen ist" (aaO). In dieser Sicht gewinnt die Selektionsproblematik eine große Bedeutung, genauer: „Die Regeln der Interpretation und Anwendung von Normen, die den Selektionsprozeß bestimmen, der aus einer potentiell viel größeren Gruppe von Rechtsbrechern einen kleinen Prozentsatz tatsächlich als solcher Behandelter herausfiltert" (aaO 471). Für die in diesem Prozeß als kriminell Ausgelesenen bedeutet dieser Vorgang eine Stigmatisierung (vgl. zu diesem speziellen Aspekt u. § 7 3.). Hier soll im folgenden die vom Labeling-Approach herausgestellte Selektionsproblematik näher untersucht werden.

Um über die Aussagen des „Labeling-Approach" zur Selektion im Strafverfolgungsvorgang Klarheit zu gewinnen, müssen wir uns zunächst vor Augen führen, wo in der Strafverfolgung Selektionsprozesse stattfinden und wie sie vor sich gehen. Dabei steht von vornherein die Fragestellung im Vordergrund des Interesses, ob die Selektion — sei es bewußt oder unbewußt — das tatsächliche Kriminalitätsbild verzerrt. Dabei könnte eine solche Verzerrung sowohl bezüglich der Straftaten (Unter- bzw. Überrepräsentierung einzelner Delikte und Deliktsgruppen) wie auch bezüglich der Straftäter (hier besonders das Problem einer schichtenspezifischen Auswahl) auftreten. Dabei muß man von vornherein zwei unterschiedliche Bezugspunkte klarstellen. Um beurteilen zu können, ob die Auswahl der Straftaten und Straftäter insgesamt in verzerrender Weise gegenüber der tatsächlichen Kriminalität erfolgt, müßte man die gesamte Auswahlmasse, d. h. alle begangenen Straftaten, kennen. Hier stößt der „Labeling-Approach" — ebenso wie alle bisherigen kriminologischen Forschungsansätze — wieder an die Schallmauer, die er durchbrechen will, das Dunkelfeld. Denn nur wenn man alle tatsächlich begangenen Straftaten kennen würde, könnte man beurteilen, inwieweit die ausgelesene, d. h. die abgeurteilte, Kriminalität ein maßstabsgetreuer verkleinerter Ausschnitt oder eine verzerrte Wiedergabe ist. Unter Ausklammerung der Dunkelfeldprobleme läßt sich auch vom „Labeling-Approach"-Ansatz her nur empirisch überprüfen, ob die **bekannt werdenden** Straftaten in verzerrender Weise von den Strafverfolgungsorganen bearbeitet werden.

3.2. Die Stufen der Selektion

Ebensowenig wie es ein „natürliches Verbrechen" gibt (vgl. o. § 5 1.1.), kann es auch keinen „natürlichen Kriminellen" geben. Kriminell i. S. eines sozialrelevanten Faktums wird man nur durch eine Reihe staatlicher Entscheidungen; kriminell ist „das Endprodukt des Ineinandergreifens verschiedener Regelungssysteme und Kontrollinstanzen" (Heinz ZStW 84, 831). Bis als Endprodukt die Entscheidung „kriminell" gefällt werden kann, müssen im wesentlichen die folgenden Stufen durchschritten werden (vgl. auch Kerner 1973, 79 ff.):

a) Die Festlegung der Straftatbestände

Bereits bei dem Vorgang der Pönalisierung findet die entscheidende Selektion statt. Kaiser (1972, 73 Fußn. 12) weist zu Recht darauf hin, daß alle Selektion in den Straftatbeständen vorgezeichnet ist. Denn nur ein unter einen Straftatbestand subsumierbares Verhalten fällt in die Delinquenzmasse als Ausgangspunkt aller staatlicher Strafverfolgungstätigkeit.

b) Das Anzeigeverhalten des Verletzten

Zum Teil ist dem Verletzten sogar rechtlich die Entscheidung über die Strafverfolgung anvertraut (Strafantrag, Privatklage); aber auch in allen übrigen Fällen hat es der von einer Straftat Betroffene faktisch in der Hand, die Strafverfolgung durch seine Anzeige auszulösen, sofern nicht die staatlichen Strafverfolgungsorgane durch eigene Beobachtung (oder auch durch die Mitteilung Dritter) Kenntnis erlangen. Damit wird der Verletzte selbst zu einer entscheidenden Schaltstation im Selektionsvorgang. Soweit wir bisher über die Bestimmungsgründe des Opfers zur Anzeige Bescheid wissen (vgl. Heinz 1972), finden wir hier sowohl sachgerechte als auch unter dem Gesichtspunkt der staatlichen Strafverfolgung sachfremde Bestimmungsgründe (wie etwa bestehenden Versicherungsschutz).

c) Das Ermittlungsverhalten der Strafverfolgungsorgane

Die Intensität insbesondere der polizeilichen Ermittlungsarbeit und ihre Aufteilung auf die einzelnen Kriminalitätsbereiche ist ein ganz entscheidender Selektionsfaktor, der heute weitgehend nicht rechtlich kanalisiert ist. Bei der derzeitigen personellen und sachlichen Ausstattung ist es der Polizei völlig unmöglich geworden, den allgemeinen und umfassenden Verfolgungsbefehl des § 163 StPO in die Tat umzusetzen. Die Polizei muß vielmehr bei ihrem Tätigwerden Schwerpunkte bilden. Das führt zwangsläufig dazu, daß im Bereich solcher Schwerpunktsetzung eine andere Aufklärungs- und Bearbeitungsquote erzielt wird. Dieses Problem eines in der heutigen Situation zwangsläufigen ungleichmäßigen Mitteleinsatzes ist empirisch bei weitem nicht ausreichend untersucht. Sicher dürfte aber sein, daß dafür nicht nur die Schwere der Straftaten, sondern auch der zur Bearbeitung durchschnittlich erforderliche Zeitaufwand (gleichsam i. S. einer Kosten-Nutzen-Analyse) und die eigene Einstufung der Sozialschädlichkeit („Polizeimoral") von Bedeutung sind. Dabei hat die Chance, eine aussichtsreiche Strafverfolgung auszulösen, wiederum Rückwirkung auf die Anzeigebereitschaft der Bevölkerung. Hinzu kommt, daß das weite Tatbestandsermessen der Polizei noch zusätzlich selektiv wirken kann.

d) Die verfahrensrechtlichen Einstellungsmöglichkeiten

Hier begegnen wir dem Bereich, wo innerhalb der Strafverfolgung die Selektion rechtlich vorgezeichnet, wenn auch im einzelnen nicht hinreichend präzisiert ist. Vor allem die §§ 153 ff. StPO dienen dazu, die bei der Staatsanwaltschaft noch anfallende Delinquenzmasse für die gerichtliche Aufarbeitung unter verschiedenen Gesichtspunkten (bes. den des Ausscheidens der Bagatellkriminalität und der Erhaltung der Funktionsfähigkeit der Strafgerichte) zu verringern.

e) Die gerichtliche Entscheidung

Die auch bei der gerichtlichen Behandlung stattfindende Selektion (Verurteilung auf der einen, Einstellung oder Freispruch auf der anderen Seite) ist in allen Punkten rechtlich vorgezeichnet. Sieht man von der Möglichkeit der fehlerhaften Einordnung (Fehlurteil) ab, so reduziert sich die Selektionsproblematik in diesem Bereich auf Fragen reiner Rechtsanwendung.

f) Selektive Funktion der öffentlichen Meinung

Trotz Verurteilung wird ein Täter häufig in der öffentlichen Meinung nicht als „kriminell" angesehen. Erfaßt man „kriminell" in diesem Sinne nicht so sehr als rechtliche Kategorie, sondern als soziales Faktum bes. unter dem Gesichtspunkt einer etwaigen Stigmatisierungswirkung, so liegt hier ein bisher in der Diskussion viel zu wenig beachteter weiterer Selektionsfaktor. Die öffentliche Meinung verleiht das Prädikat „kriminell" bei weitem nicht immer in Übereinstimmung mit der rechtlichen Bewertung. In extremen Fällen kann der Verurteilte sogar als Held gefeiert werden; weit häufiger sind allerdings die Fälle, wo kriminelle Taten als „Kavaliersdelikte" abgetan werden (bes. im Bereich der Verkehrskriminalität).

Nur wenn ein menschliches Verhalten alle diese sechs geschilderten Stufen passiert, ergibt sich als Endprodukt die sozialbelastende Feststellung „kriminell" mit ihrer spezifischen Stigmatisierungsfunktion. Daraus wird deutlich, daß keineswegs die bloße Straftatbestandserfüllung aus dem Täter einen „Kriminellen" macht, sondern daß ein überaus komplexer Auslesevorgang stattfindet, der teils auf privatem (bes. bei der Anzeige und der Funktion der öffentlichen Meinung), teils auf staatlichem Verhalten beruht. Weitgehend empirisch ungeklärt ist freilich noch, wie dieser Selektionsvorgang im einzelnen abläuft und wieweit hier „Selektionsfaktoren von Bedeutung sind, wie etwa Alter und Geschlecht, Art und Schwere des Delikts, Vorstrafenhäufigkeit, Schicht-, Rasse- und Nationalitätenzugehörigkeit, die für den einzelnen Täter eine unterschiedliche Wahrscheinlichkeit begründen, bei gesellschaftlichen Instanzen sozialer Kontrolle angezeigt und von ihnen verurteilt zu werden" (Heinz ZStW 84, 831). Für die Kriminologie stellt deshalb der „Labeling-Approach" ein wichtiges Stimulans für die Erforschung der Selektionsprozesse dar. Diese Forschung darf dabei von vornherein nicht einseitig auf die Schichtvariable beschränkt werden (so mit Recht Kaiser 1972, 73 Fußn. 12). Es geht vielmehr um eine umfassende Auswertung der Selektionsprozesse von der Normentstehung bis hin zum letzten Stadium der Normanwendung. Im folgenden sollen nicht diese kriminologischen Forschungsfragen vertieft, sondern die kriminalpolitischen Folgerungen in den Vordergrund gerückt werden.

3.3. Die Beurteilung der Selektionsvorgänge

Nur eine kriminalpolitische Betrachtung kann letztlich dem „Labeling-Approach" und der durch ihn aufgeworfenen Selektionsproblematik gerecht werden. Aus kriminologischer Sicht bedeutet der „Labeling-Approach" einen erstaunlichen Wandel von der Empirie zur normativen Betrachtung und zur Kriminalpolitik. Es gibt zwar auch hier eine Fülle empirischer Forschungsgegenstände (z. B. die Bedeutung der einmal erfolgten Stigmatisierung für die Kriminogese), aber alle entscheidenden Ansätze und Lösungswege sind letztlich normativer Art. Soziologisch gesprochen finden wir hier eine Verlagerung des Kriminalitätsproblems von der Mikro- zur Makrosoziologie, von der Faktorenanalyse zum gesellschaftstheoretischen Konzept. Verfolgt man den „Labeling"-Ansatz konsequent weiter, so gelangt man zur Straftheorie: dem Interesse der Gesellschaft und ihrer Institutionen an der Sanktionierung bestimmter gesellschaftsschädlicher Verhaltensweisen. Zweifellos stoßen wir hier auf Definitionsprozesse, zunächst dem abstrakten der Pönalisierung bestimmter Verhaltensweisen und dann auf den konkreten der Erfassung solcher Verhaltensweisen bei der Strafverfolgung. Es erfolgt sowohl eine abstrakte (Verbrechen) wie auch eine konkrete Auswahl (Verfolgung bzw. Nichtverfolgung des einzelnen Verbrechens). Die Kriminalpolitik darf nun diese Auswahl nicht verschleiern oder ignorieren, sondern muß sie in ihr Konzept einbeziehen und rechtfertigen, soweit sie zu Recht erfolgt. Dazu ist bezüglich des Verbrechensbegriffes das Nötige bereits o. § 5 3. gesagt; bezüglich der konkreten Auswahl im einzelnen Strafverfolgungsvorgang sind die kriminalpolitischen Folgerungen u. 4. zu ziehen. Hier geht es zunächst um die kriminalpolitische Würdigung des „Labeling-Approach".

Die Bedeutung des „Labeling-Approach" liegt darin, daß sie die Aufmerksamkeit auf einen bisher vernachlässigten Teilbereich der Kriminologie und der Kriminalpolitik gelenkt hat: den Verbrechensbegriff und die Selektionsprobleme im Strafverfolgungsvorgang. Wird die stattfindende Selektion als solche mit Recht vom „Labeling-Approach" nachdrücklich in Erinnerung gebracht, so bleibt wohl bei den meisten seiner derzeitigen Anhänger — ausgesprochen oder unausgesprochen — als weiteres Anliegen bestehen, eine schichtenspezifische Ausrichtung und damit Ungleichheit des Selektionsprozesses nachzuweisen. Der Vorwurf hat großes Gewicht; denn aus der Sicht des Beschuldigten geht es um die faktische Chancengleichheit im Selektionsvorgang und aus der des Staates um eine Wahrung des Gleichbehandlungsgebots nach Art. 3 GG. Der empirische Nachweis — sowohl für eine bewußte wie unbewußt verzerrende — schichtenspezifische Selektion steht aber aus. Auch hier ist wieder zu differenzieren. Bezüglich der gesamten Delinquenzmasse scheitert eine empirische Überprüfung schon am Dunkelfeldproblem. Von dem Zeitpunkt ab, von dem die Straftaten bei den Strafverfolgungsorganen bekannt werden, bedarf das Selektionsverhalten dieser Strafverfolgungsorgane einer eingehenden empirischen Überprüfung. Vom Zeitpunkt der Abgabe an die Staatsanwaltschaft schließen allerdings die rechtlichen Bearbeitungsgrundsätze und ihre Kontrollen (z. B. Klageerzwingungsverfahren; Zustimmungserfordernis des Gerichts bei der Einstellung von Vergehen) von der normativen Gestaltung her die Verzerrung weitgehend aus, wobei aber die Möglichkeit regionaler Unterschiede in Einstellungsverhalten der Staatsanwaltschaften durchaus einzuräumen ist, was allerdings noch im einzelnen der empirischen Überprüfung harrt. Der Schwerpunkt der bisherigen kriminologischen Forschungen hat deshalb mit Recht das polizeiliche Ermittlungsverhalten unter die Lupe genommen; jedoch stehen auch hier gültige Aussagen noch weitgehend aus.

Aber abgesehen von der empirischen Verifizierung oder Falsifizierung wirft das Selektionsproblem in normativer Hinsicht zahlreiche Fragen auf. Da die Pönalisierung — wie jede gesetzgeberische Entscheidung — zumeist nur eine Mehrheitsentscheidung ist, besteht die Gefahr der Benachteiligung von Minderheiten und Randgruppen. Dieser wollen die Grundrechte und die Fassung des materiellen Verbrechensbegriffes entgegenwirken. Die Verfassungsschranken und der Verbrechensbegriff sind ein Versuch, das Konformitätsinteresse der Mehrheit und Innovationsbestrebungen einzelner Gruppenmitglieder auszubalancieren. Die Sanktionierung findet — soziologisch gesehen — ihre Rechtfertigung in dem für jede Gemeinschaft existenznotwendigen Konformitätsbestand; ihn festzulegen ist natürlich eine „Definition", aber keine willkürliche, sondern eine in der Gesellschaftsstruktur vorgezeichnete (vgl. o. § 5 1.2.). Die in den Straftatbeständen vorgezeichnete Selektion wird in der Strafverfolgung weiter konkretisiert (etwa über die Geringfügigkeit der zu beurteilenden Rechtsgutsverletzung); dabei entwickelt sich hier aber auch durchaus eine Eigengesetzlichkeit, wie etwa bei der faktischen Schwerpunktbildung im polizeilichen Ermittlungsverfahren, die nicht in den Straftatbeständen als solchen vorprogrammiert ist. Diese Selektion ist bisher zu wenig beachtet worden und zwingt zu kriminalpolitischen Folgerungen (u. 3.4.).

Für den Kriminalpolitiker stellt der „Labeling-Approach" eine bedeutsame Bereicherung des Bildes von der Kriminalität durch das Bewußtmachen der Selektionsproblematik sowohl in dem Bezug auf den Vorgang der Normenentstehung wie auch der Sanktionierung des normabweichenden Verhaltens dar. In der Kriminologie ist mit ihm keine „kopernikanische Wende" verbunden. Eine Überschätzung seiner Tragweite würde es hier bedeuten, wenn man den neuen Ansatz mit der Kriminologie schlechthin identifizieren wollte. Wir finden auch hier die durchaus häufig zu beobachtende Überschätzung, ja Verabsolutierung eines neu entdeckten Aspekts (vgl. etwa die parallele Situation bei der Viktimologie, die man zunächst als selbständige Disziplin der Kriminologie gegenüberstellen wollte). Übersehen würde nämlich dabei, daß sich vom „Labeling-Approach" her nicht erklären läßt, warum einzelne Personen in die „Auswahlmasse" (die abstrakt umschriebene Strafzone) geraten und andere nicht; dieser kriminalätiologische Aspekt bleibt vom „Labeling"-Ansatz unberührt und behält seinen angestammten Platz im kriminologischen Gesamtkonzept (vgl. Kerner 1973, 147 ff., bes. 151).

3.4. Die Folgerungen für das Legalitätsprinzip

Kann die Selektion innerhalb der Strafverfolgung nicht in Abrede gestellt werden, so ergibt sich für die Kriminalpolitik eine doppelte Aufgabe: die Selektion rechtlich zu kanalisieren und — damit zusammenhängend — eine ungleichmäßige, verzerrende Selektion auszuschließen. Dies macht es unabweisbar, die Funktion des Legalitätsprinzips neu zu überdenken. Dazu ist an anderer Stelle (in der demnächst erscheinenden Festschr. für Peters) ausführlich Stellung genommen; hier genügt eine Zusammenfassung der wichtigsten Grundsätze. Mag auch die Beurteilung von Daun (Kriminalistik 1971, 609: „Der Gesetzesauftrag [scil. des Legalitätsprinzips] und seine Durchsetzungsmöglichkeit stehen in einem als grotesk zu bezeichnenden Widerspruch zueinander") überpointiert sein, so läßt sich doch ein Auseinanderklaffen von Anspruch und Wirklichkeit nicht übersehen. Das Legalitätsprinzip soll eine umfassende und gleichmäßige Strafverfolgung garantieren (BGH 15, 159); es erstrebt die Verfolgung und Aburteilung jeder Tat ohne Ansehen der Person (vgl. Peters 1966, 144). Die Realität beleuchten exemplarisch drei Komplexe: die Dunkelfeldproblematik, die faktische Schwerpunktbildung bei der Ermittlungsarbeit (bes. der Polizei) und die Verlagerung der Sanktionierung pönalisierten Verhaltens auf außerstaatliche Instanzen (vgl. dazu Kaiser 1972, 100 ff., sowie allgemein zur Krise des Legalitätsprinzips Baumann ZRP 1972, 273 und Eckl ZRP 1973, 139).

Jede Reformüberlegung muß davon ausgehen, daß die staatliche Strafverfolgung auch die bekannt werdenden Straftaten nicht mehr umfassend bewältigen kann, sondern zur Auswahl gezwungen ist.

Dabei wäre es zu vordergründig, hier nur ein personelles oder finanzielles Problem zu sehen. Zwar könnte man bei einer einseitigen Betonung der Staatsaufgabe „Verbrechensbekämpfung" durchaus ein Modell entwickeln, das einer umfassenden Verfolgung aller bekannt werdenden Straftaten gewachsen wäre. Das hätte aber letztlich ebensowenig Sinn, wie isoliert von anderen Belangen der Öffentlichkeit ein optimales Bildungs- oder Gesundheitssystem zu entwerfen. Jede Staatsaufgabe muß von vornherein in dem Gesamtrahmen der öffentlichen Aufgaben und der zu ihrer Erfüllung vorhandenen Möglichkeiten gesehen werden. Dies bedeutet für die Strafrechtspflege, daß bei realistischer Betrachtung höchstens eine sehr maßvolle Steigerung ihres Gesamtanteils denkbar ist, keinesfalls aber eine Steigerungsrate, die die Strafrechtspflege zur Hoffnung auf eine umfassende Ahndung aller bekannt werdenden Straftaten berechtigen könnte.

Aber selbst wenn man von diesem Aspekt völlig absieht, bliebe als weiteres Problem bestehen, ob ein Normensystem überhaupt die Aufdeckung und Sanktionierung aller vorkommenden Normenverstöße verkraften könnte (vgl. dazu bes. Popitz 1968). Die bisherigen Untersuchungen aus dem Bereich der Rechtssoziologie legen die Annahme nahe, daß zum Funktionieren sozialer Normensysteme keine umfassende Sanktionierung abweichenden Verhaltens erforderlich ist, sondern daß es jeweils eine optimale Sanktionierungsrate gibt, die die Geltungskraft einer Norm am besten sicherstellt. Das würde für die Strafrechtspflege bedeuten, daß nicht die Selektion als solche bereits schädlich sein muß, sondern daß es darum geht, sich dem Selektionsproblem zu stellen und es in rechtlich einwandfreier Weise zu lösen, insbesondere eine sachwidrige Ungleichbehandlung innerhalb der Strafverfolgung auszuschließen.

Für die Lösung des Selektionsproblems bestehen zwei Alternativen: eine weitere Ausdehnung des Opportunitätsprinzips zu Lasten des Legalitätsprinzips oder eine Neukonzipierung des Legalitätsprinzips selbst. Der Gesetzgeber hält offenbar den Weg des Opportunitätsprinzips für verlockender. In Art. 19 des Einführungsgesetzes zum Strafgesetzbuch ist eine Neufassung des § 153a StPO vorgesehen, die die Einstellungsmöglichkeiten des bisherigen Rechts erheblich erweitern soll. Jedoch begegnet diese Lösung schwerwiegenden verfassungsrechtlichen und kriminalpolitischen Bedenken. Faller (1971) hat jüngst die Grenzen des Opportunitätsprinzips aus verfassungsrechtlicher Sicht untersucht und im Ergebnis gefordert: „Die Einschränkungen des Legalitätsprinzips müssen in ihren Voraussetzungen klar und bestimmt sein" (aaO 86). Diese Forderung unterstreicht Kaiser aus empirischer Sicht (1972, 83 ff. u. 115 ff.). Gerade weil die Selektion einen solchen Umfang im Strafverfolgungsvorgang einnimmt und in Zukunft wohl noch eine Ausweitung zu erwarten ist, ist das Opportunitätsprinzip nicht mehr der geeignete Weg. Es mochte geeignet sein, solange man das Ausscheiden von Straftaten durch die Strafverfolgungsorgane als Ausnahme ansehen konnte. Heute läßt sich die Selektion nicht mehr als Ausnahme-

erscheinung begreifen, sondern muß als wichtiger Bestandteil der Strafverfolgungstätigkeit gesehen werden. Damit muß man klar die Auswahl und
die damit zwangsläufig verbundene Bewertung sehen. Das bedeutet weiter,
daß die Auswahlkriterien abstrakt festgelegt werden müssen, damit sie
transparent und nachprüfbar werden. Daher muß man die Gründe, bei
deren Vorliegen keine Strafverfolgung stattfinden soll, gleichzeitig erweitern
und präzisieren (vgl. dazu näher Verf. aaO). Man muß also auch in Zukunft grundsätzlich am Legalitätsprinzip festhalten (schon um das Vertrauen der Bevölkerung in die Strafrechtspflege zu erhalten) und die Durch-
brechungen der Strafverfolgung nicht in das Ermessen der Strafverfolgungsbehörden legen (Opportunitätsprinzip), sondern als generelle Verfahrens-
hindernisse ausformulieren. Für die Kriminalpolitik bedeutet dies die Aufgabe, die Kriterien für die Einschränkung der Strafverfolgung zu erarbeiten
(im wesentlichen in gleichzeitiger Erweiterung und Präzisierung der bisherigen Einstellungsgründe der §§ 153 ff. StPO) und im Gesetz zu verankern.

Die Gründe, die zur Nichtverfolgung von Straftaten führen, sind dabei dreige-
teilt vom Täter, vom Verletzten und von den staatlichen Verfolgungsinteressen her
zu bestimmen. Auf der Täterseite kämen etwa in Betracht: die geringe antisoziale
Einstellung, ein eigenes Betroffensein durch die Tatfolgen und die Berücksichtigung
von Konfliktssituationen; rechtsdogmatisch würde sich vor allem die Aufgabe einer
Präzisierung der „geringen Schuld" stellen. Beim Verletzten wäre ein fehlendes
Genugtuungsbedürfnis und eigene Mitschuld an der Tat in Rechnung zu stellen;
die Berücksichtigung eigener Belange, die einem Strafverfahren entgegenstehen
könnten, wären dagegen in einem Strafantragserfordernis zu erfassen (wie es z. B.
bei § 238 StGB geschehen ist). Beim Staat ginge es vor allem um eine Präzisierung
des Begriffs des öffentlichen Interesses; dafür wäre auch das Übermaßverbot frucht-
bar zu machen.

§ 7 Die Durchsetzung des Strafanspruchs im Strafverfahren

1. Grundprinzipien des Strafprozeßrechts und ihre heutige Problematik

1.1. Die Verfahrensgestaltung als kriminalpolitische Aufgabe

Es ist im Rahmen dieser Darstellung nicht möglich, die kriminalpolitische Tragweite prozessualer Gestaltungsfragen auch nur annähernd auszuschöpfen. So ist — um nur einige Gesichtspunkte zu nennen — die Darstellung von Aufgabe und Funktion der Organe der Strafrechtspflege von eminenter kriminalpolitischer Relevanz. Beim Gericht ginge es dabei in erster Linie um Fragen des arbeitsteiligen Zusammenwirkens zwischen Gesetzgebung und Rechtsanwendung (vgl. dazu Lang-Hinrichsen 1960, 10 ff.), um die Möglichkeiten und Grenzen richterlicher Gestaltung und um die Kooperation zwischen Richter und Sachverständigen. Bei der Staatsanwaltschaft stünde die Zusammenarbeit mit der Polizei (vgl. bes. Kaiser 1972, 86) und ihre Einordnung in den gewaltenteilenden Staatsaufbau im Vordergrund. Beim Strafverteidiger ginge es in rechtspolitischer Sicht vornehmlich um eine Absicherung seiner beruflichen und standesrechtlichen Eigenständigkeit und Unabhängigkeit (vgl. bes. BVerfG NJW 1973, 696) und um eine mögliche Erweiterung der notwendigen Verteidigung. Vordringlich wäre weiterhin eine Überprüfung der Rechtstellung des Beschuldigten im Strafverfahren einschließlich der Funktion der Unschuldsvermutung (vgl. Krauß 1971, 153) und der Frage, ob der Beginn der Beschuldigteneigenschaft durch einen formellen Akt (parallel der Anklage) festgelegt werden sollte. Beim Verletzten schließlich wäre eine Durchleuchtung seiner rechtlichen und faktischen Mitwirkung am Strafverfahren geboten, bes. auch der kriminalpolitischen Bedeutung des Strafantragsrechts. All diese Gesichtspunkte können hier nicht im einzelnen erörtert werden, sondern bedürfen einer gesonderten Untersuchung.

Auch die Grundprinzipien des Strafverfahrensrechts können keiner umfassenden Überprüfung unterzogen werden. Vielmehr ist eine exemplarische Beschränkung auf aktuelle Brennpunkte geboten, die aber gleichzeitig die Einordnung des Verfahrensrechts in den kriminalpolitischen Gesamtrahmen sichtbar machen soll. Denn eine Darstellung der Kriminalpolitik ohne Einbeziehung des Verfahrensrechts wäre nicht denkbar. Gerade im Bereich des Strafrechts hat ja das Verfahrensrecht eine schlechthin konstitutive Bedeutung für die Realisierung des Strafanspruchs. Während im Zivilrecht weitaus die meisten Ansprüche ohne jede gerichtliche Entscheidung erfüllt werden, muß jede staatliche Strafberechtigung im einzelnen Fall von einem Gericht festgestellt werden. „Die Strafprozeßordnung ist ein Codex zur dynamischen Verteidigung der Gemeinschaft gegen den Rechtsbrecher, zur Durchsetzung und Bewährung des materiellen Strafrechts, in rechtsstaatlicher Justizförmigkeit" (Kleinknecht 1971, Einl. 1 B). Es handelt sich beim Strafverfahren um kein „Resozialisierungsverfahren durch Sozialingenieure", sondern um ein justizförmiges Verfahren mit dem Ziel der Wahrung bzw. Wiederherstellung des sozialen Friedens (vgl. Krauß 1971, 171 Fußn. 46), das freilich in seiner Gesamtheit vom Gedanken der Resozialisierung getragen sein muß (Kaiser 1972, 87).

Einen wertvollen Beitrag kann hier die **Strafprozeßlehre** leisten, die nach Peters (1970, 41) „das Feld der tatsächlichen Gegebenheiten und Vollzüge im Prozeß" umfaßt. Da die Strafprozeßlehre bisher keine theoretische und systematische Aufarbeitung erfahren hat (vgl. Peters aaO), ist es fraglich, wie weit sie selbst in den Bereich der Kriminalpolitik hineinreicht. Für die Einordnung der Strafprozeßlehre als wissenschaftliche Teildisziplin in eine umfassendere Kategorie bieten sich die Rechtssoziologie, die Kriminologie und die allgemeine Prozeßlehre an. Letztere paßt nicht, wenn man sie — wie bisher üblich — in erster Linie rechtstheoretisch normativ als systematische Zusammenschau der einzelnen Verfahrensordnungen betrachtet. Eine Einordnung in die Kriminologie würde nur dann zutreffen, wenn man die Kriminologie auf das gesamte auf Sanktionierung gerichtete Staatshandeln bezieht. Das wäre denkbar, aber die Verallgemeinerung der Fragestellung auf die übrigen Verfahrensordnungen legt eine andere Lösung nahe. Zwar paßt die Einordnungskategorie der Rechtssoziologie nicht, weil auch psychologische Gegebenheiten (vgl. dazu bes. Graßberger 1968) bei der Strafprozeßlehre im Vordergrund des Interesses stehen; spricht man aber allgemeiner von „Rechtstatsachenforschung" und versteht diese als interdisziplinäre, auf das Rechtswesen bezogene, Zusammenarbeit von Soziologen, Psychologen, Juristen usw., so ließe sich die Strafprozeßlehre dann als auf das Strafverfahren bezogener Teil der Rechtstatsachenforschung erfassen. Dafür spräche auch die Definition von Peters (1970, 41; s. o.). Dies würde jedenfalls für die beschreibende und wohl auch für die erklärende Strafprozeßlehre i. S. von Peters (vgl. 1972, 458) gelten, während die bewertende Strafprozeßlehre (vgl. aaO) bereits die Grenze zur Kriminalpolitik überschreitet. Auch der von Peters selbst neuerdings gebrauchte Vergleich mit der Verwaltungslehre (1972, 459) und die dabei vorgenommene Gegenüberstellung von Verwaltungslehre, Verwaltungsrecht und Verwaltungspolitik würde in diese Richtung weisen.

Ist „die Geschichte des Strafprozeßrechts in einem wesentlichen Teil zugleich die Geschichte des Verhältnisses des Bürgers zum Staat" (Sax 1959, 967), so kennzeichnet dieses Verhältnis auch heute die Gestaltung des Strafverfahrens. Es ist derzeit charakterisiert durch eine Einbeziehung sozialstaatlichen Gedankenguts, das ergänzend und befruchtend zunehmend zu der rechtsstaatlichen Tradition der Verfahrensgestaltung hinzutritt; aufschlußreich dafür ist etwa die Entwicklung der prozessualen Fürsorgepflicht (vgl. Verf. 1972, 82 f. und o. § 2 1.2.), aber auch der Funktionswandel einzelner Grundsätze, wie z. B. des Öffentlichkeitsprinzips (vgl. u. 1. 4.).

Wenn dieser Ausgleich gelingt, wird auch unsere Strafrechtspflege vor dem von Eb. Schmidt gesetzten Erfahrungsmaßstab (Festschr. für Rittler 1957, 297 f.) bestehen: „Mehr und mehr war es die historische Forschung, die mir zeigte, wie im Wandel der Zeiten durch die ganze Geschichte der Menschheit hindurch gerade die jeweilige Gestaltung der Strafrechtspflege, der Geist, der sie beherrscht, die Haltung, aus der heraus sie von den Gesetzgebern und von den Richtern gebildet und gehandhabt wird, zum Prüfstein dafür wird, ob in einem Volk und Staat die Gerechtigkeit und der Wille zum Recht eine vorbehaltlos gewährte Heimat haben oder nicht."

1.2. Beschleunigung und Straffung des Verfahrens

Eine jüngst ergangene Entscheidung des Bundesgerichtshofs (BGHSt 24, 239) beleuchtet schlaglichtartig die große praktische Bedeutung der Verfahrensbeschleunigung. Ein Revisionsführer hatte geltend gemacht — und er konnte sich dabei sogar auf eine Entscheidung des Landgerichts Frankfurt (JZ 1971, 234) stützen —, daß sein Strafverfahren wegen der ungebührlich langen Verfahrensdauer nach Art. 6 I 1 MRK (wonach jedermann einen Anspruch darauf hat, „daß seine Sache .... innerhalb einer angemessenen Frist gehört werde") eingestellt werden müsse. Der BGH hat zwar nur eine Berücksichtigung im Rahmen der Strafzumessung, keine Verfahrenseinstellung, für richtig gehalten (vgl. zust. Verf. 1972, 81 f.); dennoch macht die Entscheidung deutlich, welche kriminalpolitische Bedeutung sowohl in rechtsstaatlicher als auch in sozialstaatlicher Hinsicht einer zügigen Abwicklung der Strafverfahren zukommt.

Rechtspolitisch wäre es höchst verhängnisvoll, eine Alternative zwischen rascher und gründlicher Erledigung aufbauen zu wollen. „Vorsicht und Behutsamkeit" (Henkel 1968, 91) und rasche Verfahrenserledigung sind ebensowenig Gegensätze wie umfassende Sachaufklärung und Prozeßbeschleunigung; sie sollten deshalb — auch nicht unausgesprochen — dem Beschleunigungsgebot (vgl. dazu allgemein Verf. 1972, 81) entgegengehalten werden. Es kann immer nur um eine rasche und gründliche Arbeitsweise gehen.

Der Faktor „Zeitaufwand" ist eine Größe, die bei der Beurteilung jeder menschlichen Leistung — individuell wie institutionell — immer mit in Rechnung gestellt wird. Eine Rechtspflege, die einen Rechtsfall in einem halben Jahr richtig und vollständig entscheidet, ist einfach besser als eine solche, die dazu zwei Jahre benötigt. Im übrigen weiß wohl jeder aus eigener Erfahrung, daß eine möglichst umgehende Erledigung anfallender Arbeit immer auch im Ergebnis die zeitsparendste Arbeitsmethode darstellt.

Die langwierige Prozeßerledigung kann zu einer echten Verkürzung **effektiven** Rechtsschutzes führen und begünstigt immer die Verlagerungstendenz von der staatlichen Rechtspflege auf andere Möglichkeiten, zu seinem Recht zu kommen. Speziell für die Strafrechtspflege leistet sie deshalb der Verlagerung auf außerstaatliche Sanktionierungsinstanzen Vorschub, baut das Vertrauen der Staatsbürger auf wirksamen Rechtsschutz ab und fördert Selbstschutztendenzen. Hinzu kommt, daß der zunehmende zeitliche Abstand zur Tat die sichere Feststellung des Tathergangs erschwert. Damit steht der überragende kriminalpolitische Rang der Beschleunigung und Straffung der Strafverfahren außer Zweifel.

Was kann aber zur Realisierung geschehen? Drei Ansatzpunkte erscheinen erfolgversprechend. Zunächst ist bereits eine Verringerung des Zeitaufwandes dadurch zu erreichen, daß unnötige rechtliche Komplizierungen abgebaut werden (vgl. dazu bes. Peters 1963, 22 ff.). Ein aufschlußreiches Beispiel ist dafür im geltenden Recht die Konkurrenzlehre, die weder materiellrechtlich im Strafzumessungsrecht integriert ist, noch verfahrensrechtlich sich mit dem Begriff des Verfahrensgegenstandes deckt. Deshalb erleichtert die Konkurrenzlehre weder die materiellrechtliche Rechtsanwendung noch die verfahrensrechtliche Behandlung der Strafsachen, wobei sich besonders das Mitschleppen zahlreicher Strafnormen zeitraubend auswirkt, die im Endergebnis doch von keiner wesentlichen Strafzumessungsrelevanz sind; die §§ 154, 154a StPO helfen dem nicht ausreichend ab.

Noch weit effektiver sind aber die Ansatzpunkte im Verfahrensrecht; hier ist eine Neukonzipierung des Verfahrensganges grundsätzlich ohne zweite Tatsacheninstanz geboten. Dies erfordert gleichzeitig eine Umgestaltung des Rechtsmittelsystems. Ein genereller Verzicht auf die Berufung, zu dem sich die Denkschrift zur Reform des Rechtsmittelrechts des Strafrechtsausschusses der Bundesrechtsanwaltskammer (1971, 10) nicht entschließen konnte, ist nur dann akzeptabel, wenn die Revision gleichzeitig so umgestaltet wird, daß sie weitergehende Angriffe gegen eine fehlerhafte Tatsachenfeststellung als im geltenden Recht zuläßt. Für eine solche „erweiterte Revision" setzen sich die Strafrechtskommission des Deutschen Richterbundes (Ergebnisbericht 1971, 10 ff.) und Fuhrmann (ZStW 85, 72) ein. Das dann einzige Rechtsmittel der Revision müßte so ausgebaut sein, daß es einerseits eine umfassende zweite Hauptverhandlung ausschließt (das ist der Nachteil der heutigen Berufung), aber Verfahrensrügen bezüglich der Beweisgewinnung und insbesondere der Beweiswürdigung im weiteren Umfang als bisher ermöglicht (vgl. schon Verf. 1969, 176 ff.). Diese Revision sollte grundsätzlich zum OLG (bzw. zum BayObLG) führen. Der BGH sollte als Rechtseinheitsinstanz ganz auf die Entscheidung grundsätzlicher Rechtsfragen auf Vorlegung durch die Oberlandesgerichte beschränkt werden. Ein solches, grundsätzlich nur zwei Instanzen umfassendes Verfahren würde eine erhebliche Beschleunigung jedenfalls in den Fällen bringen, wo heute Berufung und Revision als Rechtsmittel vorgesehen sind.

Weiterhin müßten aber auch alle Möglichkeiten innerhalb der Gestaltung des Verfahrens in einer Instanz ausgeschöpft werden, um eine Straffung des Verfahrensablaufes zu erreichen; selbstverständlich dürfte das nicht auf Kosten rechtsstaatlicher Schutzgarantien für den Beschuldigten gehen. Wie sehr im übrigen heute die Unschuldsvermutung zum Nachteil des Beschuldigten durch die Länge der Verfahren faktisch beeinträchtigt wird, hat mit Recht Krauß (1971, 177 f.) moniert. Dabei ist wohl kein spürbarer Zeitgewinn von einer Umgestaltung der Hauptverhandlung zu erwarten. Entscheidend wird es vielmehr darauf ankommen, die heute zum Teil ungebührlich langen Bearbeitungsfristen bis zur Erledigung des Falles durch das betreffende Organ der Strafrechtspflege (sei es die Staatsanwaltschaft, sei es das Gericht) zu verkürzen.

Das aber leitet bereits über zu dem heute letztlich entscheidenden Gesichtspunkt: eine nennenswerte Beschleunigung der Strafverfahren wird sich nur um den Preis eines erheblichen personellen Ausbaues erreichen lassen (vgl. bes. Krauß 1971, 177 f.). Ja, die Situation dürfte heute bereits kritischer sein; nur durch eine Stellenvermehrung wird sich ein erhebliches Anwachsen der durchschnittlichen Prozeßdauer überhaupt vermeiden lassen. Der Geschäftsanfall ist in den letzten Jahren wohl in allen Sparten der Gerichtsbarkeit stark unproportional zur Stellenvermehrung angewachsen. Von zahlreichen Gerichtspräsidenten war die deutliche Warnung zu vernehmen, daß mit einer erheblichen Verlängerung der Verfahren, wenn nicht mit einem Stillstand der Rechtspflege in Teilbereichen gerechnet werden müsse.

Wem heute die Beschleunigung der Strafverfahren nicht nur ein Lippenbekenntnis ist, der muß klar der Konsequenz des erhöhten Personalaufwands als einzigem durchschlagenden Abhilfemittel ins Auge sehen.

1.3. Die Zweiteilung der Hauptverhandlung (Schuldinterlokut)

Im nationalen wie im internationalen Rahmen wird in den letzten Jahren mit zunehmendem Nachdruck die Zweiteilung der Hauptverhandlung in Strafsachen entsprechend der geläufigen Trennung zwischen Schuld- und Straffrage gefordert (vgl. Rebhan 1963, 76 f.; Würtenberger MSchrKrim 1956, 62; Blau ZStW 81, 31 ff.; Fischinger ZStW 81, 49 ff.; Eb. Schmidt NJW 1969, 1145; Peters 1970, 9; Krauß 1971, 163 ff.; Kleinknecht 1971 § 244 Anm. 3 D; Kaiser 1972, 90 ff.; Kern-Roxin 1972, 208; Jescheck 1972, 586; Verf. 1972, 158; Horn ZStW 85, 7). Dabei muß aber von vornherein gesehen werden, daß hier zunächst ein Widerspruch mit dem Anliegen auf Beschleunigung der Strafverfahren nicht auszuschließen ist (so auch Kern-Roxin aaO); mindestens für eine Anfangsphase des Einspielens kann die Gefahr nicht übersehen werden, daß eine Verlängerung der Strafverfahren die Folge sein könnte. Dennoch handelt es sich um eine unabweisbare Forderung, die in erster Linie aus der Entwicklung der Strafzumessungslehre resultiert; sie ist die verfahrensrechtliche Konsequenz eines „Tat-Täter-Strafrechts". Die Entwicklung der Strafzumessungslehre hat dazu geführt, daß der Straffrage ein ständig breiterer Raum in der Hauptverhandlung eingeräumt werden muß. Ebenso hat sie zu einer ständig fortschreitenden Individualisierung der Strafen und Maßregeln geführt, die eine möglichst umfassende Persönlichkeitserforschung beim Angeklagten bedingt.

Diese Entwicklung führt unausweichlich zum Schuldinterlokut. Hier dokumentiert schon die Zuweisung eines selbständigen Verfahrensabschnitts die überragende Bedeutung der Strafzumessung; außerdem wird eine befriedigende Lösung der Probleme der Zuziehung von Sachverständigen und des Ausschlusses der Öffentlichkeit für diesen Verfahrensabschnitt ermöglicht. Neben der zum Schuldinterlokut drängenden Entwicklung der Strafzumessung kommt einem weiteren Gesichtspunkt Bedeutung zu, der bisher zu wenig beachtet wurde: der Unschuldsvermutung (vgl. dazu bes. Krauß 1971, 163 ff.). In die gleiche Kerbe schlägt auch der sehr beachtenswerte Hinweis von Kaiser (1972, 91): „Es soll vermieden werden, daß bereits bei der sogenannten Schuldfrage, also der Sachverhaltsermittlung, im Prozeß sich die Feststellungen zur Person, etwa hinsichtlich der Vorstrafen, des Leumundes und der defizitären Sozialisation, in der Beweiswürdigung zu Lasten des Angeklagten niederschlagen". Es soll also auch umgekehrt ein sachwidriger Vorgriff auf nur präventionsrelevante Faktoren bei der Sachverhaltsermittlung ausgeschaltet werden.

Ein sogenanntes „informelles Schuldinterlokut" (vgl. bes. Kleinknecht 1971 § 244 Anm. 3 D) ist als vorbereitende Entwicklungsinitiative begrüßenswert; die eigentlichen verfahrenstechnischen Probleme (innerprozessuale Bindungswirkung an den Schuldspruch bei Behandlung der Straffrage; exakte Trennbarkeit beider Stufen; Behandlung im Rechtsmittelzug; vgl. zu diesen Gesichtspunkten näher Heinitz 1970) lassen sich aber systemimmanent im geltenden Recht nicht lösen und daher auch nicht vortesten. Es bedarf vielmehr einer gesetzgeberischen Entscheidung, die große rechtspolitische Tragweite hat. Sie sollte deshalb leicht fallen, weil es hier letztlich nur mehr um eine Angleichung an den internationalen Standard (vgl. dazu eingehend Herrmann 1971, 137 ff.) geht. Das hat der X. Internationale Strafrechtskongreß in Rom 1969 deutlich gemacht, der sich — jedenfalls bei schwereren Straftaten — für eine Zweiteilung der Hauptverhandlung entschieden hat (vgl. dazu Blau ZStW 82, 571).

Bei der rechtstechnischen Gestaltung des Schuldinterlokuts stehen drei Fragenbereiche im Vordergrund: die Abgrenzung zwischen den beiden Verfahrensabschnitten, die Bindungswirkung und der Anwendungsbereich für ein zu schaffendes Schuldinterlokut. Besonders umstritten ist dabei die Abgrenzung zwischen den beiden Verfahrensstufen (Nachw. bei Kaiser 1972, 92 Fußn. 76), die sich schlagwortartig auf die Alternative „Tatinterlokut" oder „Schuldinterlokut" zurückführen läßt. Jedoch ist diese Alternative zu sehr auf das materielle Recht (Tatbestandsmäßigkeit und Rechtswidrigkeit einerseits, Tatbestandsmäßigkeit, Rechtswidrigkeit und Schuld andererseits) zugeschnitten. Die Abgrenzung ist nicht aus den einer ganz anderen Funktion dienenden materiellen Aufbaustufen des Verbrechens zu finden, sondern muß **verfahrensfunktional** gewonnen werden. Danach ist eine Grenzziehung in der materiell-rechtlichen Stufe der Schuld geboten: Schuldformen, soweit sie nicht ohnehin heute bereits als Bestandteil des Handlungsunrechts angesehen werden, und Fragen des Verbotsirrtums gehören zum ersten Abschnitt, Fragen der Schuldfähigkeit, insbesondere der Zurechnungsfähigkeit, gehören zum zweiten Verfahrensabschnitt (ebenso Kaiser 1972, 92). Damit sind letztlich beide Bezeichnungen nicht ganz zutreffend; da der Begriff „Schuldinterlokut" aber bereits eingebürgert ist, kann man ihn im Interesse einer gleichlautenden Terminologie weiterhin verwenden.

Daraus ergibt sich, daß der erste Abschnitt mit keinem eigentlichen Schuldspruch und mit keinem Ausspruch über die Tatschuldhöhe (a. A. insoweit Horn ZStW 85, 24) abschließt, sondern nur mit der Feststellung, daß eine rechtswidrige Tat vorliegt, die dem Täter — vorbehaltlich der Schuldfähigkeit — persönlich zurechenbar ist.

Leichter zu beantworten ist die Frage nach der innerprozessualen Bindungswirkung. Diese sollte sich nur auf die betreffende Instanz beziehen und damit hauptsächlich die Funktion eines Beweiserhebungsverbots innerhalb des zweiten Abschnitts bezüglich im ersten Abschnitt getroffener Feststellungen enthalten. Eine getrennte Anfechtung der Zwischenentscheidung zur Schuldfrage müßte ausgeschlossen sein; mit Rechtsmitteln angreifbar wäre immer nur die Endentscheidung der betreffenden Instanz, also Schuld- und Straffrage gemeinsam (ebenso Kaiser 1972, 92). Auch bezüglich des vorzusehenden Anwendungsbereichs verdient grundsätzlich Kaiser (aaO) Zustimmung, wenn er nur eine beschränkte Einführung befürwortet. Schwierig im einzelnen zu bestimmen ist aber, wie diese Beschränkung vorgenommen werden könnte. Auszugehen ist davon, daß das Schuldinterlokut seine Hauptfunktion dann entfalten kann, wenn die zweite Verfahrensstufe mit einer intensiveren Persönlichkeitserforschung verbunden ist, die auch zumeist die Zuziehung von Sachverständigen erforderlich machen wird. In der Regel wird dies dann der Fall sein, wenn eine zur Vollstreckung kommende Freiheitsstrafe zu erwarten ist. Jedoch empfiehlt sich dafür keine abstrakte Regelung, sei es nach der Straferwartung, sei es nach der Zuständigkeitsbestimmung des entscheidenden Spruchkörpers. Da gerade bei Ersttätern auch bei leichteren oder mittelschweren Straftaten ein besonderes Interesse an einer intensiven Persönlichkeitserforschung besteht (da hier oft für die zukünftige Lebensbewährung die Weichen gestellt werden), ist eine flexible Regelung vorzuziehen, die dem Gericht selbst die Entscheidung darüber ermöglicht, wann es ein zweigeteiltes Verfahren für zweckdienlich hält; ein Antragsrecht von Staatsanwaltschaft und Verteidigung könnte dabei vorgesehen werden, auf dessen Ausübung hin sich das Gericht formell mit der Frage befassen müßte.

Kriminalpolitisch gesehen liegt die Bedeutung der Einführung des Schuldinterlokuts neben der sachgerechten Bewältigung der Straffrage vor allem darin, daß es der Hebel zu einer umfassenden Reform des Strafverfahrens werden könnte; in ihm liegen Wagnis und Chance einer evolutionären Weiterentwicklung des Strafverfahrens.

1.4. Die Öffentlichkeit in der Strafrechtspflege

Auch hier kann zur Einführung in die aktuelle Problematik ein Beitrag der jüngsten Rechtsprechung dienen. Der Bundesgerichtshof (BGH 23, 82) hatte sich vor kurzem mit der Revision eines Angeklagten zu befassen, der den Nichtausschluß der Öffentlichkeit in der Hauptverhandlung während der Erstattung eines Sachverständigengutachtens über die strafrechtliche Verantwortlichkeit rügte. Der BGH hat weder aus dem Gerichtsverfassungsrecht, noch aus dem Verfassungsrecht noch aus der Menschenrechtskonvention einen solchen Anspruch des Angeklagten abgeleitet und dementsprechend die öffentliche Verhandlung auch während der Erstattung des tief in den Persönlichkeitsbereich des Angeklagten eindringenden Gutachtens gebilligt. Daß damit auch im geltenden Recht die Güterabwägung zwischen den Informations- und Kontrollbelangen der Öffentlichkeit und dem Schutzinteresse des Angeklagten an der Wahrung seines Persönlichkeitsrechts verkannt wurde, ist an anderer Stelle ausführlich dargelegt (vgl. Verf. JuS 1973, 350). In kriminalpolitischer Hinsicht macht das durch die Entscheidung aufgezeigte Problem die Spannung zwischen dem Öffentlichkeitsprinzip und anderen Belangen der Strafrechtspflege, insbesondere solchen aus dem Bereich der Strafzumessungslehre, deutlich.

Der Öffentlichkeitsgrundsatz ist als fundamentales Gestaltungsprinzip der Strafrechtspflege eine Frucht der Reformarbeit des 19. Jahrhunderts; unser heutiges Verständnis ist noch weitgehend von dieser Herkunft geprägt. Feuerbach hat in seinen berühmten „Betrachtungen über die Öffentlichkeit und Mündlichkeit der Gerechtigkeitspflege, Bd. 1, 1821" die Bedeutung des Öffentlichkeitsprinzips in aller Klarheit herausgearbeitet. Das Öffentlichkeitsprinzip wurde als Schutzprinzip des Angeklagten (und des gesamten Volkes) gegen Willkür und Geheimjustiz konzipiert; in der Realität stellt es heute für den Angeklagten die größte Belastung dar und schafft nicht selten bereits zu Prozeßbeginn ein zusätzliches und oft schwer überwindbares Resozialisierungshindernis. So sind die bisher für grundlegend gehaltenen Aussagen zum Öffentlichkeitsgrundsatz doch nur eine zeitgebundene Antwort auf eine Problemstellung, die sich unserer Rechtspflege heute in veränderter Gestalt darbietet.

Welche Bedeutung der Problemkreis „Öffentlichkeit und Strafrechtspflege" für die gesamte westliche Welt (wobei aber für den angloamerikanischen Rechtskreis eine gewisse Sonderstellung infolge des Instituts des „contempt of court" vorhanden ist) darstellt, hat der VIII. Internationale Strafrechtskongreß 1961 in Lissabon dargetan (vgl. dazu Eb. Schmidt 1968, 58 ff.). Rechtspflege und Kommunikationsorgane stehen erst am Anfang einer fruchtbaren Zusammenarbeit; beide Bereiche sehen die Probleme zu sehr aus ihrer eigenen Sicht und können sich viel zu wenig in die Aufgaben und Möglichkeiten der anderen Seite hineinversetzen.

Der Problemkreis „Öffentlichkeit und Strafrechtspflege" wird heute von einer Funktionsverlagerung auf die mittelbare Öffentlichkeit, d. h. auf die Berichterstattung der Massenmedien über die Rechtspflege, bestimmt. Gewiß wirft auch die unmittelbare Gerichtsöffentlichkeit genug Fragen und Probleme auf, aber die kriminalpolitische Relevanz des Öffentlichkeitsprinzips ergibt sich aus der mittelbaren Öffentlichkeit. Gerichtsöffentlichkeit und allgemeine öffentliche Meinung — verstanden als erstrangiger politischer Gestaltungsfaktor unserer Rechts- und Sozialordnung — müssen von vornherein als Einheit gesehen werden; die unmittelbare Gerichtsöffentlichkeit drängt in die öffentliche Meinung und wirkt letztlich nur über diese.

„Die Öffentlichkeit, die durch den einzelnen Zuhörer in der Hauptverhandlung repräsentiert wird, hat längst nicht die Bedeutung, die der Presse zukommt" (Jescheck ZStW 71, 4). Wenn Zuhörer in einer Hauptverhandlung an dem unglücklichen Verhandlungsstil des Vorsitzenden Anstoß nehmen, dann bleibt das im wesentlichen irrelevant; wenn der Vorgang in der Presse aufgegriffen wird, dann gelangt die Information vor das breite Forum der Öffentlichkeit, das den Forderungen auf Abhilfe soziale Relevanz verleiht (vgl. dazu bes. Eb. Schmidt 1968, 50 Fußn. 6).

Der Faktor „Öffentliche Meinung" ist zwar bisher in seiner Struktur wenig präzise erfaßt, kann aber in seiner Bedeutung für unsere gesellschaftliche Ordnung, vor allem in seiner Rückwirkung auf die politischen Entscheidungsinstanzen, kaum überschätzt werden. Wegen ihrer Wirkungsfunktion über diese öffentliche Meinung bezeichnet man die Massenmedien — jedenfalls in soziologischer Sicht — nicht zu Unrecht als „Vierte Gewalt" im Staate. Für die Strafrechtspflege bedeutet die Verlagerung auf die mittelbare Öffentlichkeit gleichzeitig Gefahr und Chance. Die möglichen Gefahren haben vor allem Bockelmann (NJW 1960, 217) und Eb. Schmidt (1968) aufgezeigt. Im Vordergrund steht hier die Möglichkeit einer direkten oder indirekten Einflußnahme der öffentlichen Meinung auf den Gang und die Gestaltung der Strafrechtspflege. Vor allem Bockelmann (aaO 220) hat die Möglichkeit eines plebiszitären Einwirkens der öffentlichen Meinung in den Gerichtssaal angesprochen. Demgegenüber darf aber auch die Chance einer erweiterten Öffentlichkeit nicht übersehen werden (vgl. dazu bes. Jescheck ZStW 71, 1 ff.). Allein die Publikationsorgane können letztlich Träger der Generalprävention sein. „Der Einfluß des Strafgesetzes und der Urteilstätigkeit der Gerichte auf die Erziehung der Bürger zur Rechtstreue, die ganze unschätzbare Wirkung des Anblicks einer intensiven, gleichmäßigen, maßvollen und verantwortungsbewußten Strafrechtspflege auf die Gesamtgesellschaft vollzieht sich fast ausschließlich über die Berichterstattung durch die Presse" (Jescheck aaO 6). Die generalpräventive Einwirkung auf die Allgemeinheit steht mit dem Öffentlichkeitsprinzip in einem untrennbaren funktionalen Zusammenhang; eine nichtöffentliche Rechtsprechung isoliert sich vom Volke und gelangt nicht in dessen Bewußtsein.

Freilich ist es dabei empirisch weitgehend ungeklärt, ob von der heutigen, grundsätzlich ja öffentlichen Rechtsprechung ein nennenswerter Einfluß auf die Allgemeinheit ausgeübt wird und wie dieser Kommunikationsfluß im einzelnen vor sich geht. Nicht zu verkennen ist dabei aber von vorneherein die Gefahr, daß die Strafrechtspflege in einem verzerrten Bild erscheint, weil ja nur über ganz bestimmte Arten von Prozessen jeweils in den Massenmedien berichtet wird, die aus irgendeinem Grund auf besonderes Interesse stoßen. Aber die Strafjustiz muß sich in allen ihren Tätigkeitsbereichen ständig vor der Gesamtheit legitimieren können (vgl. Jescheck aaO 3); sie hat nur auf diese Weise die Chance, um Vertrauen und Verständnis für ihre Arbeit zu werben. Schon deshalb kann das bloß abwehrende Heraushalten der Strafrechtspflege aus dem öffentlichen Meinungsbildungsprozeß kein gangbarer Weg sein.

Für die Kriminalpolitik geht es also darum, ein positives Verhältnis zu den Trägern der Massenkommunikation zu schaffen und über die Massenmedien auf die Rechtsgemeinschaft einzuwirken. Eine fundierte Stellungnahme zum Gesamtkomplex würde freilich eine umfassende Untersuchung, besonders unter Einbeziehung der Wirkungsmechanismen der öffentlichen Meinung und ihres Einflusses auf die politische Gestaltung, erfordern. Hier können nur skizzenartig einige kriminalpolitische Überlegungen zur Diskussion gestellt werden. Auch das Öffentlichkeitsprinzip ist kein in sich ruhender Selbstzweck, sondern es erhält seine Berechtigung nur aus der Erreichung anderer Ziele, die sich ihrerseits legitimieren müssen, und zu deren Förderung es geeignet sein muß. Ein solches Ziel ist sicherlich die Information der Rechtsgemeinschaft. Aber es kommt entscheidend auf den Bezugspunkt der Information an. Dieser ist nicht das persönliche Schicksal des Angeklagten (insoweit würde ein Relikt aus der „Prangerfunktion" in der Strafrechtspflege fortwirken), sondern die **Gewißheit über die Korrektheit der Rechtspflege**. Damit stellt sich die kriminalpolitische Aufgabe so dar: Vermitteln der Gewißheit über die Korrektheit der Rechtspflege, ohne dabei das persönliche Schicksal des Angeklagten in ungebührlicher Weise der Öffentlichkeit preiszugeben.

Zunächst ist auch die Funktionenteilung zwischen Gericht, Staatsanwaltschaft und Verteidigung (vgl. dazu allgemein Verf. 1972, 47) ein Faktor, der zur Überwachung einer korrekten Rechtspflege dient. Weiterhin wird etwa heute das Verwaltungshandeln, das grundsätzlich nicht öffentlich geschieht, nicht wegen des Fehlens der Öffentlichkeit in Zweifel gezogen; entsprechendes gilt für das Jugendstrafrecht, das grundsätzlich die nichtöffentliche Verhandlung vorsieht (§ 48 Abs. 1 JGG). Gerade dieses Beispiel weist den Weg zur zukünftigen Behandlung des Öffentlichkeitsgrundsatzes. Das Öffentlichkeitsprinzip muß sich einer Güterabwägung mit anderen Prozeßzielen stellen. Heute werden die Informationsbelange der Allgemeinheit überbetont; man sieht das Öffentlichkeitsprinzip zumeist isoliert und zu wenig nüchtern in seiner tatsächlichen Leistungsfähigkeit. Die Güterabwägung muß sich vollziehen zwischen den Kontroll- und Informationsbelangen der Allgemeinheit auf der einen und der schützenswerten Persönlichkeitssphäre des Angeklagten (und auch anderer Verfahrensbeteiligter, besonders der Zeugen) auf der anderen Seite. Diese Güterabwägung weist auch in Verbindung mit dem Schuldinterlokut den Weg des Öffentlichkeitsprinzips in die Zukunft. Der erste Verfahrensabschnitt, der der Tatfeststellung dient, sollte grundsätzlich — mit den heutigen Ausschließungsgründen — öffentlich durchgeführt werden, während im zweiten Verfahrensabschnitt die Schutzbelange des Angeklagten überwiegen, weshalb hier nicht öffentlich verhandelt werden sollte.

2. Festsetzung und Vollzug der Deliktsfolgen

2.1. Die Straffrage als gleichrangige Prozeßaufgabe

Im Rahmen dieser Darstellung kann keine systematische Behandlung der Strafzumessungslehre — auch nicht in den Grundzügen — gegeben werden; dies erübrigt sich aber auch schon angesichts des umfangreichen in den letzten Jahren erschienenen Spezialschrifttums (vgl. dazu u. 2. 12.). Es geht hier nur um die kriminalpolitische Bedeutung der Deliktsfolgenbestimmung und der Straffrage als Teil des prozessualen Sachthemas. Dementsprechend beschränken sich die folgenden Ausführungen auf eine Betrachtung der §§ 13 ff. StGB unter dem Gesichtspunkt einer Lösung der Strafzwecklehre (u. 2. 11.), auf einen Vergleich des Standes der Strafzumessungswissenschaft und der Strafzumessungspraxis (u. 2. 12.) und auf eine Skizzierung der vordringlichsten wissenschaftlichen Aufgabe in diesem Bereich, der dogmatischen Aufarbeitung der Maßregelzumessung (u. 2. 13.).

2.11. Das magische Dreieck der Strafzumessung: Schuld, Generalprävention, Individualprävention

Der in der Strafpraxis der letzten Zeit häufige Fall des Opiumbesitzes und -Vertriebes (Verstoß gegen § 11 des Betäubungsmittelgesetzes) durch einen dazu verführten, innerlich haltlosen jungen Täter macht die drei zu koordinierenden Interessen deutlich. In generalpräventiver Hinsicht ist zur Eindämmung der Rauschgiftlawine der letzten Jahre eine harte staatliche Reaktion notwendig. In spezialpräventiver Hinsicht erfordert der Ausgleich des fehlenden inneren Halts die helfende Hand des Staates, wobei aber zu einer erfolgreichen Resozialisierung eine beträchtliche zeitliche Inanspruchnahme des Täters gehören kann. Unter Schuldgesichtspunkten wirkt sich die Verführung schuldmindernd aus. Dabei zeigt schon der Gesichtspunkt der Verführung und des fehlenden inneren Halts, daß auch die einzelnen Strafzumessungsfaktoren an der Antinomie der Strafzwecke Anteil haben; die Verführung mindert einerseits die Schuld, steigert aber andererseits die Präventionsbedürftigkeit beim Täter. Da nun die Gesichtspunkte des Schuldausgleiches, der Generalprävention und der Individualprävention nicht gleichgerichtet auf ein Ziel hinführen, sondern antinomisch auseinanderstreben, läßt sich der Strafzumessungsvorgang nur durchführen, wenn man vorher über diese drei möglichen Zielpunkte eine Einigung erzielt hat. Während sich hier das Jugendstrafrecht eindimensional für einen absoluten Vorrang der Individualprävention in Form der Erziehung entschieden hat, ist der Ausgleich im Erwachsenenstrafrecht bis heute nicht abschließend geglückt.

Jeder Strafzumessungsvorgang steht damit in dem „magischen Dreieck" von Schuld, Generalprävention und Individualprävention. Dabei geht es um einen Ausgleich der staatlichen Strafbelange und des Individualschutzes des straffällig gewordenen Staatsbürgers. Das Opfer der Straftat ist dagegen als Zentralfigur des Strafgeschehens ausgeschieden und hinter die Kulissen des Staates abgetreten; sein Genugtuungsbedürfnis ist heute kein legitimer Strafzweck mehr. In dem optimalen Ausgleich dieser drei antinomischen Prinzipien der Schuld, der General- und der Individualprävention liegt sowohl bezüglich der abstrakten Rangfolge wie auch der konkreten Anwendung im Einzelfall die Aufgabe der Deliktsfolgenbestimmung, wobei es letztlich um das richtige Maß zwischen Gleichheit und Individualisierung im Strafzumessungsvorgang geht (vgl. Kaiser 1972, 88).

Will man Schuld, General- und Individualprävention zu diesem Ausgleich bringen, dann muß man sich zunächst ihren Funktionswandel in den letzten Jahren vor Augen führen (vgl. Grünwald ZStW 82, 251 ff.). Schuld muß von den Begriffen Vergeltung und Sühne klar getrennt werden; das Schuldprinzip stellt im Strafzumessungsvorgang keinen eigentlichen staatlichen Strafzweck dar, sondern ist das Schutzprinzip des Individuums gegenüber dem Staat als Inhaber der Strafhoheit (vgl. Verf. 1969, 51 ff.). Als Schranke der staatlichen Strafhoheit zugunsten des Individuums kann es nur leistungsfähig sein, wenn man es streng auf die Tatschuld hin ausrichtet (Verf. 1969, 40 ff.; Stratenwerth 1972). Weiterhin ist von dem heute weitgehend anerkannten normativen Schuldbegriff auszugehen: Schuld ist eine Wertung menschlicher Verhaltensweisen (eine „Mittel-Anlaß"-Relation im Gegensatz zur „Mittel-Zweck"-Relation der Zweckmäßigkeit bei General- und Individualprävention). Das Schuldurteil stammt aus der interpersonell erfahrbaren und mitteilbaren Überzeugung über den Unwert bestimmter Verhaltensweisen, also aus dem Wertbewußtsein der Gemeinschaft. Schuldstrafen bedeutet Kongruenz mit dem Rechtsbewußtsein der Gemeinschaft; dieses ist kaum je punktuell verengt, sondern stellt vielmehr einen dynamischen Gestaltungsprozeß dar (vgl. o. § 4 1.13.), der zu einem Schuldrahmen führt, innerhalb dessen sich die Strafzwecke entfalten können (vgl. Verf. 1969, 104).

Eine fast ebenso bedeutsame Entwicklung hat in den letzten Jahren der Gedanke der **Generalprävention** durchgemacht. Zunächst müssen die Bereiche der Generalprävention als allgemeiner Rechtsbewährungsidee und die generalpräventive Strafschärfung im Einzelfall scharf unterschieden werden (vgl. dazu Verf. 1969, 106 ff.). Die generalpräventive Einzelstrafschärfung mußte sich dann eine strenge Überprüfung auf ihre Verfassungsgemäßheit hin gefallen lassen, die von zahlreichen Autoren negativ beurteilt wurde (vgl. Verf. 1969, 110 ff.). In allerjüngster Zeit vollzog sich ein erneuter Betrachtungswandel. Hatte bisher zu sehr die negative Funktion der Generalprävention im Vordergrund gestanden, nämlich die allgemeine Abschreckung vor der Begehung ähnlicher Straftaten, so trat jetzt zunehmend der positive Aspekt der Generalprävention in den Vordergrund. Man erkannte, daß es weniger um das Verbreiten von Furcht als um die Stärkung des allgemeinen Verantwortungsgefühls und der Rechtstreue geht (vgl. Grünwald ZStW 82, 252). Diesem positiven Aspekt begegnen wir vor allem in dem Begriff der Verteidigung der Rechtsordnung (s. u.). Diese veränderte Sicht der Generalprävention wirkt sich auf die verfassungsrechtliche Betrachtung aus; hier tritt allmählich das Güterabwägungsprinzip in den Vordergrund.

Auch die **Individualprävention** hat sich — vielleicht hier bisher am wenigsten deutlich erfaßbar — gewandelt. Sie war lange Zeit zu sehr mit dem Determinationsproblem belastet und wurde zu sehr aus dem Blickwinkel der Korrektur einzelner Kausalfaktoren für die Verbrechensbegehung betrachtet. Heute beginnt man, sie aus dem Verantwortungsprinzip heraus neu zu begreifen als **ein Fähigmachen zur verantwortungsbewußten Teilnahme am Sozialleben.** Ihr Ziel, die konkrete, am einzelnen Täter orientierte Verbrechensprophylaxe (aufgespalten je nach der Präventionsbedürftigkeit und -zugänglichkeit in Abschreckung, Resozialisierung und Sicherung, wobei sich diese Rangfolge aus dem Prinzip des am wenigsten belastenden Eingriffs ergibt) läßt sich nur wirksam erreichen, wenn man dem Täter seine Verantwortung für das soziale Zusammenleben spürbar macht. Damit ist gemeinsamer Bezugspunkt sowohl von Schuld, als auch von General- und Individualprävention **die soziale Verantwortung:** ihr Mißbrauch begrenzt das Maß der Strafe, zu ihr soll der Täter befähigt werden und an sie wird allgemein durch jeden Sanktionierungsvorgang in der Strafrechtspflege appelliert.

Wie ist nun der Gesetzgeber mit dem Ausgleich zwischen Schuld, General- und Individualprävention fertig geworden? Die §§ 13 ff. StGB (= 46 ff. 2. StrRG) versuchen ein Lösung, die freilich alles andere als leicht herauszufinden ist (vgl. Jescheck ÖJZ 1971, 7). Dafür sind besonders die §§ 13, 14 und 23 StGB heranzuziehen. In § 13 Abs. 1 S. 1 wird die Schuld als Grundlage der Strafzumessung herausgestellt. Sie ist damit die die Strafzumessung beherrschende Leitidee. In § 13 Abs. 1 S. 2 und in § 14 Abs. 1 und 23 Abs. 1 wird die Individualprävention als konkreter Richtpunkt der Strafzumessungstätigkeit festgelegt. Wenn Stratenwerth hier nur die Resozialisierung angesprochen sieht (1972, 9), so erscheint diese Einschränkung vom Wortlaut her nicht geboten; wenigstens die individuelle Abschreckung fällt unter § 13 Abs. 1 S. 2. Zuzugeben ist aber, daß der individualpräventive Sicherungszweck hier im Gesetz nicht expressis verbis angesprochen ist. Die Generalprävention wird als solche nicht ausdrücklich erwähnt; sie hat aber teilweise Eingang in die „Verteidigung der Rechtsordnung" (§§ 14 Abs. 1 und 23 Abs. 3) gefunden. Aus den §§ 13, 14 und 23 wird folgende Strafzumessungskonzeption sichtbar: Bekenntnis zum Schuldprinzip, Ausrichtung der Strafe grundsätzlich an den Erfordernissen der Individualprävention und ausnahmsweise Einschränkung der Individualprävention durch übergeordnete Gesichtspunkte der Generalprävention (Verteidigung der Rechtsordnung). Die Gesetzgebung hat damit in den §§ 13 ff. einen Rahmen für die Strafzumessung geschaffen, der akzeptabel erscheint und flexibel genug ist, um der wissenschaftlichen Entwicklung der Strafzumessungslehre ausreichende Möglichkeiten zu lassen. Im Vordergrund des kriminalpolitischen Interesses stand freilich bisher weniger diese Gesamtkonzeption, als vielmehr die „Grundlagenformel" (§ 13 Abs. 1 S. 1) und die „Verteidigung der Rechtsordnung", wobei aber beide Begriffe in sich jeweils einen Mikrokosmos der Strafzumessungslehre darstellen.

Um Schuld und Prävention im Strafzumessungsvorgang in Einklang zu bringen, sind — sieht man von der Grundlagenformel zunächst einmal ab — im wesentlichen drei dogmatische Konstruktionen entwickelt worden: die Schuldrahmentheorie, das

Schuldüberschreitungsverbot und die Theorie der Punktstrafe (vgl. dazu näher Verf. 1969, 60 ff.). Die Schuldrahmentheorie ist dabei seit BGHSt 7, 28 st. Rspr.; sie nimmt an, daß die Schuldwertung ein Rahmenergebnis zwischen der schon schuldangemessenen und der noch schuldangemessenen Strafe erbringt, innerhalb dessen sich die Präventionszwecke entfalten können. Während hier die Schuld eine Grenze nach oben und nach unten setzt, nimmt das Schuldüberschreitungsverbot nur eine Grenzziehung nach oben vor, während sich nach unten kriminalpolitische Zweckmäßigkeitserwägungen frei auswirken können. Lassen diese beiden Theorien jeweils einen — allerdings unterschiedlich weit bemessenen — Rahmen für den Strafzweckeinsatz, so ist im Grunde kein Raum für Prävention, wenn die Schuld selbst bereits ein fest fixiertes, punktuelles Strafmaß erbringt. Welche Bedeutung kommt nun der Grundlagenformel zu? Man muß davon ausgehen, daß sie bewußt eine Stellungnahme zu diesen theoretischen Konzepten vermieden hat. Sicher ist sie mit der Schuldrahmentheorie vereinbar, die allerdings präzisere Grenzen zieht. Der BGH hat auch keinen Anlaß gesehen, die Schuldrahmentheorie seit Inkrafttreten des § 13 Abs. 1 S. 1 zu überprüfen oder gar zu revidieren. Weiter muß man aber hier die verfassungsrechtliche Absicherung des Schuldprinzips in Rechnung stellen. Jede Schuldüberschreitung nach oben stellt einen Verfassungsverstoß gegen das Schuldprinzip dar (Maurach 1971, 106). Zu Recht stellt Jescheck fest: „Soll die Strafe sozialethische Mißbilligung bedeuten, so kann der Täter niemals mehr an Strafe erhalten, als er verdient hat" (ÖJZ 1971, 7). Praktisch hat deshalb angesichts dieser verfassungsrechtlichen Vorklärung der Theorienstreit nur für die Schulduntergrenze Bedeutung. Die engsten Grenzen zieht hier die Schuldrahmentheorie, etwas weitere Grenzen die Grundlagenformel und praktisch ohne Grenze nach unten ist hier das Schuldüberschreitungsverbot. Da nach unten keine Verfassungsgrenze gilt, ist auch keiner der Theorien hier der Vorwurf eines Verfassungsverstoßes zu machen. Abzuwägen ist hier die größere rechtsdogmatische Klarheit (wichtig für die Strafmaßrevision) der Schuldrahmentheorie gegenüber dem größere kriminalpolitische Gestaltungsfreiheit einräumenden Schuldüberschreitungsverbot. Da der Gesetzgeber selbst bereits dem Richter große kriminalpolitische Gestaltungsaufgaben übertragen hat, verdient die Schuldrahmentheorie den Vorzug.

Der Begriff der „Verteidigung der Rechtsordnung" ist ein markantes Beispiel dafür, wie eine völlig unzureichende gesetzgeberische Vorarbeit die Rechtsanwendung in eine äußerst schwierige Situation gestürzt hat; gleichzeitig liegt hier aber auch ein typischer Beispielsfall dafür vor, wie die Rechtsanwendung einen höchst unklaren gesetzlichen Begriff durch restriktive Auslegung entschärft hat (vgl. dazu allgemein Naucke 1973, 21 ff.). Die von der Rechtsprechung (insbesondere BGH 24, 40, 64) herausgearbeiteten Grundsätze haben bisher zu einer sehr maßvollen Handhabung dieses Begriffs in der Rechtspraxis geführt. Dafür gebührt der Rechtsprechung gerade angesichts der völlig unzureichenden gesetzgeberischen Arbeit hohe Anerkennung. Nur in einem Punkt läßt die Rechtsprechung bisher eine klare Linie vermissen. Es handelt sich um die Frage, ob auch die Tatschuld bei der Verteidigung der Rechtsordnung mit zu berücksichtigen ist, was die Rechtsprechung überwiegend bejaht (vgl. BayObLG NJW 1970, 1353; zurückhaltender aber BGH VRS 38, 334). Richtig ist es, den Begriff der Verteidigung der Rechtsordnung **vollkommen schuldgelöst** zu interpretieren. Zweifelsfrei ergibt sich aus der Gegenüberstellung von Einwirkung auf den Täter und Verteidigung der Rechtsordnung in § 14, daß spezialpräventive Gesichtspunkte auszuscheiden haben. Es bleibt also für die Bestimmung der Verteidigung der Rechtsordnung die Generalprävention. Aber die Verteidigung der Rechtsordnung ist weder identisch mit dem Begriff Generalprävention noch eine erweiterte Generalprävention, aber auch kein Minus oder Aliud zur Generalprävention. Es handelt sich vielmehr um einen Ausschnitt aus der Generalprävention. Um die Verteidigung der Rechtsordnung geht es, wenn die in der

Rechtsbewährung liegende Ordnungsfunktion des Staates im Bereich der Verbrechensbekämpfung selbst tangiert wird. Es genügt also nicht das bloße kriminalpolitische Interesse an generalpräventiv wirkender Strafschärfung, sondern es muß um die Abwehr eines Angriffs gehen, der die Strafrechtspflege so zentral trifft, daß eine unbeugsame Zurückweisung geboten ist, um die Rechtstreue der Staatsbürger zu erhalten (positive Generalprävention). Nur in diesem Ausnahmefall überwiegen auch die öffentlichen Belange so stark, daß ein Zurücktreten des Einzelinteresses auf ausschließlich täterorientierte Einwirkung gerechtfertigt ist. Wer die Generalprävention im Rahmen der Schuld generell für zulässig hält, für den ist die Verteidigung der Rechtsordnung eine Einschränkung der Generalprävention im mittleren Kriminalitätsbereich. Wer dagegen die generalpräventive Strafschärfung an sich ablehnt (wozu sich der Verf. bekannt hat, vgl. 1969, 107 ff.), für den stellt sich die Frage, ob er die Verteidigung der Rechtsordnung als Ausschnitt aus der Generalprävention rechtfertigen kann. Das ist auf Grund der skizzierten Güterabwägung möglich. Eine generalpräventive Strafschärfung über den Begriff der Verteidigung der Rechtsordnung hinaus kommt dagegen von dieser Grundposition her nicht in Betracht. Die kriminalpolitische Bewertung ergibt, daß der Begriff der „Verteidigung der Rechtsordnung" in § 14 neben der spezialpräventiven Einwirkung keinen Raum haben sollte, während die Verwendung in § 23 sinnvoll ist, aber ein Einsatz erst bei einer aussetzungsfähigen Freiheitsstrafe von mehr als einem Jahr erwägenswert erscheint.

2.12. Der Einfluß der Strafzumessungslehre auf die Strafzumessungspraxis

Die Entwicklung der Strafzumessungslehre kann nur ganz grob skizziert werden. Wie in vielen anderen Bereichen sind auch hier schon weit gediehene normative und empirische Bemühungen der Weimarer Zeit (Drost 1930, Exner 1931, Graßberger und Peters 1932) durch die Jahre 1933—1945 abrupt unterbrochen worden. Die Arbeiten nach 1945 setzten frühzeitig ein (Dreher 1947), führten über Spendel 1954, v. Weber 1956, Stree 1960 und Warda 1962 zu Bruns 1967 als Meilenstein auf dem Weg zu einer wissenschaftlichen Strafzumessungslehre und fanden auch in allerjüngster Zeit vielfältigen Ausdruck (Henkel 1969, Verf. 1969, Haag 1970, Frisch 1971, Stratenwerth 1972). Nimmt man zu diesen Monographien die Aufsätze, Festschriftbeiträge und Kommentierungen hinzu, so ergibt sich ein imponierendes wissenschaftliches Werk über die Strafzumessung. In normativer Hinsicht hat die Strafzumessungslehre heute ohne Zweifel ein gesichertes Fundament erhalten.

So drängt sich für den Kriminalpolitiker die Frage auf, wie dieses umfangreiche wissenschaftliche Material in die Rechtsanwendung Eingang gefunden hat. Dabei dürfen nicht die Revisionsgerichte als Maßstab genommen werden, vielmehr interessiert die Alltagsarbeit der Instanzgerichte. Ist der wissenschaftliche Stand der Strafzumessungslehre bereits zum vertrauten Rüstzeug der Strafzumessungspraxis geworden? Hier könnten letzten Aufschluß nur empirische Untersuchungen bringen. Diskussionen im Anschluß an eigene Vorträge, Gespräche mit Praktikern und Erfahrungsaustausch mit Kollegen legen aber die Vermutung nahe: der wissenschaftliche Stand der Strafzumessungslehre und die praktische Strafzumessungsarbeit klaffen weit auseinander. Kaiser (1972, 88) spricht sogar für den Bereich der Strafzumessung von einem „Mißverhältnis zwischen dem Gelehrtenaufwand und seinem praktischen Ertrag".

Dieser Nachholbedarf der Praxis kann auch nicht verwundern. Er geht keineswegs auf mangelndes Interesse zurück; jeder in der Strafrechtspflege arbeitende Jurist fühlt sehr deutlich, daß ihm bei jedem Straffall die Straffrage immer eine schwierige Entscheidung abverlangt. Schon deshalb ist er aufgeschlossen für jede Bereicherung seines Kenntnisstandes in diesen ihn tagtäglich bedrängenden Fragen. Der Umsetzungsprozeß der wissenschaftlichen Ergebnisse in die praktische Rechtsanwendung vollzieht sich aber — jedenfalls wenn er einen so komplexen Gegenstand betrifft — nur langsam. Das gesicherte Wissen wird auch nicht primär durch Monographien, sondern in der Ausbildung weitergegeben. Man konnte das sehr deutlich nach dem 2. Weltkrieg an der stürmischen wissenschaftlichen Entwicklung des Verwaltungsrechts und der langsamen Rezeption des neuen Wissens durch die Rechtspraxis beobachten.

Daher liegt die entscheidende Chance für den Durchbruch des Strafzumessungsrechts in der Praxis in dem verstärkten Einbau der Strafzumessung in die juristische Ausbildung. Und gerade hier besteht nun leider eine recht ernüchternde Ausgangssituation. Die Vorlesung „Strafrecht, Allgemeiner Teil" läßt für eine Behandlung des Strafzumessungsrechts in aller Regel keine ausreichende Zeit; die Dogmatik der Straftat erschöpft hier im wesentlichen die Möglichkeiten der Vorlesung. Leider hat das Strafzumessungsrecht auch in der strafrechtlichen Wahlfachgruppe keine ausdrückliche Aufnahme gefunden. Damit ist heute das Strafzumessungsrecht in der juristischen Ausbildung faktisch weitgehend heimatlos, auch wenn man es dogmatisch selbstverständlich dem AT des Strafrechts zurechnen kann. Minimalforderung müßte es daher sein, die Vorlesung „Allgemeiner Teil" in eine Lehrveranstaltung „Grundlehren des Strafrechts, Dogmatik der Straftat" und in eine eigene (mindestens 2stündige) Vorlesung über die Rechtsfolgen der Straftat zu unterteilen, wobei dann bei der Rechtsfolgenlehre auch das Strafzumessungsrecht berücksichtigt werden könnte. Daß Vertiefungsvorlesungen und Seminare über diesen Gegenstand eine willkommene Bereicherung — gerade auch unter dem Gesichtspunkt der beruflichen Weiterbildung — wären, bedarf keiner weiteren Ausführung.

Die große Bedeutung des Strafzumessungsrechts für die Strafrechtspflege wird deutlich, wenn man sich vergegenwärtigt, daß die Straffrage unter dem Zeitdruck der Hauptverhandlung mit weitreichenden Folgerungen für den Täter und die Allgemeinheit gefällt werden muß (vgl. Kaiser 1972, 83). Weiterhin sind Strafzumessungsfragen nicht nur auf die Hauptverhandlung beschränkt, sondern durchziehen das gesamte Strafverfahren, wie etwa § 153 StPO („geringe Schuld" ist im Sinne des Strafzumessungsrechts zu bestimmen) deutlich macht (vgl. auch Kaiser 1972, 78 ff.). Damit der Strafzumessungsrichter den Einzelfall zutreffend entscheiden kann, muß er zunächst gelernt haben, das komplizierte Instrument des Strafzumessungsrechts souverän zu gebrauchen. Die Grundlage dafür muß in der juristischen Ausbildung auf der Universität und im Referendardienst gelegt werden.

2.13. Die Maßregelzumessung

Ist bei der Verhängung der Strafen eine weit vorangeschrittene wissenschaftliche Forschung vorhanden und geht es hier aus kriminalpolitischer Sicht um ein Vertrautmachen der Rechtsanwendungsorgane mit diesem erarbeiteten Wissen, so liegt die Situation im Bereich der Verhängung der Maßregeln der Sicherung und Besserung völlig anders. Hier besteht ein wissenschaftliches Entwicklungsgebiet, das bisher noch kaum systematisch in Angriff genommen wurde. Dabei läßt die Entwicklung der nächsten Jahre gerade hier eine zunehmende Bedeutung erwarten.

Dafür erscheinen in kriminalpolitischer Sicht besonders zwei Gesichtspunkte wesentlich. Das zukünftige Strafrecht wird vor allem durch das Hinzutreten der sozialtherapeutischen Anstalt eine differenziertere Handhabung der freiheitsentziehenden Maßregeln erforderlich machen. Besonders aber wächst den Maßregeln deshalb eine ständig zunehmende Bedeutung zu, weil der Vorgang der Deliktsfolgenverhängung immer stärker als eine einheitliche Gesamtwirkung begriffen wird (vgl. OLG Hamm NJW 1973, 719; Schönke-Schröder 1972 § 13 Rdnrn. 62, 63; Verf. 1969, 132 f.). Werden Strafen und Maßregeln im konkreten Fall als eine aufeinander abgestimmte Wirkungseinheit angesehen, so hat das verfahrensrechtliche Konsequenzen (letztlich Unteilbarkeit des Strafausspruchs bei der Rechtsmittelanfechtung), aber auch Rückwirkungen darauf, daß man sich zunehmend des unterschiedlichen dogmatischen Wissenschaftsstandes zwischen Strafzumessung und Maßregelzumessung bewußt werden wird.

Auch nur eine vorläufige Skizzierung der Lehre von der Maßregelzumessung kann hier nicht in Angriff genommen werden. Sicher ist aber, daß die rechtsstaatliche Schutzwirkung zugunsten des Betroffenen, die beim Strafzumessungsvorgang das Schuldprinzip ausübt, bei der Maßregelzumessung dem **Übermaßverbot** zufällt (vgl. Verf. 1969, 7 f.). Deshalb stellt § 62 i. d. F. des 2. StrRG zu Recht den Grundsatz der Verhältnismäßigkeit an die Spitze des Katalogs der Maßregeln. Völlig offen aber ist, wie der Rahmen des „Verhältnismäßigen" (vgl. Gallas 1931, 31: „ . . . für jede Kriminalpolitik fundamentalen Grundsatz von der notwendigen Verhältnismäßigkeit zwischen angewandtem Mittel und erreichbarem Ziel") nach der beim Täter diagnostizierten Gefährlichkeit auszufüllen ist. Nur zum Teil enthalten hier die gesetzlichen Regelungen bei den einzelnen Maßregeln Hinweise, wie besonders § 42 e Abs. 1 Nr. 3 (= § 66 Abs. 1 Nr. 3 2. StrRG). Sowohl für den Bereich der Maßregelzumessung wie auch für den der Strafzumessung gilt, daß empirische Untersuchungen über die Präventionsbedürftigkeit und die Sanktionenzugänglichkeit weitgehend fehlen.

2.2. Die Einordnung des Strafvollzugs in den kriminalpolitischen Gesamtrahmen

Die Strafvollzugskunde hat sich längst zu einer eigenen wissenschaftlichen Disziplin und zu einem selbständigen Lehrfach entwickelt (vgl. bes. Müller-Dietz 1969); deshalb wird sie auch mit Recht im Rahmen der strafrechtlichen Wahlfachgruppe als eigenständiges Gebiet aufgeführt. Hier kann es nur um eine Einordnung des Strafvollzugs in den Gesamtrahmen der Kriminalpolitik gehen. Zu Recht weist Müller-Dietz (1969, 24) darauf hin, daß der Kriminalpolitiker den Strafvollzug zunächst „in seiner Funktion als Mittel der Verbrechensbekämpfung begreift", also als Bestandteil des Gesamtsystems der Verbrechensbekämpfung. Dabei ist heute selbstverständlich, daß es um keine negative Einordnung gehen kann, etwa „um zu verhindern, daß sich die gesetzlichen Strafdrohungen als bloßer Bluff herausstellen" (Lange 1970, 30). Vielmehr muß der Strafvollzug heute in seiner positiven Funktion gesehen werden, die soziale Verantwortung des straffällig gewordenen Staatsbürgers zu aktivieren, wo dies nur durch eine längerdauernde resozialisierende Einwirkung geschehen kann. Hinzu tritt die auch heute unverzichtbare Funktion der Separation Schwerstkrimineller von der Außenwelt, um sie an der Begehung weiterer Straftaten zu hindern (Sicherungsfunktion).

Der Blick auf den Strafvollzug führt von der weitgehend vollzogenen Reform im materiellen Strafrecht zur noch ausstehenden Aufgabe, der Schaffung eines Strafvollzugsgesetzes. Die kriminalpolitische Aufgabe muß man dabei wiederum zweispurig sehen. Auf der einen Seite geht es um die Schaffung eines rechtlichen Rahmens für den Strafvollzug, besonders die längst gebotene Regelung der Rechte und Pflichten des Strafgefangenen. Diese „Verrechtlichung des Strafvollzugs" (Hattenhauer 1971, 154) ist seit Ende des vergangenen Jahrhunderts überfällig. Mit dem Abschied vom „Besonderen Gewaltverhältnis" (BVerfG NJW 1972, 811) ist die gesetzliche Regelung auch unabweisbar geworden. Insoweit handelt es sich um das Strafvollzugsrecht i. e. S., dem Müller-Dietz (1969, 45 ff.) die Pönologie gegenüberstellt, die damit als Vollzugskunde unter Ausklammerung der Deliktsfolgenbestimmung verstanden wird. Hierbei geht es um die inhaltliche Ausfüllung des Vollzugs; der Resozialisierungsversuch am Straffälligen wird zur Vollzugsaufgabe. Auch der Strafvollzug läßt sich damit letztlich auf das Spannungsverhältnis der rechtsstaatlichen Absicherung und der sozialstaatlich gebotenen Inhaltserfüllung zurückführen. Die hier primär angesprochenen Wissenschaften sind Pädagogik, Psychologie und Soziologie. Nur was sie an erprobten Vollzugsmodellen zur Verfügung stellen können, bestimmt die Möglichkeiten der Vollzugswirklichkeit und ihrer Weiterentwicklung. Der Jurist muß den rechtlich geordneten Vollzugsrahmen schaffen und darf der inhaltlichen Ausführung nicht im Wege stehen. Die Kriminalpolitik muß diese Grenzen der juristischen Regelungsmaterie kennen und beachten.

Die Strafvollzugsreform stellt eine kriminalpolitische Aufgabe von größter Tragweite dar. Ist sie aber überhaupt derzeit lösbar? Zunächst stellt sich eine planerische Aufgabe: die Entwicklung von Vollzugsmodellen. Selbst wenn man heute personell und finanziell aus dem Vollen schöpfen könnte, würden wir wohl keine planerische Basis für die Umgestaltung des Vollzugs haben. Es fehlt ein Vollzugsmodell, das so abgesichert ist, daß man die mit großem Aufwand verbundene Umstellung wagen könnte. Wenn wir nüchtern in die Runde blicken, dann gibt es zwar genügend Vollzugsanstalten, die mit oft großem persönlichen Einsatz der Mitarbeiter partielle Erfolge erreichen, aber kein Vollzugsmodell, das eine echte Resozialisierung im größeren Umfang auf die Beine stellen könnte. Vielleicht ist dies aber unter den Ausgangsbedingungen des heutigen Strafvollzugs überhaupt nicht möglich. Eine Alternativsanktion zur Freiheitsstrafe bei schwerer Kriminalität ist aber noch weniger in Sicht. Diese Ratlosigkeit ist punktuell bei der sozialtherapeutischen Anstalt überdeutlich geworden; sie besteht aber allgemein für den gesamten Strafvollzug.

Damit ist die personelle und finanzielle Seite jeder Vollzugsreform eigentlich schon zweitrangig. Aber hätten wir ein erfolgversprechendes Vollzugsmodell, dann würden wir bei der Realisierung zwangsläufig sehr rasch an die personelle Grenze stoßen (vgl. Jescheck ÖJZ 1971, 8). Die notwendigen Mitarbeiter würden — vor allem im medizinisch-psychiatrischen und pädagogischen Bereich sowie in der Sozialarbeit — aus ausgesprochenen Mangelberufen genommen werden müssen. Freilich berührt sich hier der personelle Sektor schon mit dem finanziellen. Eine echte Reform des Vollzugswesens könnte nicht kostenneutral erfolgen, sondern würde gewaltige staatliche

Aufwendungen zur Folge haben. Hier ist weder der Mut ersichtlich, solche unpopulären Maßnahmen zu ergreifen, noch der Weg erkennbar, eine neue Priorität zu Lasten von anderen Staatsaufgaben (das wäre ja die zwangsläufige Konsequenz) durchzusetzen.

Bleibt also dem Kriminalpolitiker nur Resignation? Man muß hier differenzieren. Ein großer Durchbruch zu neuen Dimensionen des Strafvollzugs ist nicht ersichtlich, Verbesserungen des bestehenden Zustandes sind aber ebenso unabweisbar wie auch machbar. Man braucht aber auch dafür eine realistische Einschätzung der Lage. Der Strafvollzug wird in etwa mit seinen bisherigen personellen und finanziellen Mitteln auskommen müssen. Davon muß jede Reform ausgehen und — soweit erkennbar — paßt das geplante Strafvollzugsgesetz, bei dem auch noch die für die Resozialisierung wichtigen Fragen der Arbeitsentlohnung und der Sozialversicherung der Strafgefangenen ausgeklammert werden sollen (vgl. Gerhardt ZRP 1973, 42), genau in diesen Rahmen. In diesen engen Grenzen sind Verbesserungen nur realisierbar, wenn man den Anwendungsbereich der Freiheitsstrafe stark beschneidet: zur Vollstreckung kommende Freiheitsstrafe muß ultima ratio der Verbrechensbekämpfung sein. Denn eine Qualitätssteigerung ist nur durch Quantitätsverzicht möglich. Freilich sind auch hier die Möglichkeiten schon weitgehend ausgeschöpft. Die Geldstrafe ist zur primären staatlichen Strafreaktion bereits bis weit in den Bereich der mittleren Kriminalität geworden; dennoch sind die meisten Strafanstalten bis zur Grenze ihrer Aufnahmefähigkeit überbelegt. Eine weitere Ausdehnung erscheint heute eher im Bereich der Strafaussetzung zur Bewährung möglich als bei der Geldstrafe, bei der erst die Erfahrungen mit § 14 StGB über einen längeren Zeitraum hin ausgewertet werden müssen. Insgesamt gesehen zeigt sich hier beim Strafvollzug verstärkt, was allgemein für die gesamte Verbrechensbekämpfung gilt. „Vielmehr gibt es eigentlich gar keine wirkliche Bekämpfung der Kriminalität im Sinne eines zahlenmäßig meßbaren Fortschritts, sondern nur Verfall und Neubau in ewigem Wechsel mit allerdings immer veränderten, vielleicht verbesserten, jedenfalls dem Geiste der Zeit angepaßten Methoden. Man tut gewissermaßen, was man kann, ohne an die Möglichkeit einer auch nur ins Gewicht fallenden Überwindung der Kriminalität zu glauben" (Jescheck ZStW 71, 2).

3. Die Rehabilitierung des Verurteilten

Die Strafverfolgung läuft notwendigerweise zwischen Stigmatisierung des Verurteilten und seiner Rehabilitierung ab. Jede strafrichterliche Verurteilung bedeutet für den Täter eine Minderung seines sozialen Ansehens. Daran würde sich im übrigen auch nichts ändern, wenn man statt der Strafen nur — angeblich wertneutrale — Maßnahmen verwenden würde; denn der Sanktionierungsanlaß ist immer ein normabweichendes und damit negativ bewertetes Verhalten, dem eine negativ bewertete Sanktion zur Erhaltung der Norm- und Sanktionsgeltung folgen muß. Ein „neutrales" System von Sanktionen kann es nicht geben (Kaiser 1972, 94). Damit ist die Aufgabe der Tilgung des Strafmakels im Gang des Strafverfahrens angelegt und unvermeidbare Konsequenz der Strafverfolgungstätigkeit des Staates.

Die Resozialisierungsfeindlichkeit der Vorstrafenbelastung ist allgemein bekannt (vgl. Maurach 1971, 799). Deshalb ist es seit langem ein kriminalpolitisches Anliegen, diese Barriere für eine erfolgreiche Resozialisierung abzubauen. Eine weitgehende Verbesserung der registerrechtlichen Behandlung der Vorstrafen hat das Bundeszentralregistergesetz vom 18. März 1971 gebracht, das am 1. 1. 1972 in Kraft getreten ist (§ 71 Abs. 1 BZRG). Von weitreichender Konsequenz für die Strafrechtspflege ist dabei vor allem das Verwertungsverbot des § 49 BZRG. Dadurch ist ausgeschlossen, daß getilgte oder tilgungsreife Vorstrafen bei der Strafzumessung strafschärfend verwendet werden dürfen (BGH 24, 378). Dieses Verwertungsverbot folgt zwingend aus dem Wortlaut und der Entstehungsgeschichte der Vorschrift, da im Gesetzgebungsverfahren ein Zusatz, der die Verwertung der Vorstrafen in einem erneuten Strafverfahren als Ausnahme regeln wollte, bewußt nicht ins Gesetz aufgenommen wurde (vgl. BGH aaO 381). Dieses Verwertungsverbot stößt in der strafrichterlichen Praxis weitgehend auf Ablehnung, weil es den Strafrichter zwingt, den kriminellen Werdegang des vor ihm stehenden Angeklagten zu negieren. Und in der Tat läßt sich von den Anliegen der Strafzumessungslehre her die Notwendigkeit der Kenntnis des kriminellen Werdegangs für die Persönlichkeitserforschung gerade um einer präventionsgerechten Entscheidung willen nicht leugnen.

Dabei ist die Problematik innerhalb der Strafzumessung selbst durchaus ambivalent. Bei der Schuldwertung spricht viel dafür, die Vorstrafen nicht schulderhöhend zu veranschlagen; bei der Prävention, die heute in jedem Strafzumessungsvorgang eine Rolle spielt, kann man die Vorstrafen — und zwar alle! — schlechterdings nicht vernachlässigen, weil sie Auskunft über die Strafwirkung der bisher eingesetzten Sanktionen geben. Dieser Gesichtspunkt spricht zwingend dafür, die Vorstrafen dem Strafrichter bei seiner Entscheidung bekanntzumachen. Das schutzwürdige Interesse des Angeklagten geht auch hier dahin, die öffentliche Anprangerung durch die Vorstrafen zu vermeiden. Die Lösung liegt damit auch hier in einer Durchbrechung des Öffentlichkeitsprinzips. Bei Einführung des Schuldinterlokuts ließe sich eine allseits befriedigende Regelung finden; die Vorstrafenerörterung gehört zum zweiten nichtöffentlichen Teil der Hauptverhandlung, in dem die Straffrage behandelt und entschieden wird. Unter dieser Voraussetzung sollte man das Verwertungsverbot des § 49, dem im übrigen voll zuzustimmen ist, für das Strafverfahren einschränken. Denn wenn das „Vorleben des Täters" nach § 13 Abs. 2 StGB ein allgemein zu berücksichtigender Strafzumessungsfaktor ist, dann ist es schlechterdings ungereimt (dieses Argument klingt auch bei BGH 24, 381 f. an), ausgerechnet den Abschnitt, der eine frühere rechtskräftige strafrichterliche Erledigung gefunden hat, nach Ablauf der Tilgungsfristen auszuklammern. Die Individualisierung der Strafen und Maßregeln verlangt eine umfassende Berücksichtigung des Vorlebens des Täters und damit auch der vorangegangenen Verurteilungen.

Die Resozialisierungserleichterung für den Verurteilten ist im übrigen nicht der einzige Punkt, wo die Strafrechtspflege mit dem Verwertungsverbot des § 49 BZRG konfrontiert wird. Auch bei der Beurteilung der Glaubwürdigkeit von Zeugen sind deren — einschlägige — Vorstrafen ein wichtiger Anhaltspunkt; die Sollvorschrift des § 68 StPO ist ein schwacher Versuch, mit diesem Problem fertig zu werden.

Ab Eintritt der Tilgungsreife geht jetzt ohnehin § 49 BZRG vor, da eine Ausnahme nach § 50 BZRG hier nicht vorliegt.

Auch hier zeigt sich wieder deutlich, daß sich ein kriminalpolitisches Problem — hier die Rehabilitierung des Verurteilten — nicht isoliert betrachten läßt, sondern immer im Gesamtkontext mit anderen kriminalpolitischen Einzelfragen, hier insbesondere mit den Erfordernissen der Strafzumessungslehre gesehen werden muß. Dies ist bei der Schaffung des § 49 BZRG zu wenig beachtet worden.

Eine ähnliche Kollision zwischen Rehabilitierungs- bzw. Resozialisierungsgesichtspunkten und anderen Belangen der Verbrechensbekämpfung ist auch sonst häufig. Das gilt besonders für erkennungsdienstliche Maßnahmen durch die Kriminalpolizei (für die § 5 Abs. 1 der 1. DVO des Polizeigesetzes Baden-Württemberg ausdrücklich die Achtung der Würde der Person vorschreibt); der Anspruch des Bürgers auf die Vernichtung erkennungsdienstlichen Materials hat des öfteren die Verwaltungsgerichte beschäftigt (BVerwGE 16, 89, 94; 26, 169; weitere Nachw. bei Kleinknecht § 81 b Anm. 3). Weiter hat der Ausgleich zwischen den Informationsbelangen der Allgemeinheit und dem Anspruch auf möglichste ungestörte Resozialisierung des verurteilten Straftäters vor kurzem neue Aktualität erhalten (vgl. BVerfG NJW 1973, 747 und Lampe NJW 1973, 217).

§ 8 Vorbeugende Verbrechensbekämpfung

1. Die Aufgabenstellung

Bisher wurde das staatliche Einschreiten aus Anlaß einer konkreten Tat von der Schaffung der Strafnorm (§ 5) bis zum Ausspruch der Sanktion und seiner späteren Tilgung (§ 7) behandelt. Dies ist aber nur eine Möglichkeit staatlicher Verbrechensbekämpfung, wenn auch die praktisch bedeutsamste. Neben der Ahndung der Straftat und der damit verbundenen Individualprävention gegenüber dem Straftäter steht die Möglichkeit allgemeiner präventiver Verbrechensverhütung, die nicht erst auf eine begangene Tat reagiert, sondern schon der Begehung von Straftaten zuvorzukommen versucht, indem sie im Menschen und in der Gesellschaft dem Verbrechen den Nährboden zu entziehen trachtet. Eine solche Verbrechensvorbeugung kann personenbezogen und sachbezogen geschehen.

Der Idealfall personenbezogener Prävention wäre die Einflußnahme auf potentielle Täter, bevor es zur Tat kommt. Ein solches Einschreiten würde die zuverlässige Diagnostizierung der Sozialgefährlichkeit und das Vorhandensein adäquater Maßnahmen voraussetzen. Ansätze finden wir etwa in § 4 StVG, wonach verkehrsuntaugliche Fahrer vom motorisierten Verkehr durch Entzug der Fahrerlaubnis ferngehalten werden können, ferner bei der Verwahrung von gemeingefährlichen Geisteskranken nach den Verwahrungsgesetzen der Länder. Auch Maßnahmen des JWG, die der drohenden oder bestehenden Verwahrlosung entgegenwirken sollen, gehören in diesen Zusammenhang. Kriminologische Untersuchungen haben sich bevorzugt mit der Frühprognose bei Kindern befaßt mit dem Ziel, bereits in diesem Stadium späterer Kriminalität zuvorzukommen (vgl. bes. S. u. E. Glueck 1963). Jedoch scheint dieser Ansatz schon wieder weitgehend aufgegeben worden zu sein. Neben der Gefahr starker Eingriffe in das Elternrecht droht vor allem eine frühe Stigmatisierung, die unter Umständen gerade anfällige Jugendliche auf ihrem Lebensweg schwer belasten kann (vgl. Kaiser 1972, 68). Eine umfassende Realisierung, etwa durch Einrichtung eines schon in der Schule beginnenden allgemeinen biopsychischen Untersuchungsdienstes (vgl. Rebhan 1963, 75), steht nicht zur Diskussion. Abgesehen von dem Problem der Sicherheit von Prognoseentscheidungen (vgl. o. § 4 3.36.) wäre der Preis einer solchen allgemeinen moralischen Überwachung viel zu hoch angesetzt. Entsprechend unserem Menschenbild und unserer freiheitlichen Ordnung bleiben hier im wesentlichen Erziehung (u. 3.) und Aufklärung über besondere Verbrechensgefahren (u. 4.1.).

Einen umfassenderen Ansatz bietet die Einwirkung auf die soziale Umwelt im Sinne des Abbaues kriminogener Faktoren (u. 2.2. und 4.2.). Zuvor ist aber das allgemeine Verhältnis von Sozialpolitik und Kriminalpolitik zu klären (u. 2.1.).

2. Sozialpolitische Möglichkeiten zur Verbrechensreduzierung

2.1. Das Verhältnis von Kriminal- und Sozialpolitik

Wie es besser ist, einer Krankheit vorbeugen zu können, statt sie heilen zu müssen, so ist es auch vorteilhafter, der Kriminalität präventiv zu begegnen, statt sie repressiv zu ahnden. Aber ebenso wie die Vorsorgemedizin noch ziemlich am Anfang ihrer Entwicklung steht, ist auch die vorbeugende Verbrechensbekämpfung noch nicht ausreichend entwickelt. Die allgemeine präventive Verbrechensverhinderung führt in den Bereich der Kultur- und Sozialpolitik. Die Kriminalpolitik gilt in dieser Sicht allgemein als ein Teil der Sozialpolitik (Mergen 1961, 271; Niggemeyer 1964, 8; Maurach 1971, 33). Dabei stellt es eine kriminalpolitische Binsenwahrheit dar, daß „eine gute Sozialpolitik die beste Kriminalpolitik" ist (Mezger 1942, 241). Franz v. Liszt (1905, Bd. 2, 95) sieht in der Kriminalpolitik sogar einen der wichtigsten Zweige der Sozialpolitik.

Wenn wir dergestalt die Kriminalpolitik in die Rechtspolitik und über diese in die allgemeine Kultur- und Sozialpolitik einordnen, so ändert diese Zuordnung nichts an der Selbständigkeit der Kriminalpolitik, an ihrer spezifischen Aufgabenstellung und am Einsatz der ihr adäquaten Mittel. Wenn auch der Kriminalpolitiker die kriminalitätshemmende Bedeutung der Sozialpolitik in sein Konzept einbezieht, so nimmt er damit doch die Sozialpolitik nicht als seine Zuständigkeit an. Dies hat bereits sehr klar v. Liszt (1905 Bd. 2, 8) erkannt: „Wenn wir die Arbeiterwohnungen umgestalten, eine gerechte Verteilung der Steuerlasten einführen, den Arbeitstag nach Stunden bemessen, wenn wir für die Bildung der Arbeiterklasse sorgen und die staatsbürgerliche Gesinnung des einzelnen entwickeln und so auf die Verminderung der Verbrechen einzuwirken trachten, so haben wir S o z i a l politik getrieben, aber als K r i m i n a l politiker sind wir über die Grenze des uns zugewiesenen engeren Gebietes hinausgegangen." Welche Bedeutung diese klare Schichtung der Kriminalpolitik von der allgemeinen Sozialpolitik gerade in den allerletzten Jahren wieder erlangt hat, machen die Ausführungen von H. Kaufmann (JZ 1972, 79) deutlich, die mit Recht vor einer Usurpation der gesamten Sozialpolitik durch den Kriminalpolitiker und Kriminologen warnt.

Auch die beste Sozialpolitik kann das Verbrechen nicht ausrotten (vgl. Maurach 1971, 33). Gerade die Länder, die besonders große Anstrengungen auf dem Gebiete der Sozialpolitik gemacht und einen allgemein hohen Lebensstandard mit großer sozialer Sicherheit erreicht haben, wie die Länder Skandinaviens und Westeuropas, haben während der gleichen Zeit eine deutliche Zunahme der Kriminalität hinnehmen müssen. Ohne einen monokausalen Zusammenhang zwischen der Erhöhung des Wohlstands und der sozialen Sicherheit und der Kriminalitätsentwicklung behaupten zu wollen, werden hier doch Grenzen der Sozialpolitik bezüglich der Verbrechensprophylaxe sichtbar. Trotzdem braucht die Kriminalpolitik die Unterstützung durch die Sozialpolitik. Das Zusammenwirken geht dergestalt vor sich, daß die Sozialpolitik sich darum bemüht, die als kriminogen erkannten sozialen Faktoren zu beeinflussen. Durch diese Zusammenarbeit verschwindet zwar das Verbrechen nicht, aber es läßt sich unter Kontrolle halten. Der Kriminalpolitiker hat dabei speziell die Aufgabe, auf die Veränderung sicher diagnostizierter Wirkungszusammenhänge im Sozialgefüge, die die Verbrechensentstehung fördern, durch die allgemeine Sozialpolitik hinzuwirken.

2.2. Kriminalitätsrelevante Mittel der Sozialpolitik und die Grenzen ihres Einsatzes

Es kann hier nicht darum gehen, die Einflußmöglichkeiten der Sozialpolitik auf kriminogene Umweltfaktoren umfassend und systematisch darzustellen. Nur einige Schwerpunkte sollen herausgegriffen werden, um Möglichkeiten und Grenzen der Sozialpolitik in diesem Bereich zu verdeutlichen. Es läßt sich nicht übersehen, daß hier seit der Zeit v. Liszts eine deutliche Akzentverlagerung eingetreten ist. Zwar gibt es auch heute noch unzureichende Wohnverhältnisse und die Kriminalität begünstigende Wohnviertel, jedoch werden die Schwerpunkte heute eher von unserer Wohlstands- und Konsumgesellschaft akzentuiert. So nimmt etwa heute angesichts der ständig zurückgehenden Arbeitszeit das Fördern sinnvoller Freizeitgestaltung einen breiten Raum ein. Dies gilt gerade bei Jugendlichen. Auch der richtige Gebrauch der Massenmedien (vgl. z. B. das häufig diskutierte Verbot der Gewaltverherrlichung) und die Erhöhung der Widerstandskraft gegen die Verlockungen des Konsumdruckes gehören hierher. Dabei ist immer davon auszugehen, daß erkannte und ins Bewußtsein der Allgemeinheit eingeprägte Gefahren schon viel von ihrer Gefährlichkeit verloren haben.

Um die Grenzen der Sozialpolitik hier richtig abschätzen zu können, muß man sich nochmals vor Augen halten, daß für die Sozialpolitik die Kriminalitätsbekämpfung nur ein Gesichtspunkt unter zahlreichen anderen ist. Der Sozialpolitiker wird hier oft zum Abwägen gezwungen sein. Ein ganz konkretes Beispiel soll das verdeutlichen. Der Abbruch der Berufsausbildung korreliert nach allen bekannten kriminologischen Untersuchungen auffällig mit der Straffälligkeit (vgl. Göppinger 1971, 203 ff.). Trotzdem kann nicht einfach ein direkter Zwang zum Abschluß der beruflichen Ausbildung von seiten des Staates eingesetzt werden; wohl aber wären verstärkte Anreize dazu möglich. Wenn man der Sozialpolitik eine „Ganzheitstherapie bezüglich des sozialen Milieus" (Pinatel 1964, 209) auferlegt, dann geschieht dies nicht nur zur Verbrechensvorbeugung, schließt aber auch diesen Aspekt mit ein.

Dabei muß man auch in Rechnung stellen, daß man mit einer sozialpolitischen Maßnahme ein Loch der Kriminalität schließen und gleichzeitig damit vielleicht ein gefährlicheres aufreißen kann. So ist die kriminogene Wirkung des Alkoholmißbrauchs nicht zu leugnen (vgl. Göppinger 1971, 153 ff.); ein generelles Alkoholverbot würde aber einen weit gefährlicheren illegalen Alkoholvertrieb in Form eines organisierten Verbrechens mit all seinen üblichen Begleiterscheinungen (wie Gewalttaten, Bestechung) nach sich ziehen (vgl. Maurach 1971, 34). Jede Sozialpolitik verlangt daher wohldosierte und wohlerwogene Maßnahmen, bei denen auch alle denkbaren Nach- und Nebenwirkungen einkalkuliert werden müssen.

3. Pädagogische Möglichkeiten zur Verbrechensvorbeugung

Der Gesamtkomplex von Pädagogik und Kriminalpolitik, insbesondere von Erziehung und Strafe, kann nicht Gegenstand dieses Kapitels sein; er gehört primär zum Jugendhilfe- und Jugendsanktionenrecht, das eine eigenständige Rechtsmaterie in Forschung und Lehre darstellt. Hinzu kommen Spezialdarstellungen der „Kriminalpädagogik" (Hellmer 1959; Peters 1960).

Hier soll unter dem Gesichtspunkt der allgemeinen Verbrechensvorbeugung nur der Aspekt behandelt werden, wie dem Verbrechen im Menschen selbst vorgebeugt werden kann (Schäfer 1964, 30). „Jede gute Erziehung wirkt kriminalpräventiv" (W. Mollenhauer 1964, 187); dies gilt es in seiner kriminalpolitischen Bedeutung auszuloten. Dazu ist zunächst eine Diagnose der kriminalätiologischen Bedeutung der Erziehung (u. 3.1.) und daran anschließend eine Auswertung unter dem Gesichtspunkt der Prophylaxe (u. 3.2.) notwendig; ein kurzer abschließender Blick auf die Jugendhilfe und den Jugendschutz soll das Bild abrunden.

3.1. Der Faktor „Erziehung" in der Kriminogenese

3.11. Sozialisation, Enkulturation und Personalisation

Die kriminalpolitische Grundüberlegung ist hier, wie das Individuum in die Gemeinschaft hineinwächst und wie dabei bereits Weichen für oder gegen spätere Kriminalität gestellt werden. Der hier entscheidende Unterschied des Menschen zu allen anderen Lebewesen besteht darin, daß der Mensch nicht durch ein Instinktschema in seinen Handlungen festgelegt ist, sondern daß sein Verhalten durch Normen geleitet wird. Das menschliche Verhalten erwächst aus dem sozialen Kontakt mit der ihn umgebenden Umwelt. Unter Sozialisation versteht man dabei den Prozeß, „den jungen Menschen an bestimmte, von der Gesellschaft erwartete Verhaltensweisen heranzuführen" (Hellmer 1963, 206). Der Vorgang der Enkulturation bezeichnet demgegenüber die Aneignung der Verhaltensregeln und Werte der umgebenden Kultur (vgl. H. Kaufmann 1971, 146 f.). Personalisation meint die Entwicklung der eigenen Persönlichkeitsmerkmale im Rahmen der als Entfaltungsrahmen vorgegebenen sozialen und kulturellen Umwelt. Dabei handelt es sich letztlich um drei Aspekte des einheitlichen Vorgangs des Hineinwachsens des Individuums in die soziale Umwelt (vgl. Wilhelm 1963, 130 f.). In diesem Vorgang tritt eine Internalisierung der Erwartungsnormen der Gemeinschaft ein; im Individuum entsteht ein Wertsystem („Gewissen"), an dem das soziale Verhalten ausgerichtet wird (vgl. näher dazu Kaiser 1972, 6 ff.). Zwischen dem Konformitätsdruck der Gemeinschaft auf soziale Einordnung und dem Bedürfnis auf eigene Persönlichkeitsentfaltung vollzieht sich das Hineinwachsen des Menschen in seine Umwelt als „soziale Geburt".

Diese Vorgänge der Sozialisation, der Enkulturation und der Personalisation sind nicht identisch mit Erziehung und auch nicht mit sozialer Kontrolle, hängen aber mit beiden eng zusammen. Sozialisation und Enkulturation beziehen umfassend alle sozialen Einwirkungen auf das Individuum ein (H. Kaufmann 1971, 147). Der Vorgang der Erziehung ist demgegenüber enger; er umfaßt die gezielte pädagogische Einwirkung zur Formung des Menschen. So sind Träger der Erziehung primär Familie und Schule sowie berufliche Ausbildungsinstanzen, während zur Sozialisation alle Möglichkeiten sozialen Umweltkontakts umfassend beitragen. Der Begriff der sozialen Kontrolle ist wesentlich weiter als der der Sozialisation, wenn man die Sozialisation auf den Vorgang des Hineinwachsens in die soziale Umwelt beschränkt (vgl. Kaiser 1972, 8). Die soziale Kontrolle beginnt zwar mit dem Vorgang der Sozialisation, greift dann aber wesentlich darüber hinaus;

versteht man soziale Kontrolle als die umfassende Einwirkung der verschiedensten sozialen Instanzen zur Erzielung eines sozialkonformen Verhaltens (vgl. Jescheck 1972, 1), so begleitet die soziale Kontrolle das gesamte Leben des Menschen in der Gemeinschaft.

Auch der Begriff der **sozialen Rolle** hängt eng mit der Sozialisation und der Sozialkontrolle zusammen. Man versteht darunter „Verhaltensmuster, die dem Individuum durch das jeweilige soziale Beziehungsgefüge vorgegeben werden" (Kaiser 1972, 12). Der Prozeß der Sozialisation soll den Menschen gerade fähig machen, diesen Verhaltensanforderungen nachkommen zu können. Gleichzeitig ist die Zuweisung bestimmter sozialer Rollen und die damit verbundene Festlegung der Rollenerwartungen der Gesellschaft ein Mittel der sozialen Kontrolle.

3.12. Lerntheoretische Verbrechenserklärung

Von dem geglückten Verlauf dieser Sozialisationsprozesse hängt es weitgehend ab, ob der einzelne Mensch zu einem sozialkonformen Verhalten in persönlicher Verantwortung fähig wird. Führt der Sozialisationsprozeß zu Fehleinstellungen und Fehlhaltungen, so ist die Folge ein sozialabweichendes, desintegriertes Verhalten des Menschen. Soweit es gegen strafbewehrte Verhaltenserwartungen der Gemeinschaft verstößt, führt es zur Kriminalität. Von dieser Sicht her wird es verständlich, daß das Kriminellwerden des einzelnen Menschen aus einer fehlgeleiteten Sozialisation und insbesondere aus unzureichender Erziehung erklärt wird. Solche lerntheoretischen Kriminalitätstheorien nehmen heute einen breiten Raum innerhalb der Theorien über die Verbrechensentstehung ein.

Letztlich kreisen die meisten soziologischen und sozialpsychologischen Erklärungsversuche des Verbrechens (vgl. dazu allgemein Göppinger 1971, 32 ff.) — abgesehen von dem andersartigen Ansatz des „Labeling-Approach", s. o. § 6 3.1. — um den Sozialisationsprozeß und dabei auftretende soziale Fehlanpassungen (besonders deutlich etwa Mertons Anomiekonzept, in dem die „Anpassungstypen" auf eine unterschiedliche Sozialisation zurückgeführt werden, Göppinger aaO 35; vgl. Robert K. Merton, Sozialstruktur und Anomie, in Kriminalsoziologie 1968, 283 ff.). Als ausgesprochen lerntheoretische Ansätze zur Verbrechensentstehung sollen im folgenden die Theorien von Sutherland und Reckless Erwähnung finden.

Eine kurze und sehr prägnante Einführung in seine „Theorie der differentiellen Kontakte" gibt Sutherland in dem Sammelband Kriminalsoziologie 1968, 294 ff.; es handelt sich dabei um einen Ausschnitt aus dem Werk von Sutherland „Principles of criminology" (4. Aufl. Philadelphia 1947). Nach dieser Theorie ist kriminelles Verhalten immer gelerntes Verhalten. Kriminelles Verhalten als solches wird nicht vererbt, sondern „in Interaktion mit anderen Personen in einem Kommunikationsprozeß gelernt" (aaO 396). Sutherland entwickelt seine Theorie im einzelnen in neun Thesen, die im Überblick auch bei Göppinger (1971, 40) wiedergegeben sind. Die kriminalpolitische Bedeutung dieser Theorie besteht in ihrer Nutzbarmachung für die Verbrechensprophylaxe. Wenn kriminelles Verhalten gelerntes Verhalten ist, dann muß jede wirksame Kriminalprophylaxe am Lernprozeß selbst ansetzen. Dabei ist der Begriff „Lernen" weit zu verstehen. Er ist nicht auf die Erziehung im engeren Sinne, sondern auf Sozialisation und Enkulturation bezogen. „Wenn Personen zu Kriminellen werden, geschieht dies aufgrund von Berührung mit kriminellen und Isolierung von antikriminellen Verhaltensmustern" (aaO 397). Die sich daraus für die Verbrechensprophylaxe ergebende Forderung lautet demnach: im Sozialisationsprozeß möglichst nie ein Überwiegen von kriminellen Verhaltensmustern stattfinden zu lassen. Die Schwäche für die Verbrechensprophylaxe liegt in der Weite der Theorie, die eigentlich nur die Zielrichtung prophylaktischen Bemühens weist, aber keine detaillierten Vorbeugungsprogramme hergibt.

Ähnliches gilt auch für die Halttheorie von Reckless (eine gute Einführung gibt der in MSchrKrim 1961, 1 ff. abgedruckte Vortrag von Reckless). Neben Reckless ist vor allem Reiss (vgl. Göppinger 1971, 43 und Reckless aaO 5) zu nennen. Die Halttheorie läßt sich auf zwei Grundüberlegungen zurückführen; die Straffälligkeit wird erklärt als „funktionale Konsequenz schwacher persönlicher oder sozialer Kontrollen, wobei die persönlichen Kontrollen lediglich als der verinnerlichte Aspekt sozialer Kontrollen begriffen werden" (Göppinger 1971, 43). Weil für den fehlenden inneren Halt eine mangelhafte Internalisierung der Verhaltensnormen verantwortlich ist, gehört diese Theorie in den vorliegenden Gesamtkontext. Kriminalität als normabweichendes Verhalten wird begünstigt, wenn für die Normadressaten der äußere Halt in klaren, vorgegebenen Verhaltensnormen oder der innere Halt als Selbstkonzept für die eigenen Lebensverwirklichung fehlen. In einem solchen intakten Selbstkonzept sieht Reckless eine starke Immunisierung gegen die Straffälligkeit (aaO 8). Je schwächer der äußere Halt ausgebildet ist, desto größere Bedeutung kommt dabei dem eigenen Selbstkonzept zu. Diese Relation macht die Halttheorie von Reckless für unsere Situation so faszinierend. Die Mobilität unserer Industriegesellschaft, der rasche soziale Wandel und der damit Hand in Hand gehende Prozeß der Wertveränderung und schließlich der Wertpluralismus in unserer Gesellschaft haben zu einem starken Abbau des äußeren Halts und zur Verhaltensunsicherheit vieler Menschen geführt. Dieser Abbau äußerer Verhaltenssicherungen würde sich nur dadurch neutralisieren lassen, daß das innere Selbstkonzept des einzelnen Menschen sicherer und zuverlässiger würde. Da der äußere Halt in einer sich ständig dynamisch weiterentwickelnden mobilen Gesellschaft nicht wieder hergestellt werden kann, konzentriert sich unter dem Gesichtspunkt der Verbrechensprophylaxe das kriminalpolitische Bemühen auf die Förderung eines günstigen und intakten Selbstkonzepts. Damit berührt sich unter dem Gesichtspunkt der Verbrechensprophylaxe die Halttheorie mit der Lerntheorie. Für die Verbrechensvorbeugung kommt es entscheidend darauf an, den Sozialisationsprozeß, den jeder Mensch am Anfang seiner Entwicklung zwangsläufig durchmacht und der letztlich ein ganzes Leben andauert, vor der Entwicklung von Fehlhaltungen und Fehleinstellungen zu bewahren, die zum Kriminellwerden disponieren, speziell aber aus dem Entwicklungsprozeß möglichst die Kontakte mit kriminellen Personen und kriminellem Milieu fernzuhalten.

Bei den behandelten Ansätzen zur Verbrechensentstehung handelt es sich nur um einen kleinen Ausschnitt der vertretenen Theorien. Sie versuchen eine Globalbetrachtung des Verbrechensproblems und einen gewissermaßen monokausalen Erklärungsansatz. Dabei steht gerade die Weite des Erklärungsansatzes (das gilt besonders für die Halttheorie) einer empirischen Falsifizierung oder Verifizierung entgegen. Ungeachtet ihrer nicht verifizierten Beweiskraft für die Verbrechenserklärung weisen sie der Kriminalprophylaxe doch partiell wirksame Wege.

3.2. Die Vermeidung von Erziehungsdefekten

3.21. Die Erziehungsverantwortung der Eltern

Es kann hier nicht darum gehen, im Rahmen der allgemeinen Verbrechensvorbeugung ein umfassendes pädagogisches Programm auszubreiten, sondern nur darum, den Stellenwert pädagogischen Bemühens für die Verbrechensprophylaxe sichtbar zu machen. Die Erziehungsverantwortung ist in unserer Verfassungsordnung in recht komplizierter Weise zwischen Staat und Eltern aufgeteilt. Ohne die Bedeutung der schulischen Erziehung auch für die vorbeugende Verbrechensbekämpfung schmälern zu wollen, soll hier auf die Erziehungsaufgabe der Eltern abgestellt werden, die als primäre Sozialisationsträger das erste und wichtigste Hineinwachsen des Kindes in die soziale Umwelt leiten. Die Bedeutung dieses Komplexes sollte durch die Darstellung des Sozialisationsvorganges und der darauf bezugnehmenden allgemeinen Theorien zur Verbrechensentstehung verdeutlicht werden. Die Bedeutung ergibt sich aber auch aus zwei weiteren Feststellungen: der altersmäßigen Kriminalitätsverteilung (vgl. Göppinger 1971, 304 ff.) und der Häufigkeit von erzieherisch versagenden Herkunftsfamilien bei Kriminellen nach weitgehend übereinstimmender Feststellung der empirischen Untersuchungen in diesem Bereich (vgl. H. Kaufmann 1971, 218 ff.).

Mehr noch als es Zahlenmaterial belegen könnte, herrscht bei den Pädagogen und den in der Jugendarbeit und in der Jugendgerichtspflege tätigen Personen der Eindruck vor: eine gute Erziehung in einem guten Familienklima ist der wirksamste Schutz vor späterer Straffälligkeit. Einer gediegenen Familienerziehung stehen heute jedoch viele ungünstige Umstände entgegen. Sie ergeben sich zum Teil aus dem Wandel der Familienstruktur in unserer Sozialordnung, zum Teil aber auch aus dem nicht selten fehlenden Bewußtsein der erzieherischen Verantwortung, sowie — weit häufiger noch — aus der mangelnden Fähigkeit zum Erfüllen der erzieherischen Aufgabe. Die Familie als primärer Sozialisationsträger und als Gestalter der sozialen Kontrolle während der frühen Entwicklung des Kindes ist heute in einer schwierigen Ausgangsposition. Dabei kann die Bedeutung der Erziehung durch die Eltern kaum überschätzt werden. Prophylaktisch gesehen kommt es entscheidend darauf an, die Verhaltensfähigkeit des Menschen in dem Zeitpunkt anzusprechen, in dem er am besten dafür zugänglich ist, nämlich im Gesamterziehungsvorgang. Jede spätere Nacherziehung steht in einer ungleich schwierigeren Situation, wie die pädagogischen Bemühungen im Strafvollzug deutlich machen. Sowohl die altersmäßige Verteilung der Kriminalität als auch viele Einzeluntersuchungen zu kriminalitätsfördernden Faktoren sprechen dafür, daß das Kriminellwerden des einzelnen Menschen sehr oft auf ein erzieherisches Versagen ihm gegenüber zurückzuführen ist. Wenn dem so ist, dann ist eine gute Erziehung die beste Kriminalprophylaxe.

Auch das Phänomen der sogenannten Wohlstandskriminalität spricht dafür. Die Ratlosigkeit gegenüber dieser Erscheinung ist erklärlich, wenn man nur die kriminogene Wirkung der wirtschaftlichen Verhältnisse im Auge hat. Stellt man dagegen auf die Erziehung ab, dann tritt der Preis des materiellen Wohlstandes oft deutlich hervor. Die gesamte Wirtschaftsentwicklung der letzten 150 Jahre hat eine weitreichende Umstrukturierung der Familie zur Folge gehabt.

Die heute dominante Kleinfamilie (Ehepartnergemeinschaft) ist eine Folge der Mobilität unserer Industriegesellschaft. Die Kleinfamilie ist für jedes erzieherische Versagen eines Elternteils sehr viel anfälliger als die Großfamilie, innerhalb deren leichter ein Ausgleich beim Versagen einer Erziehungsperson möglich war. „Die rasche technologische Entwicklung hat in der Tat die durch sie hervorgebrachte Kernfamilie, die heute meist nur aus dem Elternpaar und den Kindern besteht, weit überfordert" (Hacker 1971, 205). Zudem hat die Verlagerung des Arbeitsplatzes des Mannes aus dem engeren häuslichen Bereich heraus ein partielles Ausscheiden des Vaters aus dem Erziehungsvorgang zur Folge gehabt. Die Erziehungsverantwortung — vor allem in den ersten Lebensjahren — liegt heute zumeist einseitig bei der Mutter. Erfüllt sie ihre Erziehungsaufgabe nicht ausreichend, so ist dies kaum zu kompensieren.

Erschwert so schon strukturell die heutige Kleinfamilie die Erfüllung der Erziehungsaufgabe, so fehlt zusätzlich nicht selten das Bewußtsein der erzieherischen Verantwortung, das die Eltern gegenüber den Kindern und gegenüber der Gesamtheit übernehmen müssen. Hinzu kommt eine oft ungenügende Vorbereitung auf die Erziehungsaufgabe. Dies hat eine große Unsicherheit im Erziehungsverhalten vieler Eltern zur Folge und führt dann zu dem, was Pädagogen als besonders schädlich bezeichnen: zu völliger Inkonsequenz bei der Erziehung. Verschärft wird diese Situation noch häufig durch den Wertpluralismus, auf dem unsere Ordnung aufbaut. Stellt das Pluralismusprinzip schon an das Zusammenleben der erwachsenen Staatsbürger höchste Anforderungen, so kompliziert es den Erziehungsvorgang in sehr komplexer Weise (vgl. Würtenberger 1964, 21 f.). Pädagogisch gesehen weit einfacher ist es, eine geschlossene einheitliche Wertordnung zu vermitteln, als den jungen Menschen mit der Vielfalt möglicher Werteinstufungen vertraut zu machen und ihn zu befähigen, seine subjektive Werteinschätzung selbst zu finden. Erst bei der Erziehung wird es auch zumeist dem Erzieher voll bewußt, wenn er keine klaren Wertvorstellungen mehr hat. Die Erziehung in einer pluralistischen Staats- und Gesellschaftsordnung ist eine Aufgabe, die sehr viele Menschen heute gerade angesichts des raschen Wandels von Wertvorstellungen überfordert.

Sozialpolitische Konsequenz daraus kann es nur sein, die staatlichen Erziehungshilfen für die Eltern bei der Erfüllung ihrer Erziehungsaufgabe auszubauen. Systematisch vermitteltes pädagogisches Grundwissen darf kein Privileg des Fachmannes, sondern muß selbstverständliches Rüstzeug aller Eltern sein. Es geht um keine Ablösung der elterlichen Erziehung, sondern um ihre Verbesserung; den diese „maßlos schwierige und höchst menschliche Erziehungskunst, die von der Erziehungswissenschaft nur beraten, nicht aber ersetzt werden kann" (Hacker aaO 207), ist immer eine höchstpersönliche Aufgabe der Eltern. Zu ihrer Durchführung müssen diese fähig gemacht werden. Wenn man heute das Erziehungsverhalten vieler Eltern mit Recht tadelt, so müßte man sich doch dabei auch die Frage vorlegen, ob es kein

Versäumnis der Gemeinschaft ist, die Eltern heute so mangelhaft vorbereitet an ihre Erziehungsaufgabe gehen zu lassen. Auch hier zeigt sich wieder, wie letztlich ein kriminalpolitisches Anliegen nur über die Mobilisierung der gesamten Sozialpolitik verwirklicht werden kann.

3.22. Jugendhilfe und Jugendschutz

Sind heute Elternhaus und Schule oft nicht allein ausreichend zur Erfüllung des Erziehungsauftrags in der Lage, so muß der Staat noch zusätzliche Institutionen für die Hilfe zum erfolgreichen Ablauf des Sozialisationsprozesses einsetzen. Dieser Zeitpunkt ist besonders wichtig sowohl allgemein für die Persönlichkeitsentwicklung als auch speziell zum erfolgreichen Bewältigen der schwierigen Phase des Überganges zwischen Kindheit und Erwachsensein, in der jeder Jugendliche zum sozialabweichenden und kriminellen Verhalten hin gefährdet ist. Eine eingehendere Erörterung des Problemkreises „Jugendhilfe und Jugendschutz" ist aus zwei Gründen hier nicht angebracht. Zum einen befindet sich das Rechtsgebiet in einem starken Umwandlungsprozeß. Die Bundesregierung hat im Frühjahr 1973 die von einer Sachverständigenkommission erarbeitete Vorlage zu einem neuen Jugendhilfegesetz der Öffentlichkeit zur Diskussion übergeben. Ein auf den Ergebnissen dieser Diskussion erstellter endgültiger Gesetzesentwurf soll im Frühjahr 1974 den gesetzgebenden Organen zugeleitet werden. Vor allem aber gehört dieser Komplex in den selbständigen Bereich des Jugendrechts, das in der vorliegenden Darstellung der Kriminalpolitik in seinen Einzelheiten ausgeklammert bleiben muß.

4. Allgemeine Verbrechensprophylaxe im kriminalpolizeilichen Bereich

4.1. Der Abbau von Verbrechensgefährdungen

Da die Kriminalpolizei bei der Verbrechensbekämpfung an vorderster Front steht, liegt es nahe, auch in ihrem Bereich nach Ansätzen zur allgemeinen Verbrechensprophylaxe zu suchen. Vom Täter her gesehen bedarf es zur Tatausführung der geeigneten Tatgelegenheit; diese verlangt in der Regel einen geeigneten Tatort und ein geeignetes Tatopfer. Wenn es der Kriminalpolizei also gelingt, auf präsumtive Tatorte und Tatopfer in der Weise einzuwirken, daß dem Täter die Tatausführung erschwert oder sogar unmöglich gemacht wird, so leistet sie dadurch einen entscheidenden Beitrag zur allgemeinen Verbrechensprophylaxe. Was den Einfluß auf mögliche Tatorte betrifft, so handelt es sich hier um „technisch-mechanische Prävention" (Schäfer 1964, 29).

Einige aktuelle Beispiele mögen hier zunächst die Möglichkeiten veranschaulichen. Bankfilialen als Lagerplätze größerer Geldbeträge oder sonstiger Wertsachen sind präsumtive Tatorte par excellence. Gelingt es nicht, sie ausreichend abzusichern, so müssen sie zu Banküberfällen geradezu einladen. Das Bestreben, Banken einbruchs- und überfallsicher zu machen, wird so zum Wettlauf zwischen präsumtiven Tätern und präsumtiven Opfern, wobei sich die Tatausführung jeweils den vorhandenen Sicherungen anzupassen bemüht. Sind keine kugelsicheren Trennscheiben zwischen dem Kunden- und dem Personalraum vorhanden, dann ist es ein Leichtes, bei einem Überfall das Geld selbst wegzunehmen oder durch die Bedrohung mit Schußwaffen es sich geben zu lassen. Sobald kugelsichere Trennscheiben eine solche Tatausführung unmöglich machen, muß ein zusätzliches Druckmittel herhalten; über die Bedrohung von Geiseln kann man dann dem Herausgabeverlangen Nachdruck verleihen. Gerade das Problem der Geiselnahme verdeutlicht die Schwierigkeit und die Notwendigkeit der Aufgabe, Tatgelegenheiten vom präsumtiven Tatort her möglichst auszuschließen. So sollen etwa scharfe Kontrollen auf den Flughäfen das Einschmuggeln von Schußwaffen in Flugzeuge verhindern oder Saalkontrollen und Ordnerdienst strafbare Handlungen bei Versammlungen unterbinden. Der Einbau von Trennscheiben in Taxis war in dieser Sicht nichts anderes als der Versuch, den präsumtiven Tatort zu entschärfen. Die zunächst nicht in Rechnung gestellte Nebenwirkung der Verletzungsgefahr durch Trennscheiben für Fahrgäste bei Verkehrsunfällen hat allerdings dieses Präventionsmittel in kurzer Zeit als ungeeignet erwiesen; seither versucht man mit der Installation von Alarmanlagen in Taxis die Gefährdung des Fahrers vor Überfällen herabzumindern. Im Bereich des Ladendiebstahls versucht man, durch den Einbau von Fernsehüberwachungsanlagen oder der Beschäftigung von Hausdetektiven der Diebstahlsgefahr vorzubeugen. Ähnliches gilt für den Einbau von Lenkradschlössern in Kraftfahrzeugen oder von Alarmanlagen oder Sicherheitsschlössern in Geschäfts- und Wohnräumen usw.

All diese Bestrebungen laufen darauf hinaus, erfahrungsgemäß besonders gefährdete Tatorte gegenüber typischen verbrecherischen Angriffshandlungen abzuschirmen. Neben dieser sachbezogenen Sicherung präsumtiver Tatorte steht das personenbezogene Bemühen, die „Opferanfälligkeit" zu verringern. Die kriminalätiologische Seite der Viktimologie hat hier ihr Spiegelbild in der Prävention (vgl. dazu Verf. MSchrKrim 1970, 5 ff.). Man könnte in diesem Zusammenhang von einer „Opferpädagogik" (Schäfer 1964, 44) sprechen; denn es geht hier in erster Linie um Warnung und Aufklärung präsumtiver Tatopfer. Die für die Verbrechensprophylaxe angewandte Viktimologie bietet eine ganze Reihe von Ansätzen. So setzt etwa das Tatbild des Betrugs voraus, daß der Täter das Opfer durch die für den Vermögensschaden ursächliche Täuschungshandlung übertölpeln kann. Sobald das Opfer in der Lage ist, den Täter zu durchschauen, scheitert der Betrug bereits im Ansatz. Gelingt es nun, durch gezielte Öffentlichkeitsarbeit (vgl. Niggemeyer 1964, 12 f.) die Allgemeinheit vor bestimmten Verbrechenspraktiken zu warnen, so wird dem Betrüger sein „Handwerk" sehr erschwert, wobei mit der Abnahme der leicht zu täuschenden Tatopfer auch das Entdeckungsrisiko steigt. Die Aufklärungsarbeit der Polizei ist dabei in ihrer Wirksamkeit abhängig von dem ansprechbaren Personenkreis. Je mehr sie sich der Massenkommunikationsmittel (heute insbesondere des Fernsehens) zu diesem Zweck bedienen kann, desto erfolgreicher wird ihre Arbeit sein. Daß hier bei der Aktivierung des Selbstschutzes vom möglichen Tatopfer her noch bei weitem nicht alle Möglichkeiten ausgeschöpft werden, sollte Anlaß zu verstärkten Bemühungen sein.

4.2. Die Steigerung der Verfolgungsintensität

Während wir bisher hauptsächlich die Verbrechensprophylaxe im kriminalpolizeilichen Bereich in bezug auf Tatort und Opfer betrachtet haben, geht es jetzt um das Abhalten präsumtiver Täter von der Tatausführung. Für den kalkuliert handelnden Täter — und dieser Tätertyp herrscht jedenfalls im Bereich der Vermögenskriminalität bei weitem vor — ist die Chance seines Entwischens ein ganz entscheidender Abwägungsfaktor vor der Tatausführung, der praktisch weit größere Bedeutung als die angedrohte und zu erwartende Strafe hat.

Dies kann ein einfaches Beispiel aus dem Verkehrsrecht belegen. Während das Risiko einer Geschwindigkeitskontrolle im allgemeinen nur ein recht latent wirksamer Faktor ist, richtet jeder Kraftfahrer sofort seine Geschwindigkeit nach der höchst zulässigen Begrenzung ein, wenn er durch irgendeinen Umstand auf eine durchgeführte Radarkontrolle aufmerksam wird. Allgemein läßt sich daraus ableiten, daß die Gegenmotivationswirkung der drohenden Entdeckung zunimmt, je mehr die Gefahr des Entdecktwerdens vom vagen Risiko sich zur Gewißheit hin verdichtet.

Hier ist nun der Bereich der Kriminalistik angesprochen. „Die beste Prävention liegt in einer gut ausgerüsteten und ausgebildeten, mannschaftsstarken, erfahrenen und intelligenten Kriminalpolizei" (Schäfer 1964, 44). Große Bedeutung kommt dabei der Registrierung und Überwachung und einem gut ausgebauten Erkennungsdienst zu (Wenzky 1964, 66 ff.). Allerdings darf man sich von vornherein keinen unrealistischen Hoffnungen hingeben. Die personelle und technische Ausstattung der Kriminalpolizei ist heute nicht so möglich, daß insgesamt gesehen eine ins Gewicht fallende Erhöhung der Aufklärungsrate zu erwarten ist. Daher ist auch hier ein schwerpunktmäßiges Vorgehen notwendig. Damit wird die richtige Schwerpunktsetzung zu einer vorrangigen Aufgabe des kriminalpolizeilichen Einsatzes auch unter prophylaktischen Gesichtspunkten. Auch hier ist — bei im wesentlichen gleichbleibenden Mitteln — eine Qualitätsverbesserung nur durch einen Quantitätsverzicht möglich. Geboten ist daher eine Entlastung der Polizei bei der Verfolgung der leichten Eigentums- und Vermögenskriminalität. Die freiwerdende Kapazität ist einzusetzen, um unter Gewaltanwendung oder in Bandenbildung vorgenommene Straftaten umfassend und effektiv bekämpfen zu können. Dabei ist es Aufgabe der polizeilichen Öffentlichkeitsarbeit (vgl. dazu besonders Schreiber 1964, 137 ff.), dafür um Verständnis und Vertrauen bei der Bevölkerung zu werben.

§ 9 Die Bewältigung der Verbrechensfolgen

Stand bisher die Verbrechensbekämpfung einschließlich der Prophylaxe im Vordergrund, so muß sich abschließend eine kriminalpolitische Gesamtbetrachtung auch dem Komplex der Beseitigung der Schadensfolgen von Straftaten stellen. Hier sind zwei Aspekte zu unterscheiden: der Schadensausgleich beim individuellen Straftatopfer (u. 1.) und die Behebung der Verbrechensschäden als gesamtgesellschaftliche Aufgabe (u. 2.).

1. Ausgleich beim individuellen Verbrechensopfer

1.1. Das Verbrechensopfer als Stiefkind der Strafrechtspflege

Betrachtet man unsere heutige Strafrechtspflege aus der Sicht des Verbrechensopfers, so ergibt sich die Feststellung, daß derzeit die Strafverfolgung faktisch weitgehend zu Lasten des Verletzten geht. Zwar sind dem Verletzten eine Reihe prozessualer Mitwirkungsrechte eingeräumt (Strafantrag, Nebenklage, Privatklage) und Mitwirkungspflichten auferlegt (besonders als Zeuge), und auch faktisch hat der Verletzte eine Schlüsselstellung für die Einleitung des Strafverfahrens inne (Anzeigeerstattung); jedoch nimmt der Staat bei der Durchsetzung des Strafanspruches wenig Rücksicht auf die Belange des Straftatopfers zur Schadenswiedergutmachung. Dabei ist es sicher unmöglich, das durch eine Straftat verursachte Leid auszugleichen. Auch bleibende Dauerschäden aus verbrecherischen Angriffen auf die Körperintegrität lassen sich nie voll restituieren. So kann es von vornherein im wesentlichen immer nur um den Ausgleich der materiellen Verbrechensfolgen gehen.

Freilich muß der Staat auch bei der Strafverfolgung dem Straftatopfer im ideellen Bereich hilfreich zur Seite stehen, soweit das irgend möglich ist. Dies beinhaltet vor allem die Forderung nach möglichster Schonung des Genugtuungsbedürfnisses des Opfers einer Straftat. Zwar ist dieses Genugtuungsbedürfnis des Verletzten in unserer heutigen Konzeption der staatlichen Straftheorie kein anerkannter Strafzweck (vgl. Verf. 1969, 105). Jedoch darf der Staat ein berechtigtes Genugtuungsverlangen des Opfers nicht seinerseits verletzen, sonst entsteht die Gefahr der privaten Rache und Selbstjustiz (Nowakowski 1957, 85 f.; Kaiser 1972, 85, 122; Stratenwerth 1971, 17). Eine Szene aus dem Roman „Der Pate" von Mario Puzo verdeutlicht dieses Problem sehr anschaulich: eingangs des Romans wird geschildert, wie der Vater eines Mädchens, das von zwei Burschen vergewaltigt und schwer körperlich verletzt wurde, den Paten um Rache an den Tätern bittet, die von der staatlichen Justiz nur zu einer zur Bewährung ausgesetzten Freiheitsstrafe verurteilt wurden, was der Vater des Verbrechensopfers als Demütigung und Hohn empfindet.

Wie wenig der Staat geneigt war, die Opferrolle von sich aus für den Verletzten zu erleichtern, beweist die Diskussion um die ethische Indikation (vgl. dazu Verf. MSchrKrim 1970, 10). Wird der Frau bei Strafe aufgezwungen, die ihr durch eine Notzuchtstat aufgenötigte Leibesfrucht auszutragen, so wird dadurch ihre Opferrolle nicht nur nicht erleichtert, sondern erheblich verschärft. Jedoch scheint in der gegenwärtigen kriminalpolitischen Diskussion die Straflosigkeit des Schwangerschaftsabbruches bei ethischer Indikation außer Streit zu sein.

Soweit es nun um den Ausgleich der materiellen Folgen einer Straftat für das Verbrechensopfer geht, räumt der Staat zwar dem Verletzten eine ganze Palette zivilrechtlicher Schadensersatzansprüche ein. Aber bei der Realisierung zeigen sich rasch Schwierigkeiten. Schon im verfahrensrechtlichen Bereich hat das Adhäsionsverfahren keine praktische Bedeutung erlangen können, so daß dem Verletzten nur der übliche Zivilrechtsweg bleibt. Dies belastet ihn zunächst einmal mit Kosten- und Zeitaufwand. Ob sich dieser Aufwand für ihn je lohnen wird, ist höchst zweifelhaft. Denn gerade bei schweren Straftaten schließt sich an das Strafverfahren nach Rechtskraft ein Freiheitsentzug für den Täter an. Da während der Zeit des Strafvollzuges dem Strafgefangenen keine marktgerechte Entlohnung für seine Arbeit gezahlt wird, besteht für den Verletzten in aller Regel keine Aussicht, seine Schadensersatzforderung zu realisieren.

1.2. Die Schadenswiedergutmachung im Strafrecht

Nun ist es allerdings nicht so, als würde das Strafrecht das Wiedergutmachungsbedürfnis des Verletzten ganz negieren. Es finden sich im Bereich des Strafrechts und des Strafverfahrensrechts durchaus Ansätze zu einer Hilfe für den Verletzten, Ausgleich für seine materiellen Einbußen, die er durch die Straftat erlitten hat, zu erlangen. Neben dem schon erwähnten Adhäsionsprozeß, der in unserer Rechtsordnung im Gegensatz zu ausländischen Rechtsordnungen allerdings keine größere praktische Bedeutung erlangen konnte, sind vor allem Rechtsinstitute des materiellen Rechts zu nennen. So kennt das geltende Strafrecht bei den Körperverletzungsdelikten (§ 231 StGB) und bei übler Nachrede und Verleumdung (§ 188 StGB) die Verurteilung zur Zahlung einer Buße an den Verletzten; daneben ist die Buße im Nebenstrafrecht beheimatet (vgl. Jescheck 1972, 605). Die Nähe zum Zivilrecht drückt sich hier schon darin aus, daß die Buße nach herrschender Auffassung (Nachweise bei Jescheck aaO) keinen Strafcharakter trägt, sondern ihrer Rechtsnatur nach dem zivilrechtlichen Schadensersatz zuzuordnen ist. Jedoch ist in kriminalpolitischer Hinsicht die Existenzberechtigung der Buße im Strafrecht außerordentlich umstritten; der E 1962 tritt für Abschaffung der Buße, der Alternativentwurf (Besonderer Teil Straftaten gegen die Person, §§ 113, 141) dagegen für eine Beibehaltung ein. Eine auf einzelne Tatbestände beschränkte Buße erscheint nicht zweckmäßig; vielmehr muß eine umfassende Neuregelung der Schadenswiedergutmachung gefunden werden.

Versprechen der Adhäsionsprozeß und die Buße keinen wirksamen kriminalpolitischen Neuansatz, so verbleiben im geltenden Recht im wesentlichen nur die Auflage der Schadenswiedergutmachung (§ 24a Abs. 2 Nr. 1 StGB) und das Bemühen des Täters um Schadenswiedergutmachung als Strafzumessungsfaktor nach § 13 Abs. 2 StGB. Dabei zielt vor allem die Auflage der Schadenswiedergutmachung darauf ab, die Situation des Verletzten zu erleichtern. Ob die Einordnung als strafähnliche Maßnahme (h. M.; vgl.

Schönke-Schröder § 24a Rdnr. 2), die auch im 2. StrRG (§ 56b) erhalten bleiben soll, so zweifelsfrei ist (da das Genugtuungsbedürfnis des Verletzten ja gerade kein legitimer Strafzweck ist), mag dahin stehen. Immerhin läßt sich nicht verkennen, daß der Wiedergutmachungsauflage auch ein starker resozialisierender Impuls innewohnt, der für die Zuordnung zu den Weisungen spricht. Ungeachtet dieser Einordnung kann die Auflage zur Schadenswiedergutmachung trotz Kollisionsmöglichkeit mit einer zivilprozessualen Entscheidung (vgl. dazu Schönke-Schröder § 24a Rdnr. 9) ein wirksamer Druck auf den Täter sein und damit dem Opfer eine Hilfestellung geben, um zur Befriedigung seiner materiellen Ansprüche aus der Straftat zu gelangen. Ein solcher indirekter Druck geht auch von § 13 Abs. 2 aus, wenn das Bemühen des Täters um Schadenswiedergutmachung als ein Strafzumessungsfaktor zu seinen Gunsten ins Gewicht fällt.

Diese Ansätze im geltenden Recht genügen aber keinesfalls, um die Entschädigungsproblematik für den Verletzten befriedigend zu lösen. Da die geplante Strafvollzugsreform offenbar keine Neuregelung für das Arbeitsentgelt des Strafgefangenen im Sinne einer marktgerechten Entlohnung bringen wird (vgl. Gerhardt ZRP 1973, 42), ist ein wirksamer Anstoß für die Entschädigung der Verbrechensopfer nur auf dem Wege möglich, daß der Staat selbst die Entschädigung als öffentliche Aufgabe wahrnimmt.

2. Kollektiver Schutz gegen Verbrechensschäden

2.1. Versicherungsrechtliche Möglichkeiten

Die finanzielle Bewältigung der Verbrechensbekämpfung im Rahmen der übrigen Staatsaufgaben schließt die Sorge für eine ausreichende Entschädigung der Verbrechensopfer ein. Dementsprechend steht in der derzeitigen kriminalpolitischen Diskussion die Entschädigung der Verbrechensopfer als öffentliche Aufgabe im Vordergrund. Bevor man aber — vielleicht vorschnell — im vollen Umfang nach dem Staat ruft, sollte man die Möglichkeiten wirksamen Selbstschutzes und wünschenswerter Eigeninitiative in diesem Bereich ausloten. Bei den meisten Straftaten, die zu Vermögensschäden führen, hat mangelnde Vorsorge des Geschädigten (besonders bei Diebstahlstaten) oder mangelnde wirtschaftliche Erfahrung (besonders bei Betrug) die Tatausführung mitbegünstigt. Hier besteht für die Öffentlichkeit kein Anlaß, den Schaden aus Mitteln der Allgemeinheit zu begleichen. Aber auch wo dem Verletzten selbst keinerlei Vorwurf zu machen ist, darf ein wichtiger rechtspolitischer Gesichtspunkt nicht übersehen werden. Würde die Gemeinschaft allgemein für alle durch Straftaten entstandenen Vermögensschäden haften, so würde das den Selbstschutz des einzelnen in diesem Bereich weitgehend lähmen. Man könnte sich auch auf ein äußerst riskantes Geschäft einlassen, da man ja, wenn man betrogen wird, von der Allgemeinheit schadlos gestellt würde.

Dennoch ist auch in diesem Bereich das Bedürfnis nach kollektiver Absicherung vor Verbrechensschäden nicht zu verkennen. Die richtige Lösung ist aber hier keine öffentliche Entschädigung, sondern die eigenverantwortliche Versicherung gegen derartige Schäden. Solche Versicherungen sind auch etwa im Bereich der Hausratsversicherung oder der Kfz-Teilkaskoversicherung weitgehend üblich. Für den Versicherungsvertrag ergibt sich dabei auch von den gefährdeten Tatobjekten her ein Ansatzpunkt zur Kalkulierung des Versicherungsrisikos und damit der Prämienbestimmung. Es erscheint hier auch keine staatlich verordnete Pflichtversicherung geboten. Da die Schadensrisiken meistens überschaubar sind, kann es der Eigeninitiative des einzelnen überlassen bleiben, ob er einen Versicherungsschutz für bestimmte gefährdete Objekte eingehen will oder nicht. Eine andere Frage ist es, ob nicht die Kriminalpolizei im Rahmen ihrer Öffentlichkeitsarbeit (vgl. o. § 8 1.1.) auf etwa zunehmende Gefährdungen und die Möglichkeiten günstigen Versicherungsschutzes hinweisen soll. Im Bereich der reinen Vermögensstraftaten wie Betrug und Untreue, wird freilich das schwierig zu kalkulierende Versicherungsrisiko eine Versicherung gegen Vermögensschäden weitgehend ausschließen; hier ist aber auch der Bereich, wo dem Opfer bei Abwägung aller Gesichtspunkte zugemutet werden kann, auf die allgemeinen zivilrechtlichen Ersatzansprüche beschränkt zu sein.

2.2. Staatliche Entschädigung

Damit verbleibt für die staatliche Entschädigung im wesentlichen der Bereich der Straftaten gegen Leib und Leben. Hier in diesem Bereich ist nun in allerjüngster Zeit eine lebhafte Reformdiskussion in Gang gekommen.

Diese Entwicklung bei uns vollzieht sich in Übereinstimmung mit der allgemeinen internationalen Kriminalpolitik. Welche Bedeutung dem Problemkreis im internationalen Rahmen zugemessen wird, macht die Tatsache deutlich, daß für den XI. Internationalen Strafrechtskongreß im September 1974 in Budapest in Abt. III als Thema vorgesehen ist „Die Entschädigung der durch eine Straftat Verletzten". Das vorbereitende Kolloquium findet im Oktober 1973 in Freiburg statt. In einem Kommentar zu Thema III hat Jescheck (ZStW 84, 855 ff.) die rechtspolitische Tragweite des angesprochenen Problemkreises umrissen und dabei auch die bisher vorliegenden ausländischen gesetzlichen Regelungen angeführt (aaO 856).

Im nationalen Bereich hat die Bundestagsfraktion der CDU/CSU am 23. September 1971 einen „Entwurf eines Gesetzes über die Hilfe für Opfer von Straftaten" (BT-Drucksache VI/20420) im Bundestag eingebracht (der stenographische Bericht der Bundestagsdebatte zu diesem Thema ist bei Schoreit 1973, 99 ff. als Anhang abgedruckt). Der Vorschlag zielt unter anderem darauf ab, daß Personen „die durch eine mit Strafe bedrohte Handlung verletzt worden sind" in der Unfallversicherung versichert sein sollen; weiter bemüht er sich um eine Effektuierung des Adhäsionsverfahrens. Zu einem inzwischen ausgearbeiteten Referentenentwurf vgl. Schulz ZRP 1973, 148.

Eine Detailanalyse der bisher unterbreiteten Vorschläge erscheint nicht sinnvoll, da sie noch zu wenig kriminalpolitisch ausgereift sind; die Regelungsprobleme im einzelnen behandelt Schoreit (1973, 61 ff.) ausführlich, nachdem er anhand zahlreicher Beispiele (aaO 31 ff.) die praktische Relevanz des Problemkreises verdeutlicht hat (vgl. ferner Romberg ZRP 1968, 57 f. und Eike v. Hippel ZRP 1971, 5 ff.). Hier soll nur begründet werden, daß es sich bei der Entschädigung der Verbrechensopfer in diesem Umfang um eine öffentliche Aufgabe handelt; weiterhin soll die grundsätzliche Richtung der einzuschlagenden Reform angesprochen werden. Die erste

Überlegung, die auch der oben erwähnte CDU/CSU-Entwurf heranzieht, ist die, daß der Staat den Opfern von Straftaten wenigstens materielle Hilfe für schwere Körperschäden gewähren muß, wenn es ihm nicht möglich war, seine Aufgabe der Verbrechensverhinderung zu erfüllen. Die primäre Aufgabe der Verbrechensverhinderung wandelt sich so zur sekundären Aufgabe der Ersatzleistung bei nichtverhinderten Straftaten. Letztlich wird damit die Aufgabe des Staates hergeleitet „aus der Pflicht des Staates zur Sicherung der Rechts- und Friedensordnung" (Jescheck ZStW 84, 855). Zusätzlich neben dieser Ableitung aus der Staatsaufgabe der Verbrechensbekämpfung wird man vor allem das Sozialstaatsprinzip heranzuziehen haben. Von diesem Standpunkt aus stellt sich die Frage dahin, „ob das Tatopfer sein Los als persönliches Unglück allein bewältigen soll oder ob es der Staat mit als seine Aufgabe sieht, die Auswirkungen von Straftaten für das Opfer erträglich zu gestalten" (Verf. MSchrKrim 1970, 11). Die Gesamtaufgabe der staatlichen Verbrechensbekämpfung erschöpft sich eben nicht darin, den Straftäter seiner verdienten Sanktion zuzuführen, sondern muß auch das Opfer der Straftat in seinen Schutzbereich einbeziehen. Aus dieser Ableitung der Staatsaufgabe ergibt sich, daß eine gesetzliche Regelung der Entschädigung von Verbrechensopfern unerläßlich ist.

Diese Regelung sollte folgenden Grundsätzen folgen. Der Selbstschutz über versicherungsrechtliche Möglichkeiten reicht grundsätzlich bei nur gegen das Vermögen gerichteten Straftaten aus. Schon im Interesse der gleichzeitigen Aktivierung des Selbstschutzes und der gebotenen Vorsorge kann eine Ersatzleistung der Öffentlichkeit nicht in Erwägung gezogen werden. Die öffentliche Entschädigung sollte also im wesentlichen auf Schäden an Leib und Leben als Folgen von Straftaten beschränkt bleiben und einen angemessenen materiellen Ausgleich darstellen. Ob hier die Lösung über einen selbständigen Fonds oder über eine staatliche Behörde und ob ein selbständiges Verfahren oder eine Miterledigung im Strafverfahren vorzuziehen sind, ist reine Zweckmäßigkeitsfrage und bedarf noch eingehender Vorklärung vor allem auch im internationalen Vergleich. Beim heutigen Diskussionsstand sollte man jedenfalls diese Entschädigungsfrage von dem Problem der Arbeitsentlohnung der Strafgefangenen loslösen. Hat der Staat zunächst in diesem Bereich dem Verbrechensopfer raschen und wirksamen Ersatz zu leisten, dann stellt der Regreß beim Täter ein rein innerstaatliches Ausgleichsproblem dar. Allerdings behält das Problem der marktgerechten Arbeitsentlohnung auch für den Verletzten (bzw. für eine Versicherung, auf die ein Ersatzanspruch übergeht) die volle Tragweite, soweit keine staatliche Entschädigung geleistet wird, also bes. im Bereich der Vermögensstraftaten.

In kriminalpolitischer Sicht muß hier auch auf den Zusammenhang mit dem jedem Staatsbürger abverlangten Verzicht auf private Selbstschutz- und Ahndungssysteme hingewiesen werden (vgl. Jescheck ZStW 84, 856). Weiterhin ist rechtspolitisch bedeutsam, daß über eine Verbesserung der Schadenswiedergutmachung auf die Anzeigenerstattung und damit letztlich auf das Dunkelfeld eingewirkt werden kann.

§ 10 Das kriminalpolitische Aktionsprogramm

1. Sachgerechtheit einer evolutionären Weiterentwicklung

In der bisherigen Darstellung wurde versucht, ein kriminalpolitisches Gesamtkonzept zu skizzieren. Dabei wurden — soweit möglich — bei den Einzelproblemen jeweils schon die Reformschwerpunkte hervorgehoben. Dennoch erscheint es zum Abschluß der Gesamtdarstellung zweckmäßig, als Resümee die vordringlichen Aufgaben der Kriminalpolitik zu einem konkreten Arbeitsprogramm zusammenzufassen.

Grundanliegen der Darstellung war es aufzuzeigen, daß sich die kriminalpolitischen Aufgaben durch eine evolutionäre Weiterentwicklung des geltenden Strafrechts lösen lassen. Ein Abbruch der bisherigen Rechtstradition und ein radikaler Neuanfang sind weder von der Sache her geboten, noch würden sie die Lösung der anstehenden Aufgaben erleichtern. „Reformieren heißt auch im Strafrecht: Kunst des gesellschaftspolitisch Möglichen und materiell Realisierbaren" (Maurach 1971, 55). Die Aufgabe des Strafrechts ist die Gewährleistung der inneren Sicherheit und die Erhaltung des Vertrauens der Bevölkerung in das Funktionieren der staatlichen Institutionen, insbesondere der Rechtspflege.

Auch in einem evolutionären Konzept besteht eine solche Fülle von kriminalpolitischen Aufgaben, daß es des Einsatzes aller Kräfte zu ihrer Durchführung bedarf. Die evolutionäre Weiterentwicklung wird eine Angleichung an den internationalen Standard der Verbrechensbekämpfung als permanente Gestaltungsaufgabe verlangen. Die Kriminalpolitik wird immer mehr die nationalen Grenzen sprengen und zur übernationalen Zusammenarbeit in der Verbrechensverfolgung kommen. Die Hauptproblemkreise einer solchen zwischenstaatlichen Strafrechtspflege sind dabei: Auslieferung, Überprüfung des räumlichen Geltungsbereichs der Strafanwendung, insbesondere aber die Rechtskraft- und Sanktionenwirkung über das eigene Land hinaus (Strafvollstreckung; Strafaussetzung zur Bewährung; Behandlung des Rückfalls; bedingte Entlassung; registerrechtliche Behandlung ausländischer Straferkenntnisse); vgl. eingehend zu den Hauptaufgaben einer Internationalisierung der Kriminalpolitik Kielwein (1957, 95 ff.). Die Aktualität dieser Problematik ergibt sich besonders im EWG-Bereich aus der ständig zunehmenden Fluktuation der Arbeitskräfte.

2. Die vordringlichen kriminalpolitischen Aufgaben

Wer ein Gesamtkonzept im Auge hat, ist naturgemäß in Schwierigkeiten bei der Prioritätensetzung. Es geht darum, die gesamte Strafrechtspflege als Wirkungseinheit zu begreifen, bei der immer der schwächste Teil die Gesamtleistungsfähigkeit bestimmt. Besonders vordringlich sind daher die

Aufgaben, bei denen heute ein Anheben auf den nationalen und internationalen Standard der kriminalpolitischen Möglichkeiten nachzuholen ist. Hier ist auch der beste Ertrag zu erwarten, wenn man mit der Sonde einer „Kosten-Nutzen-Analyse" (Kaiser 1972, 106) an die Kriminalpolitik herangeht.

Geht man vom Stand des 2. StrRG aus, so sind die Reformarbeiten im Allgemeinen Teil am weitesten vorangetrieben worden. Der nächste Reformschritt im Bereich des materiellen Strafrechts muß daher in den Besonderen Teil führen. Hier ist eine Generalrevision der Straftatbestände mit dem Ziel einer Neubestimmung der Strafzone erforderlich, um die Anpassung an die veränderten Sozialstrukturen vorzunehmen. Dabei muß die Sozialschädlichkeit der in der jetzigen Legalordnung enthaltenen Rechtsgutsverletzungen gründlich überprüft werden. Vor allem erscheint hier ein Neuüberdenken des Eigentums- und Vermögensschutzes unbedingt erforderlich (vgl. Kaiser 1972, 83, 103; Lampe 1971; Jescheck ÖJZ 1971, 9; vgl. auch Würtenberger 1959, 67 ff.). Die Aufblähung der Strafzone in diesem Bereich steht auch im merkwürdigen Gegensatz zu der so sehr zurückhaltenden staatlichen Strafverfolgung im Bereich der Körperverletzungstatbestände. Der Sektor der Eigentums- und Vermögenskriminalität ist auch der entscheidende Ansatzpunkt, um zu einer vernünftigen Bewältigung der Bagatellkriminalität zu kommen. In kriminalpolitischer Hinsicht ist dieser Komplex besonders auch deshalb vorrangig regelungsbedürftig, um zu sachgerechten Schwerpunkten für die Strafverfolgungsorgane zu gelangen.

Neben dem materiellen Strafrecht wird in den nächsten Jahren vor allem das Verfahrensrecht zum Reformschwerpunkt werden müssen. Es ist heute müßig, darüber zu richten, ob die Reformarbeiten nicht bereits früher auf das Verfahrensrecht hätten konzentriert werden müssen; Peters (1963, 8) hat hier einen „falschen Beginn der Strafrechtsreform" moniert. In der heutigen Situation jedenfalls ist unbestreitbar, daß sich ein fortschrittliches Strafrecht nicht ohne ebenso fortschrittliches Verfahrensrecht entfalten kann. Der Aufgabenkatalog ist lang: Reform der Gerichtsorganisation (dreistufiger Gerichtsaufbau), teilweise Neukonzipierung des Verfahrensgangs, Zweiteilung der Hauptverhandlung und Neugestaltung des Rechtsmittelzuges (vgl. dazu schon Maurach 1960, 9), um nur die wichtigsten Schwerpunkte zu nennen. Daß dabei das Ziel einer Beschleunigung und Effektuierung der Strafrechtspflege nicht ohne umfangreichen personellen Ausbau in Angleichung an den gestiegenen Geschäftsanfall erfolgen kann, sei nochmals ausdrücklich betont. Muß dabei der Gedanke der Resozialisierung auch den gesamten Verfahrensgang durchziehen, so entscheidet sich sein Schicksal doch im Strafvollzug, dessen Reform letztlich für das Gelingen der Gesamtreform die Weichen stellt. Hier muß es zu einer inneren Reform des Strafvollzugs kommen, wenn der Verurteilte eine echte Resozialisierungsschance erhalten soll.

Da in der Darstellung die Sonderprobleme des Jugendstrafrechts entsprechend der Eigenständigkeit dieses Rechtsgebiets nur kurz gestreift werden konnten, soll wenigstens hier abschließend die kriminalpolitische Zukunftsaufgabe im Bereich des Jugendrechts skizziert werden. Ausgangspunkt aller Reformüberlegungen ist hier, daß sich die rechtliche Behandlung der „Heranwachsenden" nicht ausreichend bewährt hat (vgl. Schaffstein 1972, 44 f.). Eine Revision des Jugendstrafrechts sollte ein reines Erziehungsrecht bis zu 16 Jahren bringen, um hier den Vorrang der Jugendhilfe vor strafrechtlichen Sanktionen sicherzustellen. Im Bereich von 16 bis 21 Jahren sollte ein eigenes Jungtäterrecht mit dem Ziel der Aktivierung der sozialen Verantwortung geschaffen werden. Daran könnte sich eine weitere Überleitungsphase ins allgemeine Erwachsenenstrafrecht anschließen, innerhalb derer bereits grundsätzlich Erwachsenenstrafrecht angewandt wird, aber einzelne Modifizierungen gelten, wie es im 2. StrRG bereits in § 65 Abs. 2 bei der sozialtherapeutischen Anstalt und in § 66 bezüglich der Sicherungsverwahrung angedeutet ist.

3. Die Mitwirkung der demokratischen Gesellschaft

Die skizzierten kriminalpolitischen Aufgaben lassen sich nur unter Mitwirkung der gesamten Öffentlichkeit realisieren (vgl. dazu Jescheck ZStW 71, 13; Arth. Kaufmann JZ 1967, 557). Weder das Gesamtkonzept einer rationalen und humanen Kriminalpolitik noch viele Einzelprobleme (bes. deutlich bei der Bewährungshilfe und der Wiedereingliederung der Strafgefangenen) lassen sich ohne das Vertrauen der Bevölkerung und ihre aktive Mitarbeit verwirklichen. Diesen Beitrag kann die Allgemeinheit nur leisten, wenn sie das Gefühl der Sicherheit gegenüber der staatlichen Verbrechensbekämpfung hat. Besitzt sie Vertrauen in die staatlichen Strafverfolgungsorgane und werden ihr die Aufgaben der Kriminalpolitik einsichtig gemacht, so wird sich die Bereitschaft zur Mitwirkung einstellen. Hier liegt eine wesentliche Aufgabe der Öffentlichkeitsarbeit aller Justizorgane. Auch wenn man den dafür erforderlichen guten Willen bei allen Staatsbürgern und Mut und Opferbereitschaft bei den unmittelbar Beteiligten mobilisieren kann, bleibt ein gewaltiges Arbeitsprogramm zu leisten. Im Hinblick auf die vor uns liegenden kriminalpolitischen Aufgaben gilt das Wort des Illo (Wallenstein, Die Piccolomini, 2. Aufzug, 6. Auftritt): „Wo eine Entscheidung soll geschehen, da muß vieles sich glücklich treffen und zusammenfinden."

SACHREGISTER

Lehrbücher und Grundrisse

Rechtstheorie	**Ansätze zu einem kritischen Rechtsverständnis / Eine Einführung.** Herausgegeben von Professor Dr. Dr. h. c. **Arthur Kaufmann,** Universität München, mit Beiträgen von **Alessandro Baratta, Rolf-Peter Calliess, Günter Ellscheid, Karl Haag, Winfried Hassemer, Arthur Kaufmann, Karl-Ludwig Kunz, Robert Leicht, Wolf Paul, Lothar Philipps, Jens-Michael Priester, Ulrich Schroth, Ilmar Tammelo.** 1971. 15 x 23 cm. VIII, 156 Seiten. Kart. DM 17,80.
Zwischen Hierarchie und Demokratie	**Eine Einführung in die geistesgeschichtlichen Grundlagen des geltenden Rechts.** Von Professor Dr. **Hans Hattenhauer,** Universität Kiel. 1971. 15 x 23 cm. XII, 314 Seiten. Kart. DM 34,—.
Deutsche Rechtsgeschichte	Von Professor Dr. Dr. h. c. Dr. h. c. **Hermann Conrad †,** Band I: **Frühzeit und Mittelalter.** 2., neubearbeitete Auflage 1962. 16,5 x 23,5 cm. XXVIII, 496 Seiten. Leinen DM 36,—. Band II: **Neuzeit bis 1806.** 1966 16,5 x 23,5 cm. XIX, 552 Seiten. Leinen DM 49,—. Band III: In Vorbereitung.
Internationales Privatrecht	Eine Einführung in seine Grundlagen. Von Professor Dr. Dr. h. c. **Hans Dölle,** Universität Hamburg. 2., neubearbeitete und ergänzte Auflage 1972. 15 x 23 cm. XII, 138 Seiten. Kart. DM 14,50.
BGB – Allgemeiner Teil für Studienanfänger	Von Professor Dr. **Uwe Diederichsen,** Universität Göttingen. 1969. 15 x 23 cm. XVI, 192 Seiten. Kart. DM 14,50.
Schuldrecht	Von Professor Dr. Dr. h. c. **Josef Esser,** Universität Tübingen. Band I: Allgemeiner Teil. 4., neubearbeitete Auflage 1970. 15 x 23 cm. XVI, 468 Seiten. Geb. DM 33,—. Kart. DM 28,—. Band II: Besonderer Teil. 4., überarbeitete Auflage 1971. 15 x 23 cm. XVI, 524 Seiten. Geb. DM 36,—. Kart. DM 29,—.
Sachenrecht	Von Professor Dr. **Harry Westermann,** Universität Münster i. W. Studienausgabe der 5. Auflage 1966 mit einem Nachtrag. Stand: 30. 6. 1972. 16,5 x 23,5 cm. XXXV, 732 Seiten. DM 38,—. Nachtrag gesondert: 29 Seiten DM 8,—.
Zivilprozeßrecht	Von Professor Dr. **Kurt Kuchinke,** Universität Würzburg. 9., völlig neubearbeitete Auflage des von Professor Dr. **Adolf Schönke †** begründeten und von Professor Dr. **Horst Schröder** und Professor Dr. **Werner Niese †** fortgeführten Lehrbuchs. 1969. 15 x 23 cm. XXXVI, 518 Seiten. Geb. DM 44,—.
Zwangs- vollstreckungs-, Konkurs- und Vergleichsrecht	Von Professor Dr. **Fritz Baur,** Universität Tübingen. 8., neu bearbeitete Auflage der von Professor Dr. **Adolf Schönke †** begründeten systematischen Darstellung des Zwangsvollstreckungsrechts. 1969. 15 x 23 cm. XVI. 396 Seiten. Geb. DM 39,50.

9. 73

C. F. Müller Karlsruhe